ZWISCHEN ALTERTUMSWISSENSCHAFT UND THEOLOGIE

ZUR RELEVANZ DER PATRISTIK IN GESCHICHTE UND GEGENWART

Studien der Patristischen Arbeitsgemeinschaft (SPA)
herausgegeben von Johannes van Oort *et alii*

1. J. van Amersfoort & J. van Oort (Hrsg.), *Juden und Christen in der Antike* (1990)

2. J. van Oort & U. Wickert (Hrsg.), *Christliche Exegese zwischen Nicaea und Chalkedon* (1992)

3. E. Mühlenberg & J. van Oort (Hrsg.), *Predigt in der Alten Kirche* (1994)

4. J. van Oort & J. Roldanus (Hrsg.), *Chalkedon: Geschichte und Aktualität* (1997)

5. J. van Oort & D. Wyrwa (Hrsg.), *Heiden und Christen im 5. Jahrhundert* (1998)

6. C. Markschies & J. van Oort (Hrsg.), *Zwischen Altertumswissenschaft und Theologie – Zur Relevanz der Patristik in Geschichte und Gegenwart* (2002)

Zwischen Altertumswissenschaft und Theologie

Zur Relevanz der Patristik in Geschichte und Gegenwart

herausgegeben von Christoph Markschies
& Johannes van Oort

PEETERS
2002

D. 2002/0602/121
ISBN 90-429-1200-6

INHALTSVERZEICHNIS

VORWORT

Als der damals in Basel lehrende Franz Overbeck 1882 in der »Historischen Zeitschrift« seinen berühmten Aufsatz über die »Anfänge der patristischen Literatur« veröffentlichte, schrieb er dort, daß es der »Patristik« an einer historischen Definition ihres Objektes fehle und insofern auch an »jeder für eine Geschichte« der antiken christlichen Literatur »brauchbaren Vorstellung« von dieser Literatur[1]. In gewohnter ebenso scharfer wie präziser Diktion formulierte der Autor weiter: »Der Begriff des Kirchenvaters, der ihr (also der Patristik) zugrundeliegt, stammt aus der Dogmatik und ist aus den Bedürfnissen des katholischen Traditionsbeweises entstanden«[2]. Diese schlichten Tatsachen weitete Overbeck zu der grundsätzlichen Kritik aus, daß die Patristik wegen ihrer unglücklichen Zwischenstellung zwischen einer Literaturgeschichte der christlichen Antike und einer dogmatisch orientierten Geschichte des Traditionsbeweises (man könnte heute vereinfachend sagen: zwischen einer Kultur- und einer Normwissenschaft) »jedes deutlich faßbare und definierbare Objekt« verloren habe. Die »Folge war, daß sie selbst bis auf den heutigen Tag ein völlig hybrides und kaum definierbares Wesen geworden ist«[3]. Man könnte Overbecks harsche Diagnose schlicht und einfach dadurch in die Gegenwart hineinholen, daß man einmal die Fachbezeichnungen für die institutionelle Erforschung des antiken Christentums zusammenstellt: natürlich Patristik, aber eben auch: Alte Kirchengeschichte, Christentumsgeschichte der Antike, Historische Theologie, Klassische Altertumswissenschaft, Byzantinistik, jüngst gar: »Matristik«, Kunde von den »Kirchenmüttern«[4] – für eine allgemein anerkannte und in weiten Bereichen konsensfähige Fachdefinition spricht schon dieses bunte Sammelsurium nicht gerade und nötigt zur

[1] F. Overbeck, Über die Anfänge der patristischen Literatur, HZ 48, 1882, 417-472 = Libelli 15, Darmstadt 1964, bes. 6; vgl. N. Peter, Art. Overbeck, Franz Camille, TRE 25, Berlin/New York 1995 = 2000, 563-568.

[2] Overbeck, Über die Anfänge, 6.

[3] Overbeck, Über die Anfänge, 7.

[4] Eine für viele amerikanische Kolleginnen charakteristische anfängliche Distanzierung von »patristics« und spätere Wiederannäherung an das Forschungsfeld berichtet aus ihrer eigenen Biographie Virginia Burrus im Vorwort ihrer Monographie »Begotten, not Made«. Conceiving Manhood in Late Antiquity, Stanford, California 2000, 1-17.

Selbstvergewisserung über Geschichte und Gegenwart der Disziplin »Patristik« zwischen Altertumswissenschaft und Theologie, zwischen Literaturwissenschaft und Kulturgeschichte und zwischen deskriptiver Kulturwissenschaft und normensetzender Geisteswissenschaft.

Der vorliegende Band dokumentiert die Vorträge, die während der letzten Tagung der »Patristischen Arbeitsgemeinschaft« vom 2. – 5. Januar 2001 auf dem Hainstein in Eisenach und im Augustinerkloster in Erfurt gehalten wurden, sowie drei Statements aus der abschließenden Podiumsdiskussion. Die »Patristische Arbeitsgemeinschaft« versammelt alle zwei Jahre Wissenschaftlerinnen und Wissenschaftler hauptsächlich aus Deutschland, Holland, Österreich und der Schweiz, die sich mit der christlichen Antike beschäftigen. Bereits ihre erste Tagung in Heidelberg 1957 war dem Thema »Die Bedeutung der patristischen Wissenschaft für die evangelische Theologie« gewidmet. 1999 in Kappel bzw. Zürich wurde verabredet, auf der folgenden Zusammenkunft das Thema »Die Gegenwartsbedeutung der Patristik« zu behandeln. Die in Kappel zur Vorbereitung des Treffens eingesetzte Arbeitsgruppe, bestehend aus Silke-Petra Bergjan, Wolfgang Bienert, Hanns Christof Brennecke, Christoph Markschies, Alfred Schindler und Lukas Vischer, entwarf auf einer Zusammenkunft im Berliner Wissenschaftskolleg noch 1999 gemeinsam das Programm für die »Patristische Arbeitsgemeinschaft«, wie es der vorliegende Band widerspiegelt. Drei Leitlinien waren dafür wichtig:

Über die Gegenwartsbedeutung eines Faches kann *erstens* nur dann substantiell geredet werden, wenn auch historisch gearbeitet wird. Wenn also deutlich wird, wie das, was heute »Patristik« genannt wird, entstanden ist, oder anders formuliert: wenn die Frage nach der *gegenwärtigen* Relevanz des Faches vor dem Hintergrund *vergangener* Bedeutungen diskutiert werden kann. Bei solchen Erkundungsgängen in die Vergangenheit müssen natürlich unnötige Doppelungen vermieden werden. Vor allem die Konferenzen, die vom Mainzer »Institut für Europäische Geschichte« unter dem Stichwort »Auctoritas Patrum« veranstaltet wurden[5], sollten nicht dupliziert, sondern ihre Ergebnisse im Gegenteil vorausgesetzt werden. Daher finden sich im vorliegenden Band keine Referate zur »Rezeption der Kirchenväter im 15. und 16. Jahrhundert«, obwohl die in den Umbrüchen der frühen Neuzeit grundgelegte unter-

[5] L. Grane (Hg.), Auctoritas Patrum. [Bd. 1] Zur Rezeption der Kirchenväter im 15. und 16. Jahrhundert, VIEG.B 37, Mainz 1993; Bd. 2 Neue Beiträge zur Rezeption der Kirchenväter im 15. und 16. Jahrhundert, VIEG.B 44, Mainz 1998.

schiedliche normative Bedeutung von Patristik für die verschiedenen konfessionellen Theologien im Rahmen der Tagung präsent war und sich auch in den gedruckten Beiträgen niederschlägt. Auch für das zwanzigste Jahrhundert liegen schon gewichtige Beiträge vor[6]. Das Bemühen der Veranstalter war, die Lücken der bisherigen Forschung – oder mindestens das, was sie als Lücken empfanden – in den Blick zu nehmen und daher einen Schwerpunkt auf dem achtzehnten und neunzehnten Jahrhundert zu setzen: Silke-Petra Bergjan (Zürich) zeigt, wie sich in der Aufklärungszeit der *normative* Rückgriff auf die Väter aufgrund der Rezeption allgemeiner historiographischer Neuprofilierungen auflöste. Hanns Christof Brennecke (Erlangen) kann nachweisen, daß dieser Rückgriff sich auch in der konfessionellen lutherischen Theologie des neunzehnten Jahrhunderts nicht wiederherstellte, obwohl man dies eigentlich erwarten möchte: Aus der »Patristik«, also einer schon im Begriff an die *patres*, die »Väter«, gebundenen Wissenschaft, war eine allgemeine Geschichte des antiken Christentums geworden, die sich ihrer einstigen theoretischen Implikate zum Teil nicht einmal mehr bewußt war.

Zweitens war schnell klar, daß das Thema nur in einem ökumenischen, internationalen und interdisziplinären Horizont behandelt werden kann. Freilich konnte die Aufgabe auf der Tagung nur paradigmatisch in Angriff genommen werden: Ein mit der deutschen Situation seit seinen Münchner Studientagen gut vertrauter klassischer Philologe aus Pisa, Lorenzo Perrone, orientierte über die spannende italienische Forschungslandschaft, weil davon auszugehen war, daß die angelsächsische und französische Szenerie aufgrund persönlicher Kontakte den meisten Forscherinnen und Forschern noch eher vertraut ist[7]. Grigorios

[6] Vgl. nur K. Nowak, Theologie, Philologie und Geschichte, in: K. Nowak/O.G. Oexle (Hgg.), Adolf von Harnack. Theologe, Historiker, Wissenschaftspolitiker, Veröffentlichungen des Max-Planck-Instituts für Geschichte 161, Göttingen 2001, 189-237, und W. Kinzig, Evangelische Patristiker und Christliche Archäologen im »Dritten Reich«. Drei Fallstudien: Hans Lietzmann, Hans von Soden, Hermann Wolfgang Beyer, in: B. Näf (Hg.), Antike und Altertumswissenschaft in der Zeit von Faschismus und Nationalsozialismus. Kolloquium Universität Zürich 14.-17. Oktober 1998, Texts and Studies in the History of Humanities 1, Mandelbachtal/Cambridge 2001, 535-629.

[7] Vgl. aber auch: Les Pères de l'Église au XXe siècle. Histoire – Littérature – Théologie. »L'aventure des Sources Chrétiennes«, Patrimoines. Christianisme, Paris 1997, und J. Fontaine (Éd.), Patristique et antiquité tardive en Allemagne et en France de 1870 à 1930. Influences et échanges. Actes du colloque franco-allemand de Chantilly (25-27 octobre 1991), Collection des Études Augustiniennes. Série Moyen-âge et temps modernes 27, Paris 1993.

Larentzakis vom »Institut für Ökumenische Theologie, Ostkirchliche Orthodoxie und Patrologie« der Karl-Franzens-Universität Graz behandelte die Bedeutung der Patristik orthodoxer Prägung für das ökumenische Gespräch der Gegenwart. Ein ergänzender Beitrag von Wolfgang A. Bienert (Marburg) aus evangelischer Sicht ermöglicht einen Vergleich zwischen den beiden so charakteristisch verschiedenen konfessionellen Zugängen zum Erbe des antiken Christentums.

Drittens haben sich die für das Programm Verantwortlichen bemüht, die Frage nach der Relevanz der Patristik nicht nur im Rahmen universitärer Forschung zu beantworten, sondern auch einen – natürlich wieder nur paradigmatischen – Blick auf die gegenwärtige Relevanz des Faches für die Gesellschaft zu werfen. Für einen solchen Blick erschien der Bischof der Evangelischen Kirche in Berlin-Brandenburg, Wolfgang Huber, besonders geeignet, weil er vor seinem Wechsel in die Praxis der Kirchenleitung im universitären Lehramt sowohl Beiträge zur patristischen Wissenschaft als auch zur evangelischen Sozialethik vorgelegt hat[8].

Hervorgehoben werden muß schließlich noch die *Podiumsdiskussion*, die die Tagung in Eisenach abschloß und von der hier drei der vier einleitenden Statements am Ende des Bandes dokumentiert sind, nämlich die Beiträge von Michael Slusser (Pittsburgh), Christoph Riedweg (Zürich) und Ekkehard Mühlenberg (Göttingen). Das anschließende Gespräch zeigte, daß sich eine an theologischen Fakultäten betriebene »Patristik«, die den »Vätern« tatsächlich einen gewissen normativen Wert zubilligt, nur sehr wenig von einer Wissenschaft vom antiken Christentum an altertumswissenschaftlich geprägten Einrichtungen unterscheidet, weil auch dort den christlichen Theologen der Antike ein für die Gegenwart orientierender Wert zugemessen wird. Damit schloß sich der Bogen zum Eröffnungsbeitrag von Christoph Markschies (Heidelberg) über Normierungen durch »Väter« in der Antike, in dem gezeigt wurde, daß ein entsprechender Rekurs auf »Väter« nicht nur bei Christen, sondern auch in der neuplatonischen Philosophie verbreitet war: Die das Fach mindestens terminologisch prägende Rückfrage nach »Vätern« stellt eben keineswegs allein ein Sonderproblem theologisch orientierter oder in theologischen Institutionen arbeitender Wissenschaftler dar. Gerade die neuen Entwicklungen, die im Bereich der Altertumswissenschaften die Gegenwartsbedeutung sogenannter »Orchideen-

[8] Vgl. nur W. Huber, Passa und Ostern. Untersuchungen zur Osterfeier der alten Kirche, BZNW 35, Berlin 1969.

fächer« herausstellen wollen, zeigen, daß hier institutionelle Differenzen kaum Folgen für den Forschungsgegenstand haben. Außerdem war man sich darüber einig, daß die trotzdem vorhandene Verschiedenheit der Zugangsweisen eine Chance und keine Bedrohung für anregende wissenschaftliche Ergebnisse darstellt.

Bekanntlich kann in gegenwärtigen Zeiten keine Disziplin ihr Überleben dadurch sichern, daß sie sich mit feierlichen Worten ihrer Bedeutung in Geschichte und Gegenwart versichert – sie kann Relevanz für die Gegenwart und analytische Kraft im Blick auf die Vergangenheit nur durch die Ausstrahlung, die von ihrer alltäglichen Arbeit ausgeht, dokumentieren. Insofern bleibt zu hoffen, daß auch von den in diesem Band versammelten Beiträgen der Tagung der »Patristischen Arbeitsgemeinschaft« entsprechende Anregungen ausgehen[9].

Besonders herzlich möchte ich am Schluß den ehemaligen Jenaer und jetzigen Heidelberger Mitarbeitern danken, insbesondere Thomas Krönung und Oliver Weidermann: Herr Krönung bearbeitete zuverlässig die Manuskripte, Herr Weidermann organisierte gemeinsam mit den anderen Mitarbeitern des Lehrstuhls die Tagung in Eisenach und Erfurt zu allgemeiner Zufriedenheit. Die Deutsche Forschungsgemeinschaft, die »Gertrud-und-Alexander-Böhlig-Stiftung« und die Evangelisch-Lutherische Kirche in Thüringen förderten die Tagung mit namhaften Beiträgen. Auch ihnen sei ganz herzlich gedankt.

Heidelberg, Pfingsten 2002
Christoph Markschies

[9] Eigens hingewiesen sei noch auf die Mainzer katholisch-theologische Habilitationsschrift der Jahre 1998/1999 von *Andreas Merkt*: ders., Das patristische Prinzip. Eine Studie zur theologischen Bedeutung der Kirchenväter, SVigChr 58, Brill 2001. Das Werk, das nach der Tagung im Frühjahr 2001 publiziert wurde, behandelt u.a. den hier weitgehend ausgeblendeten Beitrag der frühneuzeitlichen katholischen Theologie und entwickelt aus dieser Perspektive »Ansätze zu einer zeitgemäßen und traditionsgeleiteten Begründung und Verwirklichung des patristischen Prinzips« (aaO., 217-258).

Normierungen durch »Väter« bei Neuplatonikern und Christen

Ein Vergleich

CHRISTOPH MARKSCHIES

Kein Zweifel: Wer über »Väter« zu sprechen gedenkt und im selben Atemzug neuplatonische Philosophie und christliche Theologie in den Mund nimmt, droht Äpfel und Birnen miteinander zu vergleichen. Wohl verfestigt sich in der christlichen Theologie seit dem vierten Jahrhundert die Rede von bestimmten πατέρες im Sinne der späteren Bedeutung »Kirchenvater«[1] und wird mit diesen »Vätern« seither theologisch argumentiert; wir sprechen von »Väterzitat« und »Väterbeweis«. Wohl wird in bestimmten konfessionellen Zusammenhängen und nationalen Traditionen die ganze Wissenschaft vom antiken Christentum auf diese Zusammenhänge zugespitzt; sie heißt dann »Patristik«, wird von »Patristikern« betrieben und liefert Beiträge zu einer Patrologie, Väterkunde; seit 1951 trifft man sich in regelmäßigen Abständen auf »International Conferences on Patristic Studies«. Anders formuliert: Wenn man den Begriff »Vater« in spätantiken Texten christlicher Provenienz in den Blick nimmt, nimmt man zugleich grundlegende Argumentationszusammenhänge christlicher Theologie und bestimmende Elemente christlicher Frömmigkeit in den Blick, die bis in die Gegenwart Wahrnehmung wie Selbstverständnis des Christentums prägen – dafür könnte ich so unterschiedliche Texte wie Ekkehard Mühlenbergs Artikel »Patristik« in der »Theologischen Realenzyklopädie« oder die »Istruzione sullo studio dei Padri della Chiesa« der römischen Bildungskongregation aus dem Jahre 1989 als Zeugen heranziehen[2].

[1] E. Mühlenberg, Art. Patristik, TRE 26, Berlin/New York 1996 = 2000, (97-106) 97f.; vgl. jetzt auch A. Fürst, Art. Kirchenväter, DNP 6, Stuttgart/Weimar 1999, 486f. – Eine partielle Weiterführung der hier entfalteten Gedanken findet sich in meiner Jenaer Abschiedsvorlesung vom 13. Februar 2001: Ch. Markschies, »Väter« im Neuplatonismus und im antiken Christentum. Ein historischer Erkundungsgang mit aktuellen Hintergedanken, in: U. Andrée/F. Miege/Ch. Schwöbel (Hgg.), Leben und Kirche. FS für Wilfried Härle zum 60. Geburtstag, MThS 70, Marburg 2001, 51-66.

[2] Appendice: Istruzione sullo studio dei Padri della Chiesa nella formazione sacerdotale, in: Lo studio dei Padri della Chiesa oggi, a cura di E. dal Covolo e A.M. Triacca, BSR

Aber mit genau derselben Sicherheit muß man gleich zu Beginn eines Vortrages über »Väter« bei Neuplatonikern und Christen festhalten, daß es in den verschiedenen Texten des Neuplatonismus nur wenig Belege eines vergleichbaren Gebrauchs des griechischen Begriffs πατήρ für die grundlegenden Lehrergestalten gibt. Schärfer formuliert: Es ist überaus fraglich, ob man grundlegende Argumentationszusammenhänge des Neuplatonismus in den Blick nehmen kann, wenn man seine literarischen Hinterlassenschaften nach dem Begriff »Vater« durchsucht und nach sonstigen Analogien zu christlichen »Kirchenvätern« Ausschau hält. Der erwähnte Verdacht, daß man Äpfel und Birnen vergleicht, legt sich schon deswegen nahe, weil wir den antiken christlichen Umgang mit »Vätern« in Theologie und Frömmigkeit normalerweise für ein schlechterdings unvergleichliches Spezifikum bestimmter christlicher Theologien halten, das nun eben gerade nicht mit anderen Phänomenen verglichen werden kann. Diese selbstverständliche Vermutung bildet wahrscheinlich auch den Grund dafür, daß sich in der großen Zahl von Texten und Untersuchungen, die sich seit der Antike mit Begriff und Sache der christlichen »Kirchenväter« beschäftigen, kaum eine Zeile zu unserem Thema findet, in der wenigstens einmal ein Blick über den – zugegeben weiten – Tellerrand antiker christlicher Texte geworfen wird. Selbst in einer ebenso weit wie gründlich in den paganen Raum ausgreifenden neueren Darstellung wie in Basil Studers »Schola christiana«, in der ausführlich die Traditionsbezogenheit der kaiserzeitlichen Antike rekonstruiert wird, sind »Kirchenväter« und »patristische Beweisführung« in einem eigenen Teilabschnitt des Kapitels »Die Bibel in der Kirche« ohne erkennbaren Bezug auf vorhergehende Abschnitte dargestellt[3]. Natürlich gibt es auch eine größere Zahl von Arbeiten zur philosophischen Tradition im Neuplatonismus – ich nenne stellvertretend dafür einstweilen nur Thomas Szlezáks Züricher Habilitationsschrift über »Platon und Aristoteles in der Nuslehre Plotins« und Dominic J. O'Mearas »Pythagoras Revived«[4]. Aber auch hier

96, Rom 1991, 203-229; Kongregation für das katholische Bildungswesen (für die Seminare und Studieneinrichtungen), Instruktion über das Studium der Kirchenväter in der Priesterausbildung, Verlautbarungen des Apostolischen Stuhls 96, Bonn 1989; vgl. H.R. Drobner, Die »Instruktion über das Studium der Kirchenväter in der Priesterausbildung«, ThGl 81, 1991, 190-201.

[3] B. Studer, Schola christiana. Die Theologie zwischen Nizäa (325) und Chalzedon (451), Paderborn u.a. 1998, 60-82 (»Instituta Veterum«) sowie 255-261 (»Die Kirchenväter«).

[4] Th.A. Szlezák, Platon und Aristoteles in der Nuslehre Plotins, Basel/Stuttgart 1979; D.J. O'Meara, Pythagoras Revived. Mathematics and Philosophy in Late Antiquity, Oxford 1989.

wird der – zugegeben weite – Horizont der platonischen philosophischen Tradition nicht überschritten.

Allein diese beschriebenen Begrenzungen der Perspektive, die sich in der Sekundärliteratur finden, wären angesichts der bekannten und viel diskutierten Beziehungen zwischen Platonismus und Christentum schon Grund genug, unser Thema »Normierungen durch ‚Väter' bei Neuplatonikern und Christen« einmal im vergleichenden Zusammenhang zu betrachten – schließlich kann man auch Äpfel und Birnen in der Hinsicht vergleichen, daß beide zur Species »Obst« zählen. Aber es kommt ein spezifischer Grund hinzu: Als ich mich vor einiger Zeit einmal mit den wenigen, aber höchst instruktiven Belegen der Anwendung des Begriffs πατήρ für die grundlegenden Lehrergestalten in der antiken platonischen Tradition beschäftigte, hatte ich den Eindruck, daß man zwar möglicherweise wirklich Äpfel und Birnen vergleicht, wenn man diesen Wortgebrauch der christlichen Argumentation mit »Vätern« gegenüberstellt. Aber bei sorgfältiger Beachtung der Unterschiede lassen sich eben doch eine ganze Menge aufschlußreicher Beobachtungen machen, und diese Beobachtungen möchte ich Ihnen auszugsweise und gleichsam zur Rechtfertigung für mein etwas ungewöhnliches Thema vortragen. Ich werde dazu in zwei Abschnitten zunächst über »Väter« bei paganen Neuplatonikern und dann bei Christen reden, wobei ich jeweils mit Bemerkungen über den Begriff πατήρ beginne und dann allgemeiner die Funktion des Rekurses auf solche »Väter« (hier steht der Begriff natürlich in Anführungsstrichen) in philosophischen und theologischen Argumentationen in den Blick nehmen werde. Ein dritter und letzter Abschnitt ist der Frage gewidmet, ob sich Ähnlichkeiten beobachten lassen, die man als Konvergenzen erklären könnte, oder gar direkte Anregungen und Wechselwirkungen zu konstatieren sind. Es folgt also ein erster Abschnitt:

1. Väter im Neuplatonismus

Es war schon davon die Rede, daß es in der platonischen Tradition überraschend viele Belege für die Anwendung des Begriffs πατήρ auf die grundlegenden Lehrergestalten gibt. Die Aufzählung dieser Belege kann schon bei *Plato* selbst einsetzen:

Im platonischen »Sophistes« wird an einer bestimmten Stelle des Dialogs ein Zitat von »Parmenides, dem Großen« eingeführt[5] und des-

[5] Plat., Soph. 237 a 4f. Παρμενίδης δὲ ὁ μέγας; Zitat 237 a 8f. = DK 28 B 7 1f. (I, 234, 1f. Diels/Kranz).

sen Aussage über das Nichtsein des Nichtseienden im Fortgang in sehr ausführlicher Weise interpretiert, untersucht und geprüft. Im weiteren Verlauf des Gespräches wird dann auch die gegenteilige Position, daß »das Nichtseiende in gewisser Hinsicht ist«, erwogen. Diese Erwägung aber, die im direkten Widerspruch zum zitierten Satz des Parmenides steht und zugleich jedem Leser der »Bekenntnisse« Augustins wohl vertraut ist, wird im Dialog wenig später als »Vatermord« bezeichnet: Wer annimmt, daß »das Nichtseiende in gewisser Hinsicht ist«, bringt den Vater Parmenides um und – so wörtlich – tut einem Satz des Vaters Parmenides »Gewalt an«[6]. Einige Sätze darauf wird das Zitat des Parmenides nochmals als πατρικὸς λόγος bezeichnet[7], aber zugleich festgehalten, daß man diesen mit der Autorität des großen Parmenides versehenen Satz »angreifen« *müsse*, ihm also Gewalt antun müsse – und entsprechend besteht ja auch ein guter Teil der folgenden Argumentation im Versuch nachzuweisen, inwiefern man vom Nichtsein in gewissem Sinne doch Sein (nämlich: Verschieden sein[8]) aussagen kann. Die väterliche Autorität des Parmenides bildet sich also in der Autorität seiner Sätze ab; aber der eleatische ξένος, der anstelle des Sokrates im »Sophistes« das Gespräch führt und als »Freund derer« vorgestellt wird, »die sich zu Parmenides halten«[9], läßt keinen Zweifel daran, daß in gewissem Sinne der Mord an der väterlichen Autorität notwendig ist, um zu einem philosophischen Erkenntnisfortschritt zu kommen. Da Philosophie nicht im beständigen Repetieren von Wahrheiten der Vorgänger bestehen kann, muß der »väterlichen Autorität« des Parmenides Gewalt angetan werden. Auf der anderen Seite zeigt sich aber in der Art, wie ganze Passagen des Dialoges nur diesem einen einzigen Satz des Parmenides gewidmet sind, daß die Autorität des Parmenides und seines Satzes durch den Widerspruch nicht zerstört, sondern in einem dialektischen Sinne eher bestätigt wird. Plato sagt das an anderer Stelle im *Phaedrus*, wenn er feststellt, daß eine Rede sich nicht selbst zu schützen oder zu helfen in der Lage ist, sondern bei Beleidigung »immer der Hilfe ihres Vaters bedarf«, also der Autorität des Philosophen, der sie ausgesprochen hat[10]. Nun könnte man an dieser Stelle ohne Mühe

[6] Plat., Soph. 241 d 2-7 Ξένος. Μή με οἷον πατραλοίαν ὑπολάβῃς γίγνεσθαί τινα. (…) Τὸν τοῦ πατρὸς Παρμενίδου λόγον ἀναγκαῖον ἡμῖν ἀμυνομένοις ἔσται βασανίζειν, καὶ βιάζεσθαι τό τε μὴ ὂν ὡς ἔστι κατά τι καὶ τὸ ὂν αὖ πάλιν ὡς οὐκ ἔστι πῃ.

[7] Plat., Soph. 242 a 1f.

[8] Plat., Soph. 257 b 9 – c 2.

[9] Plat., Soph. 216 a 3f. … ἑταῖρον δὲ τῶν ἀμφὶ Παρμενίδην καὶ Ζήνωνα [ἑταίρων] … .

[10] Plat., Phaedr. 275 e 4 (λόγος) τοῦ πατρὸς ἀεὶ δεῖται βοηθοῦ.

Erwägungen darüber anstellen, ob die spezifische Dialektik des platonischen Väterargumentes nicht vielleicht auch als Reflex einer zeitgenössischen »Zersetzung des Vater-Sohn-Verhältnisses« gedeutet werden muß – nicht umsonst heißt der Dialog »Sophistes« und endet mit einer abschließenden Bestimmung eben jenes Begriffs; ich kann darauf verzichten, weil sich das einschlägige Material schon in Hans-Georg Gadamers schönem Aufsatz über das »Vaterbild im griechischen Denken«[11] findet und mit unseren Beobachtungen leicht verknüpft werden kann. Ich ergänze lieber meine Bemerkungen zu einem charakteristischen Väterargument bei Plato durch Analysen einzelner späterer Texte neuplatonischer Provenienz, wobei wir uns vor allem auf Proclus konzentrieren werden.

Untersucht man solche spätantiken Texte, so ist zunächst einmal auffällig, daß es darin eine ganze Reihe von Belegen für die Bezeichnung von philosophischen Lehrern als πατέρες gibt, während in mittelplatonischen Texten wie etwa dem Διδασκαλικός des Albinus/Alkinous das Wort πατήρ noch für den obersten Gott reserviert ist[12]. Weiter ist auffällig, daß in den neuplatonischen Texten das Wort »Vater« nicht auf Plato oder Plotin angewendet wird, sondern so, wie es bei Plato nicht für Sokrates, sondern für Parmenides verwendet wurde, bei den Neuplatonikern auf Heroen der philosophischen Vorzeit und neuplatonische Philosophen der jüngsten Vergangenheit selbst angewendet wird. Der Rückbezug auf diese »Väter« ist allerdings nicht im dialektischen Sinne des platonischen »Vatermords« durchaus ambivalent angelegt, sondern ungleich positiver gefaßt. Freilich gilt diese Einschätzung erst für spätere Neuplatoniker.

In der ersten Generation spielt, wenn ich recht sehe, der Begriff »Vater« keine wirklich einschlägige Rolle. Im Text der Schrift *De abstinentia* des *Porphyrius* findet sich zwar eine Glosse, die vom ἔθος τῶν πατέρων redet[13], und auch an anderen Stellen dieses Werkes werden πατέρες erwähnt – aber in aller Regel geht es um die unmittelbaren leiblichen Vorfahren, nicht um Plato oder Plotin[14]. Nur einmal in der nämlichen Schrift werden »die Gesetze der Philosophie« erwähnt, die auf

[11] H.-G. Gadamer, Das Vaterbild im griechischen Denken, in: ders., Griechische Philosophie II, Gesammelte Werke VI, Tübingen 1985, (218-231) 228f.

[12] Alcinoos, Enseignement des doctrines de Platon, Introduction, texte établi et commenté par J. Whittaker et traduit par P. Louis, CUFr, Paris 1990, 204 (s.v.).

[13] Porphyr., abst. II 59,1 (CUFr II, 121 Bouffartigue/Patillon).

[14] Ebd. III 3,6 (CUFr II, 155 Bouffartigue/Patillon); IV 17,2 (CUFr III, 28 Patillon/Segonds).

die Väter zurückgehen (also doch offenbar die voraufgehenden Lehrer des Platonismus)[15], und in seiner Schrift an die Gattin Marcella nennt Porphyrius sich »Vater und zugleich Gatte und Lehrer«[16]. Ansonsten verwendet der Philosoph den Begriff πατέρες in den genannten Schriften in einem ganz wörtlichen Sinne. Ein beliebiges Beispiel dafür: Die unvernünftigen Skythen essen, so berichtet er (als Vegetarier mit gewisser Abscheu), ihre Eltern[17].

Anders stellt sich der Befund schon beim Syrer *Jamblich* an der Wende vom dritten ins vierte Jahrhundert dar. Er nennt in seiner Pythagoras-Vita den Gegenstand seiner Darstellung ἀρχηγὸς καὶ πατὴρ τῆς θεῖας φιλοσοφίας[18]: Ein rechter Philosoph, so sagt Jamblich, rufe zu Beginn seines Tun die Götter als ἡγεμόνες, als Führer auf seinem Wege, herbei und versichere sich sodann der Leitung durch den Stifter und Vater der göttlichen Philosophie. Zu eben dieser rechten Orientierung allen Nachdenkens leistet die Pythagoras-Biographie des Philosophen einen Beitrag.

Besonders spannend für unsere Zusammenhänge ist das Bild, das sich für den im fünften Jahrhundert lehrenden *Proclus* ergibt. Er bezeichnete mit dem Stichwort »Vater« seine eigenen, besonders verehrten akademischen Lehrer als maßstabsetzende Autoritäten und vermittelte diesen Sprachgebrauch offensichtlich auch seinen Schülern weiter. Wir besitzen vielleicht sogar eine einschlägige wörtliche Äußerung dieses spätantiken Neuplatonikers: Nach dem Bericht des Damascius, des letzten Scholarchen der platonischen Akademie, ermahnte Proclus vor 485 seinen Schüler Isidor, er solle »nicht sein (also des Proclus) väterliches Gebot von sich weisen noch den Ruf Platos in Mißkredit bringen noch das Urteil Jamblichs und Plutarchs verschmähen«[19]. Obwohl der

[15] Ebd. I 2,3 (CUFr I, 43 Bouffartigue).

[16] Porphyr., Marc. 6 (PhAnt 15, 10,25 Pötscher).

[17] Ebd. III 17,3 (CUFr II, 171 Bouffartigue/Patillon); ebenso Marc. 18 (22,25 Pötscher).

[18] Jambl., vit. Pyth. 1,2 (BAW 16 von Albrecht).

[19] Suda s.v. Ἀξίωμα = Damascius, The Philosophical History. Text with Translation and Notes by P. Athanassiadi, Athen 1999, nr. 98 C p. 240,1-3:... μὴ διωθεῖσθαι τὴν πατρικὴν ἐπίταξιν, μηδὲ τὸ τοῦ Πλάτωνος ἀξίωμα ἀτιμάζειν, μηδὲ τὴν Ἰαμβλίχου κρίσιν μηδὲ τὴν Πλουτάρχου κατανωτίζεσθαι ... (es folgt die allgemeine Empfehlung, die eigenen Interessen hinter die allgemeinen zu setzen). R. Asmus, Das Leben des Philosophen Isidoros von Damaskios aus Damaskos, wiederhergestellt, übersetzt und erklärt, PhB 125, Leipzig 1911, 91,7-10 übersetzt: »... nicht sein väterliches Gebot von sich zu weisen, noch die von Platon gestellte Aufgabe, noch die Kritik des Jamblichos, noch die des Plutarchos gering zu schätzen, ...«.

Kontext in der sogenannten *Vita Isidori* des Damascius, die man lieber mit der jüngsten vorzüglichen Edition von Polymnia Athanassiadi und dem Zeugnis der Suda als »Philosophiegeschichte« des Damascius ansprechen sollte, aus Fragmenten rekonstruiert werden muß, ist doch klar, daß Proclus hier sozusagen vor Zeugen sein Vermächtnis proklamiert[20]. Den künftigen Scholarchen und insbesondere Isidor werden der Ruf Platos (ἀξίωμα), das Urteil Jamblichs und Plutarchs (κρίσις) sowie des Proclus eigenes Gebot (ἐπίταξις) als die drei bewahrenswerten Normen in der Akademie vorgestellt, die durch die berühmte »goldene Kette Platos« (ein wörtliches Zitat[21]), die διαδοχή der Scholarchen, bewahrt werden sollen und müssen. Natürlich bezieht sich das Epitheton »väterlich« einerseits auf den Altersunterschied zwischen Proclus und Isidor, der etwa dreißig Jahre betragen haben dürfte[22], andererseits wird aber mit dem Stichwort πατρικός auch die besondere Autorität der Anordnung des Proclus hervorgehoben, die übrigens ja schon durch die Voranstellung im Quartett der Namen Proclus, Plato, Jamblich und Plutarch angedeutet ist – mit letzterem Namen ist der gleichnamige Athener Scholarch vom Anfang des fünften Jahrhunderts gemeint, nicht sein Namensvetter aus dem ersten Jahrhundert[23]. Wenn man diese von Damascius zitierten Vermächtnisworte des Proclus nun in einem zweiten Schritt mit eigenen Texten des Philosophen vergleicht, fällt auf, daß Damascius offensichtlich einen für das Denken und die Terminologie des Proclus charakteristischen Zug überliefert hat: Proclus nennt mehrfach seinen eigenen Vorgänger im Amt des Scholarchen, den Neuplatoniker Syrianus[24], πατήρ[25] und dessen Vorgänger Plutarch, dem Syrianus um 430/431 nachfolgte, konsequenterweise προπάτωρ, »Großvater«, bezeichnet ihn also mit einem Ausdruck, den wir vor allem aus der Götterlehre von Gnostikern und Heiden kennen und zaghafter als »Vorvater« übersetzen. An der Stelle, an der Proclus seinen akademischen Lehrer Plutarch im Parmenides-Kommentar als »unseren

[20] Folgt man den Datierungen von H.-D. Saffrey und L.G. Westerink (Proclus, Théologie Platonicienne, Livre I, CUFr, Paris 1968, X mit Anm. 1), dann trennt lediglich ein Abstand von ca. zehn Jahren das Werk des Damascius und den Tod des Proclus am 17.4.485.

[21] Phot., bibl. cod. 242, 151 = nr. 98 E, p. 240,1 Athanassiadi; vgl. dazu P. Lévèque, Aurea Catena Homeri. Une étude sur l'allégorie grecque, Paris 1959, 43 u.ö.

[22] So auch Asmus, Das Leben des Philosophen Isidoros (wie Anm. 19), 179 z.St.

[23] R. Beutler, Art. Plutarchos 3) von Athen, PRE XXI/1, München 1951, 962-975.

[24] K. Praechter, Art. Syrianos 1), PRE IV A 2, München 1932, 1728-1775.

[25] Proclus, com. in Tim. 36 C (BiTeu II, 253,31 Diehl): ὁ δὲ ἡμέτερος πατήρ; ebenso in Tim. 37 D/E (III, 35,25) und com. in rem publ. (BiTeu II, 318,4 Kroll).

Großvater« bezeichnet, fügt er zudem eine Tradentenkette hinzu und erwähnt die ἡ τῶν παλαιῶν διδασκαλία, die »Lehre der Alten«, von der Plutarch ein bestimmtes Detail der Lehre übernommen hat[26]. Proclus wollte also ganz offensichtlich nicht nur von seinen Schülern als »Vater« angesprochen werden, sondern nannte seine eigenen maßgeblichen Lehrer mit eben diesem Begriff, obwohl er doch in Wahrheit Sohn eines lykischen Kaufmanns war. Der Anrede des Lehrers durch den Schüler als πατήρ entsprach in diesem Zusammenhang, wie wir der Proclus-Vita des Marinus entnehmen können, die Anrede des Schülers durch den Lehrer als τέκνον. Marinus erklärte sie freilich als Zeichen großer Zuneigung Plutarchs für seinen Schüler, dessen Alter mit etwa zwanzig Jahren angegeben wird, was eine Datierung der Szene auf die späten zwanziger Jahre des fünften Jahrhunderts ermöglicht[27]. Auch Henri-Dominique Saffrey und Leendert G. Westerink führen in der ausführlichen Einleitung, die ihrer wunderbaren Ausgabe der »platonischen Theologie« des Proclus vorangeht, diese Terminologie darauf zurück, daß alle drei, Plutarch, Syrianus und Proclus, in Athen quasi »en famille« in einem großen Haus wohnten, dessen Lage zu Füßen der Akropolis Marinus in der Vita einigermaßen präzise beschreibt[28]. Diese Erklärung legt der Text des Marinus tatsächlich nahe, aber im Kontext unserer anderen Proclus-Belege reicht sie wohl historisch nicht aus. Das könnte noch viel deutlicher werden, wenn wir unsere terminologischen Untersuchungen nun auf den ganzen spätantiken Neuplatonismus ausdehnen würden: So hat beispielsweise ein alexandrinischer Zeitgenosse des Proclus, der Philosoph Olympiodor, seinen Lehrer Ammonius πρόγονος genannt[29]. Solche Andeutungen müssen hier aber genügen.

Es gibt, so können wir bilanzieren, im Rahmen der späteren neuplatonischen Philosophie eine Tradition, den autoritativen Rang der eigenen akademischen Lehrer mit dem Stichwort πατήρ zu bezeichnen, und

[26] Proclus, Parm. p. 1058,22f. Cousin.

[27] Marinus, vit. Procl. 10 (10 Boissonade).

[28] Marinus, vit. Procl. 29 (17 Boissonade); vgl. Proclus, Théologie Platonicienne, Livre I, CUFr, Paris 1968, XIV: »On y vivait comme en famille«. – Der Neuplatoniker Ammonios bezieht sich im sechsten Jahrhundert tatsächlich auf seinen leiblichen Vater Hermias, wenn er folgende Trias zusammenstellt: ὁ μέγας Πρόκλος καὶ ὁ τούτου διδάσκαλος [gemeint ist Syrianus] καὶ ὁ ἡμέτερος πατήρ (Ammon., com. in Arist. An. Pr. I [CAG IV/3, 31,24f.]).

[29] L.G. Westerink, Elias on the Prior Analysis, Mnem. 14, 1961, (126-139) 129, mit Bezug auf G. Stüve, CAG XII/2, VIIIf., vgl. beispielsweise Olymp., com. in Arist. Mete. (CAG XII/2, 153,7).

Proclus ist der Philosoph, der die meisten Belege für diesen besonderen Wortgebrauch überliefert hat. Von der bei Plato intendierten dialektisch-kritischen Wendung gegenwärtigen philosophischen Denkens auf die »Väter« im Sinne eines »Vatermordes« ist freilich im späten Neuplatonismus nicht mehr viel übrig geblieben. Im Wort πατήρ schwingt nicht nur die doktrinale Autorität der »Väter« mit, sondern auch jene Dimension gemeinschaftlichen philosophischen *Lebens*, auf die uns Pierre Hadot so nachdrücklich aufmerksam gemacht hat[30]: In diesem besonderen Sinne lebt man tatsächlich »en famille«.

Die vorhin zitierten Abschiedsworte des Proclus für Isidor, die Damascius in seiner Philosophiegeschichte zitiert hat, führen uns in einen zweiten Teil unseres ersten Abschnittes zu den Neuplatonikern hinein: Wir wollen dabei, wie gesagt, ein wenig nach der spezifischen Funktion eines solchen Rekurses auf »Väter« (nun in einem allgemeineren Sinne ohne besonderen Bezug auf den Begriff πατήρ) fragen. Dazu untersuchen wir nicht die im Kontext unserer Beobachtungen naheliegende Frage, welche Autorität im Denken des Proclus nun tatsächlich seine »Väter« Plutarch und Syrianus darstellten, da uns dies hoffnungslos in sehr komplexe Fragen der neuplatonischen philosophischen Debatten verwickeln würde, für deren präzise Darstellung ich nur mäßig geeignet bin. Wir beschränken uns vielmehr auf Plato, den Gründer der Akademie, ohne dabei natürlich das uferlose Thema der antiken Plato-Rezeption auch nur annähernd umreißen zu können[31].

Da Thomas Alexander Szlezák in seiner Züricher Habilitationsschrift von 1975/1976 auf reichlich zwanzig Seiten Terminologie und Technik der Rezeption Platos durch Plotin ausführlich und gründlich dargestellt hat[32] und vergleichbare Literatur auch für Porphyrius und Jamblich exi-

[30] P. Hadot, Philosophie als Lebensform. Geistige Übungen in der Antike (= Exercices spirituels et philosophie antique, Paris ²1987, übers. v. I. Hadot u. Ch. Marsch), Berlin ²1991, 29-47.

[31] H.J. Blumenthal, Plotinus in the Light of Twenty Years' Scholarship, 1951-1971, ANRW II 36.1, Berlin/New York 1987, (528-570) 544-547; H.R. Schwyzer, Die zweifache Sicht in der Philosophie Plotins, MH 1, 1944, 87-99; A. Smith, Porphyrian Studies since 1913, ANRW II 36.2, Berlin/New York 1987, (717-773) 749-754; W. Theiler, Plotin und die antike Philosophie, MH 1, 1944, 209-225 = ders., Forschungen zum Neuplatonismus, QSGP 10, Berlin 1966, 140-159.

[32] Szlezák, Platon und Aristoteles in der Nuslehre Plotins (wie Anm. 4), 18-45 und 45-51 (kurze Forschungsgeschichte; vgl. vor allem: E.R. Dodds, Tradition und persönliche Leistung in der Philosophie Plotins, in: C. Zintzen (Hg.), Die Philosophie des Neuplatonismus, WdF 436, Darmstadt 1977, 58-74); zuletzt J. Halfwassen, Philosophie als Transzendieren. Der Aufstieg zum höchsten Prinzip bei Platon und Plotin,

stiert, möchte ich mich wieder auf Proclus konzentrieren[33]. Dabei will ich zu Beginn dieses Erkundungsganges nochmals von dem ausgehen, was Damascius über Proclus berichtet: Der Neuplatoniker habe, so sein letzter Nachfolger im Amt der Akademieleitung, von seinen Nachfolgern verlangt, den »Ruf Platos« zu bewahren, das Urteil der Neuplatoniker Jamblich und Plutarch sowie des Proclus eigenes Gebot. Was dieses ἀξίωμα Platos genau gemeint haben könnte, ist schwer zu beschreiben, und auch die anderen Belege bei Damascius helfen nicht recht weiter[34]. Am ehesten wird man das ex negativo explizieren wollen. Wenn beispielsweise der ägyptische Philosoph Horapollon, von dessen Konversion zum Christentum Anfang des sechsten Jahrhunderts Damascius in seiner Philosophiegeschichte sehr andeutungsweise redet, die »väterlichen Gesetze« preisgibt, dann beschädigt er auf diese Weise zugleich den Ruf Platos[35]. Damascius bestreitet entsprechend auch, daß er »seinem Wesen nach ein Philosoph« gewesen sei[36]. Aber die beste Art und Weise zu verstehen, was Proclus eigentlich meint, ist freilich immer noch, Proclus selbst zu fragen. Für eine solche Rückfrage ist natürlich insbesondere das erste Buch seiner »Theologie nach Plato« heranzuziehen, in dem er sich über die Bedeutung Platos äußert[37]: Plato ist für diesen späten Neuplatoniker ein Prophet der Götter, und das Interesse an ihm ist nun nicht mehr nur philosophisch, sondern spätestens seit

Bochumer Jahrbuch für Antike und Mittelalter 3, 1998, (29-42) 37f. – Vgl. z.B. Plotin, enn. IV 8 1,4 (PhB Ia, 128,23 Harder) nach Prüfung und Erweis der Insuffizienz verschiedener Lehrbildungen: λείπεται δὴ ἡμῖν ὁ θεῖος Πλάτων / »So bleibt uns nur der göttliche Platon«.

[33] J.H. Waszink, Porphyrios und Numenios, in: H. Dörrie (Éd.), Porphyre. Huit exposés suivis de discussions. 30 août – 5 septembre 1965, Entretiens sur l'Antiquité classique 12, Vandœuvres-Genève 1966, 35-78 = Die Philosophie des Neuplatonismus, 167-207.

[34] Nr. 100, p. 244,13 (»Würden« im Sinne von Ämtern); Nr. 128, p. 292,14f. (dito).

[35] Suda III 615,1 = nr. 120 B, p. 284,2-4 Athanassiadi: Ὁ γὰρ Ἡραΐσκος προεῖπεν ὡς αὐτομολήσει πρὸς ἑτέρους καὶ καταπροήσεται τοὺς πατρίους νόμους ὁ Ὡραπόλλων.

[36] Suda III 615,1 = nr. 120 B, p. 284,1 οὐκ ἦν τὸ ἦθος φιλόσοφος. Zur komplizierten Frage nach der Identität des Horapollon vgl. H. Felber, Art. Horapollon, DNP V, Stuttgart/Weimar 1998, 717f. und G. Roeder, Art. Horapollon, PRE VIII/2, Stuttgart 1913, 2313-2319; zur Interpretation der Informationen bei Damascius P. Athanassiadi, Persecution and Response in Late Paganism, JHS 113, 1993, (1-29) 21f.

[37] Die sogenannten »anonymen Prolegomena« möchte ich hier außer Betracht lassen, da ihr Verhältnis zu Proclus eigens diskutiert werden müßte: J. Mansfeld, Prolegomena. Questions to be settled before the Study of an Author, or a Text, PhAnt 61, Leiden u.a. 1994, 28-30.

Jamblich auch theologisch motiviert[38]. Plato bringt τὴν περὶ αὐτῶν τῶν θείων μυσταγωγίαν[39], oder – wie es im Vorwort zum Parmenides-Kommentar des Proclus mit nahezu gleichem Vokabular heißt: er führt uns εἰς τὴν μετουσίαν τῆς ἐποπτικωτάτης τοῦ Πλάτωνος καὶ μυστικωτάτης θεωρίας, erlaubt uns unter bestimmten Umständen also »Teilhabe an der außerordentlich erleuchtenden und mystischen Schau«[40]. Plato wird in dieser Funktion προηγεμών und ἱεροφάντης genannt. Damit ist natürlich zunächst nur an die lange platonische Tradition angeknüpft, Vorgänge des Lehrens und Lernens mit Begriffen der Mysterienterminologie zu beschreiben[41]. Aber die Rolle des Mystagogen bleibt eben nicht auf Plato beschränkt, sondern kann auch seinem Exegeten (oder präziser: dem exegetisch tätigen Lehrer in der Gemeinschaft seiner Schüler) zufallen[42]. Entsprechend werden auch schon die Philosophen Porphyrius (von Kollegen) und Syrianus (von Proclus) ἡγεμών und ἱεροφάντης genannt, und man könnte dasselbe Phänomen auch an anderen Begriffen der Mysterienterminologie illustrieren[43]. An einer späteren Stelle des Parmenides-Kommentars faßt der Autor nochmals seine Intention so zusammen, daß er nicht »neue Grundsätze in die väterliche Philosophie« einführen wolle[44].

38 So mit Recht Th. Gelzer, Die Epigramme des Neuplatonikers Proklos, MH 23, 1966, (1-36) 2; vgl. dazu jetzt: Proclus et la Théologie Platonicienne. Actes du colloque international de Louvain (13 – 16 mai 1998) en l'honneur de H.-D. Saffrey et L.G. Westerink, éd. par A.Ph. Segonds, Ancient and Medieval Philosophy I/26, Leuven 2000.

39 Procl., Theol. Plat. I 1 (CUFr I, 5,17 Saffrey/Westerink).

40 Procl., com. in Parm. prol. p. 617,24-618,1 Cousin.

41 Ch. Riedweg, Mysterienterminologie bei Platon, Philon und Klemens von Alexandrien, UaLG 26, Berlin/New York 1987, 1-69, bes. 49-55; I. Sluiter, Commentaries and the Didactic Tradition, in: G.W. Most (Ed.), Commentaries – Kommentare, Aporemata 4, Göttingen 1999, (173-205) 191-195, sowie C. Zintzen, Die Wertung von Mystik und Magie in der neuplatonischen Philosophie, in: ders. (Hg.), Die Philosophie des Neuplatonismus, WdF 436, Darmstadt 1977, 391-426.

42 Zum Verständnis des Selbstbildes von Proclus als Hierophant vgl. W. Beierwaltes, Denken des Einen. Studien zur neuplatonischen Philosophie und ihrer Wirkungsgeschichte, Frankfurt am Main 1985, 211.

43 Porphyr., vit. Plot. 15,75 (PhB Vc, 32,6f. Harder) sowie Procl., com. in Parm. prol. p. 618,7f. Cousin und ders., com. in rem. publ. (BiTeu I, 71,24 Kroll); weitere Belege bei Sluiter, Commentaries (wie Anm. 41), 193 mit Anm. 85/86.

44 Procl., com. in Parm. 142 A (in der lateinischen Übersetzung durch Wilhelm von Moerbeke: Proklos, Kommentar zu Platons Parmenides 141 E – 142 A, eingel., übers. u. erläutert durch R. Bartholomai, Texte zur Philosophie 8, Sankt Augustin 1990, 72): *Paternalem philosophiam novis dogmatibus introducere, ut igitur hoc non patiamur...*

Diese Rezeption Platos determiniert zugleich die Sicht des Proclus auf die Geschichte: In der Einleitung zur »platonischen Theologie« des Proclus folgt auf die Bemerkungen zu Platon und den Exegeten der höchsten platonischen Initiation (τοὺς τῆς Πλατωνικῆς ἐποπτείας ἐξηγητάς[45]) eine kurze Philosophiegeschichte des wahren Platonismus, als dessen Vertreter Plotin, Amelius und Porphyrius, Jamblich und Theodor vorgestellt werden und als dessen Kriterium eine Theorie des Einen als des ersten Prinzips vorgestellt wird. Insofern gilt: Proclus will und kann zeigen, daß sich alle in seinem Werk vertretenen Ansichten in Übereinstimmung (σύμφωνα) mit den ersten Prinzipien Platons befinden[46].

Die Betonung der authentischen, wahren Plato-Interpretation durch Proclus, die eng verbunden ist mit der Angabe von »goldenen Ketten« der Überlieferung ebenso wie mit der Nennung eines Kriteriums zur Identifikation dieser wahren platonischen διαδοχή und sich bis in die feinsten Verästelungen der gewählten Begrifflichkeit nachweisen ließe, erinnert uns daran, daß es in der Spätantike ja allerlei heftige Debatten über eine »Plato-Orthodoxie« gab[47]. Entsprechend wurde die Lebensarbeit von neuplatonischen Philosophen auch daran gemessen, ob ihre Plato-Auslegung vor dem Horizont der jeweiligen Position überzeugte: Damascius bescheinigt in seiner nun schon mehrfach erwähnten Philosophiegeschichte beispielsweise einem Mitschüler des Proclus bei Syrianus, dem Philosophen Domninus, »den Sinn vieler Lehrsätze Platos durch seine eigenen Erfindungen« verdreht zu haben, und charakterisiert ihn als ziemlich oberflächlich (ἐπιπολαιότερος)[48]. Der Streit um die rechte Plato-Auslegung produziert auch einschlägige Literatur: Proclus, so Damascius, habe eine (heute leider vollständig verlorene) πραγματεία καθαρτικὴ τῶν δογμάτων τοῦ Πλάτωνος abgefaßt, eine Abhandlung zur Reinigung der Lehrsätze Platos von ihrer Fehlinterpretation durch Domninus. Leider sind nur arithmetische Texte des Domninus erhalten,

45 Procl., Theol. Plat. I 1 (CUFr I, 6,16 Saffrey/Westerink).

46 Procl., Theol. Plat. I 5 (CUFr I, 25,24-26 Saffrey/Westerink): Δεῖ δὲ ἕκαστα τῶν δογμάτων ταῖς Πλατωνικαῖς ἀρχαῖς ἀποφαίνειν σύμφωνα καὶ ταῖς τῶν θεωλόγων μυστικαῖς παραδόσεων. Zur Interpretation vgl. die Kommentierung durch die Herausgeber auf p. 138 der Ausgabe und O'Meara, Pythagoras Revived (wie Anm. 4), 146f.

47 Vgl. beispielsweise die einschlägige Kritik, die Jamblich an Porphyrius übt: Belege bei J. Dillon, Iamblichus of Chalcis, ANRW II 36.2, (862-909) 879f. mit Anm. 52.

48 Suda II 127,21 = nr. 89 A, p. 222,4f.: Διὸ καὶ πολλὰ τῶν Πλάτωνος οἰκείοις δοξάσμασιν διέστρεψε.

so daß man sich von dieser Kontroverse um die rechte Plato-Orthodoxie kein präzises Bild machen kann[49]. Allein der platonische Dialog »Parmenides« bot ja schon reichlichen Stoff für derartige Auseinandersetzungen über die rechte Plato-Orthodoxie, über die Damascius gleichfalls berichtet[50]. Proclus macht in seiner »Platonischen Theologie« in unserem Zusammenhang schließlich deutlich, daß ganz bestimmte Interpretationstechniken notwendig sind, um den tieferen, mystischen Sinn des bei Plato Gesagten zu erfassen[51]. Kurz gesagt: Mit einer falschen Plato-Hermeneutik verfehlt man nicht nur das Denken der verehrten Autorität, sondern auch die philosophische Wahrheit. Spätestens an dieser Stelle wird erneut indirekt deutlich, daß die späteren Neuplatoniker einen guten Teil ihrer pädagogischen und literarischen Aufmerksamkeit auf Texte von Lehrern konzentrierten und schon auf diese Weise Philosophen ihrer eigenen Richtung als Autoritäten normierten: Sei es dadurch, daß ihre Texte Gegenstand eines Kommentars wurden oder jedenfalls doch in einem Kommentar zitiert wurden, zum Gegenstand einer Argumentation gemacht wurden.

Ich ergänze zum Abschluß dieses ersten Abschnitts meiner Ausführungen unser bisheriges Bild des normativen Rückbezugs auf autoritative Lehrer im späteren Neuplatonismus noch durch einige wenige, eher äußerliche Züge, die das Gesagte abrunden sollen und keinerlei Vollständigkeit beanspruchen wollen. Zunächst ist auf die seit Poseidonius in der kaiserzeitlichen Antike weit verbreitete Verehrung Platos als ἀνὴρ θεῖος καὶ Ἀπολλωνιακός[52] hinzuweisen, deren mythologischer Hintergrund besonders schön in der Schrift über »Platon und seine Lehre« deutlich wird, die der Nordafrikaner Apuleius im zweiten Jahrhundert vermutlich auf der Grundlage von Vorlesungen verfaßte[53]. Auch ein

[49] F. Hultsch, Art. Domninus 4), PRE V/1, München 1903, 1521-1525, und O'Meara, Pythagoras Revived (wie Anm. 4), 143-145. – Vor allem wüßte man gern, ob das Judentum des Philosophen in seiner Auseinandersetzung mit Proclus eine Rolle spielte!

[50] Suda III 324,25 = nr. 97 J, p. 238; vgl. zum Thema J. Rist, The Neoplatonic One and Plato's Parmenides, TAPA 93, 1962, 389-401, und B. Dalsgaard Larsen, Jamblique de Chalcis. Exégète et philosophe (Diss. phil. Århus 1970), Aarhus 1972, 419-428.

[51] Procl., Theol. Plat. I 3 und 4 (CUFr I, 14,5-25 u. 19,6-22 Saffrey/Westerink); vgl. dazu auch Gelzer, Die Epigramme (wie Anm. 38), 3f.

[52] P. Boyancé, Le culte des Muses chez philosophes Grecs. Études d'histoire et de psychologie religieuses, Écoles Françaises d'Athenes et de Rome. Bibliothèque 141, Paris 1972 (= 1937).

[53] Apul., Plat. I 181 (CUFr 60 Beaujeu) mit weiteren Belegen im Kommentar auf p. 250. Eine vollständige, kommentierte Sammlung der Belege jetzt bei H. Dörrie, Der

Cicero rezipiert sie und spricht vom *divinus ille vir*, nennt ihn »jenen göttlichen Mann«[54]. Man findet die Redewendung ὁ θεῖος Πλάτων je zweimal bei Plotin und Porphyrius[55], dreimal bei Jamblich[56] und achtmal bei Proclus[57]. Das deutliche Anwachsen von Belegen des Epithetons θεῖος oder θειότατος kann als Zeichen dafür genommen werden, daß die immer stärkere Transformation des spätantiken Platonismus in eine Religionsform auch deutliche Folgen für den normativen Rückbezug auf Plato selbst hatte. Wir hatten das ja schon bei unserer Analyse der ersten Paragraphen der »Platonischen Theologie« des Proclus gesehen: Er spricht auch von »heiligen Lehren Platos« und versteht die Dialoge als jene heiligen Texte, die die Wahrheit über die Götter offenbaren[58]. Eduard Zeller hat Proclus in seiner berühmten Philosophiegeschichte denn auch einen ‚frommen Auktoritätsglauben' bescheinigt; er habe die platonischen Dialoge in allen seinen Untersuchungen »in der normativen Geltung einer Offenbarungsurkunde zu Grunde« gelegt[59]. Zu dieser besonderen Form der Normierung Platos als religiöse Autorität und zur Kanonisierung seiner Texte als »heiliger Schriften« traten bestimmte Gelegenheiten, eine solche gedankliche Konstruktion auch quasi kultisch auszuagieren: In der Akademie wurde jährlich ein Plato-Fest ver-

hellenistische Rahmen des kaiserzeitlichen Platonismus. Bausteine 36-72: Text, Übersetzung, Kommentar. Aus dem Nachlaß hg. u. bearb. v. M. Baltes unter Mitarbeit v. A. Dörrie u. F. Mann, Der Platonismus in der Antike Bd. 2, Stuttgart-Bad Cannstatt 1990, 150-157 mit Kommentar 404-414.

[54] Cicero, leg. III 1 (Testimonium 25.2c bei H. Dörrie, Die geschichtlichen Wurzeln des Platonismus. Bausteine 1-35: Text, Übersetzung, Kommentar. Aus dem Nachlaß hg. v. A. Dörrie, Der Platonismus in der Antike Bd. 1, Stuttgart-Bad Cannstatt 1987, 214).

[55] Plot., enn. IV 8 1,4 (PhB Ia, 128,23 Harder) sowie III 5 1,6; Porphyr., Marc. 10,10 und ders., in harm. Ptol. p. 92,13 Düring – alle Angaben, auch für die folgenden Neuplatoniker – nach TLG, Version e, lediglich für Proclus wurde die Menge der Belege aus Schriften ergänzt, die noch nicht im TLG aufgenommen sind.

[56] ὁ θειότατος Πλάτων: Jamblich, comm. Math. VII 66 (BiTeu 31,9f. Festa/Klein); in Nic. (BiTeu 9,7; 83,13 Pistelli/Klein).

[57] ὁ θεῖος Πλάτων: Procl., Theol. Plat. IV 26 (CUFr IV, 78,2 Saffrey/Westerink); com. in Parm. p. 708,28 Cousin; in Cra. 92 (BiTeu 46,4-5 Pasquali); com. in Tim. 37 D (BiTeu III, 9,22); 37 D/E (34,3); in Eucl. Def. VII (BiTeu 116,20f. Friedlein); de prov. 1,1 (QSGP 1, 109,14 Boese) sowie de malorum subsistentia 1 (QSGP 1, 173,5 Boese).

[58] Procl., Theol. Plat. I 5 und 13 (CUFr I, 23,22f. u. 59,10 Saffrey/Westerink); ein Vergleich mit der nüchterneren Diktion bei Plotin bei Szlezák, Platon und Aristoteles in der Nuslehre Plotins (wie Anm. 4), 23.

[59] E. Zeller, Die Philosophie der Griechen in ihrer geschichtlichen Entwicklung, 3. Tl. 2. Abtlg. Die nacharistotelische Philosophie, zweite Hälfte, Leipzig [3]1881, 782f.

anstaltet, griechisch τὰ Πλατώνεια: Am 7. des Monats Θαργηλιών feierte man die γενέθλια Platos unter anderem mit einer feierlichen Ansprache und einem Festbankett[60].

Auch unsere Beobachtungen zu der normativen Autorität Platos bei späten Neuplatonikern bestätigen das Bild, das wir bei unserer Untersuchung der Belege für die Redewendung πατήρ gewonnen hatten: Die kritisch-dialektische Haltung, die Plato gegenüber dem »Vater« Parmenides mit seinem Stichwort »Vatermord« anempfahl, haben die spätantiken Philosophen in seiner Tradition ihrem Heros gegenüber, dem θεῖος Πλάτων, nicht aufgebracht. Sie verstanden sich nicht nur als Exegeten Platos, sondern als Angehörige seiner Mysteriengemeinde, sozusagen als Glieder einer »heiligen Familie«. Die »Väter«, die sie auf ihrem Weg der Initiation begleiteten, waren die großen neuplatonischen Philosophen der unmittelbaren Gegenwart, ihre eigenen akademischen Lehrer. Was wir heute im Rahmen einer kritischen Philologie nach Schleiermacher als Widersprüche und Spannungen ihrer Systembildungen zur Lehre des »historischen Plato« wahrnehmen, ist ihnen in aller Regel entweder gar nicht aufgefallen oder wurde auf einer höheren Ebene versöhnt und aufgehoben[61].

Soweit unser erster Abschnitt und damit der Versuch, Strategien des neuplatonischen Rekurses auf autoritative Lehrer am Beispiel des Begriffs πατήρ und verwandter Vorstellungen zu ermitteln. Ich weise freilich abschließend ausdrücklich darauf hin, daß mein Ansatzpunkt bei der platonischen philosophischen Tradition natürlich in jeder Hinsicht ergänzungsbedürftig wäre und auch ohne Mühe ergänzt werden könnte: Ineke Sluiter hat vor einiger Zeit Belege dafür gesammelt, daß in der Schule Galens gelegentlich Lehrer die Stelle von Vätern vertraten – auch in terminologischer Hinsicht; solche Beobachtungen wären auszuweiten[62]. Wir belassen es aber bei unseren an einer einzigen Geistesrichtung orientierten und dann noch weitgehend auf Proclus enggeführten Ausführungen und kommen nun zu einem zweiten Abschnitt, der das antike Christentum behandelt.

60 Porphyr., vit. Plot. 15,75 (PhB Vc, 32 Harder); ders. bei Eus., p.e. X 3,1 (GCS Eusebius VIII/1, 561,14-20 Mras/Des Places) und das schöne Detail in X 3,24 (566,22-24) = frgm. 408F bzw. 410F (BiTeu 478,1-479,4 bzw. 485,2-5 Smith).

61 Für Plotin zeigt das schön: Szlezák, Platon und Aristoteles in der Nuslehre Plotins (wie Anm. 4), 21-28.

62 I. Sluiter, Commentaries (wie Anm. 41), 196; vgl. für eine umfassendere Behandlung der Zusammenhänge beispielsweise auch K. Oehler, Der Consensus omnium als Kriterium der Wahrheit in der antiken Philosophie und der Patristik, AuA 10, 1961, 103-129.

2. Väter im antiken Christentum

Angesichts der großen Literaturmengen zu unserem Thema liegt es nahe, sich auf einen bestimmten charakteristischen Zusammenhang für den Vergleich zu konzentrieren und keinen Versuch zu unternehmen, erneut die ganze Breite unseres Themas auszuloten. Eine solche allgemeine Regel der Beschränkung gilt besonders in unserem Fall, da dem alten Thema »die Väter im antiken Christentum« jüngst eine umfangreiche Bochumer Habilitationsschrift unter dem Titel »Die Kirche der Väter« von Thomas Graumann gewidmet worden ist[63]. Außerdem gibt es einschlägige Vorbilder einer radikalen Beschränkung des Themas: Vor exakt vierzig Jahren in Straßburg hat Martin Tetz auf einer »Patristischen Arbeitsgemeinschaft« die »Anfänge des expliziten Väterbeweises« behandelt und sich dabei vor allem auf die sogenannte *Contestatio Eusebii*, eine Zeugnissammlung des späteren Bischofs von Dorylaeum gegen Nestorius im Vorfeld des Konzils von Ephesus 431[64], beschränkt[65]. Ich folge der Tetz'schen Tradition radikaler Beschränkung und wähle zunächst einen sehr frühen Einsatzpunkt, nämlich Clemens von Alexandrien, dessen Texte für eine rein auf den Begriff πατήρ konzentrierte Betrachtungsweise interessante Ergebnisse erbringen. Angesichts des Niveaus seiner Platonkenntnisse, das ihn – wie Dietmar Wyrwa gezeigt hat[66] – grundsätzlich von allen ihm vorangehenden christlichen Theologen abhebt, liegt der Einsatz bei Clemens im Rahmen meiner auf den Platonismus konzentrierten Ausführungen auch nahe. Da wir mit Proclus so ausführlich einen neuplatonischen Autor des fünften Jahrhunderts behandelt haben, möchte ich mich nicht nochmals zu Athanasius, Theodoret oder Cyrill äußern, sondern in einem zweiten Teil dieses zweiten Abschnittes einen mit der Gedanken- und Sprachwelt des Proclus wohlvertrauten Autor näher in den Blick nehmen: den anonymen Verfasser des pseudo-dionysischen Corpus[67].

63 Th. Graumann, Die Kirche der Väter. Vätertheologie und Väterbeweis in den Kirchen des Ostens bis zum Konzil von Ephesus (431), theol. Habilitationsschrift Bochum 1999 (erscheint in BHTh; ich danke dem Autor herzlich dafür, daß er mir ein Exemplar seines Werkes freundlich zur Verfügung gestellt hat).

64 CPG III, 5940: ACO I/1/1, 101f.; Übersetzung bei Tetz (s. folgende Fußnote), 355f.

65 M. Tetz, Zum Streit zwischen Orthodoxie und Häresie an der Wende vom 4. zum 5. Jahrhundert, EvTh 21, 1961, 354-368.

66 D. Wyrwa, Die christliche Platonaneignung in den Stromateis des Clemens von Alexandrien, AKG 53, Berlin/New York 1983, 317-322.

67 Vgl. zu diesem Autor nun die Gesamteinleitung von A.M. Ritter, Pseudo-Dionysius Areopagita. Über die mystische Theologie und Briefe, eingeleitet, übersetzt und mit

Passagen aus dem Werk des *Clemens Alexandrinus* gehören, wenn man ältere und neuere Übersichten zum Thema »Väter« bei christlichen Theologen durchmustert, neben einigen Zitaten aus Irenaeus' antihäretischer Schrift zum Standardinventar[68]. Gern wird dann eine Formulierung vom Anfang der »Stromateis« zitiert, aus einem Zusammenhang, in dem Clemens nach antikem Brauch die Veröffentlichung seiner Schrift begründet. Er schreibt dort: αὐτίκα πατέρες τοὺς κατηχήσαντάς φαμεν / »So nennen wir doch Väter diejenigen, die uns unterwiesen haben«[69]. Freilich bezieht sich diese Argumentation zunächst gar nicht auf menschliche Lehrer, sondern, wie die folgende Zitation von Proverbien 2,1 mit ihrer Anrede »mein Sohn« zeigt, auf die *himmlische Weisheit*. Unmittelbar nach dem zitierten Satz heißt es: κοινωνικὸν δὲ ἡ σοφία καὶ φιλάνθρωπον / »Die Weisheit ist aber ihrem Wesen nach freigebig und menschenfreundlich«. Weil sich die himmlische Weisheit offenbart hat, konnte ihre Wahrheit in den Texten des Clemens nieder-

Anmerkungen versehen, BGL 40, Stuttgart 1994, 1-53. – Für die Frage des Zusammenhangs mit Proclus ist bekanntlich auch die Sonnenfinsternis vom 14. Januar 484 einschlägig (Ritter, aaO. 14f.), der Ritter jüngst eine eigene Untersuchung gewidmet hat: ders., Dionysios Pseudo-Areopagites und die »Sonnenfinsternis während der Kreuzigung des Erlösers«, in: H. Köhler/H. Görgemanns/M. Baumbach (Hg.), »Stürmend auf finsterem Pfad...«. Ein Symposium zur Sonnenfinsternis in der Antike, Heidelberger Forschungen, 33. Heft, Heidelberg 2000, 49-59. Aus der Fülle der übrigen Literatur zum Thema: J. Koch, Augustinischer und Dionysischer Neuplatonismus und das Mittelalter, Kant-Studien 48, 1956/1957, 117-133 = W. Beierwaltes (Hg.), Platonismus in der Philosophie des Mittelalters, WdF 197, Darmstadt 1969, 317-342 mit weiteren Literaturhinweisen 318 Anm. 4; B. Brons, Gott und die Seienden. Untersuchungen zum Verhältnis von neuplatonischer Metaphysik und christlicher Tradition bei Dionysius Areopagita, FKDG 26, Göttingen 1976; W. Beierwaltes, Denken des Einen. Studien zur neuplatonischen Philosophie und ihrer Wirkungsgeschichte, Frankfurt/Main 1985, 338-341; K. Kremer, *Bonum est diffusivum sui*. Ein Beitrag zum Verhältnis von Neuplatonismus und Christentum, ANRW II 36.2, Berlin/New York 1987, (994-1032) 1017-1023; A.L.J. James, Platonism in the Works of Pseudo-Dionysius, in: A.S. Bernardo/S. Levin (Edd.), The Classics in the Middle Ages. Papers of the Twentieth Annual Conference of the Center for Medieval and Early Renaissance Studies, Medieval and Renaissance Texts and Studies 69, Binghamton/New York 1990, 189-197.

68 In Auswahl: G. Krüger, Art. Patristik, RE 15, Leipzig 1904, (1-13) 10f.; O. Bardenhewer, Geschichte der altkirchlichen Literatur, 1. Bd. Vom Ausgang des apostolischen Zeitalters bis zum Ende des zweiten Jahrhunderts, Freiburg ^{2}1913, 38f.; J. Quasten, Patrology, Vol. I The Beginnings of Patristic Literature, Utrecht/Brüssel 1950, 9f.; B. Altaner/A. Stuiber, Patrologie. Leben, Schriften und Lehre der Kirchenväter, Freiburg ^{8}1978, 2f.; H.R. Drobner, Lehrbuch der Patrologie, Freiburg 1994, 1f. und Mühlenberg, Art. Patristik (wie Anm. 1), 97f.

69 Clem. Al., strom. I 1,3 (GCS Clemens Alexandrinus II, 3,15 Stählin/Früchtel/Treu).

gelegt werden; *sie* ist gleichsam der »Vater«, und die in den Stromateis niedergelegten Worte der Seele sind Kindern des Leibes vergleichbar. Clemens bezeichnet also an dieser Stelle keineswegs maßgebliche irdische Lehrer als »Väter«; er schließt sich der von ihm erwähnten paganen Praxis, dies zu tun, selbst gerade *nicht* an. Wenn man dazu erwägt, ob in unserer Passage eine Anspielung auf eine neutestamentliche Bibelstelle vorliegt – in Matthäus 23,9f. finden sich die Vokabeln πατήρ und καθηγητής – dann würde zudem klar, warum Clemens gar keine menschlichen Lehrer »Väter« nennen konnte: »Und ihr sollt niemanden unter euch Vater nennen auf Erden ... und ihr sollt euch nicht Lehrer nennen lassen«.

Auch an anderen Stellen seines Werkes distanziert sich Clemens ganz im Sinne des neutestamentlichen Gebots von der paganen Praxis, maßgebliche irdische Lehrer als »Väter« zu bezeichnen. Praktisch sämtliche Belege des Wortes »Vater« sind bei Clemens auf Gott, den Vater, bezogen, und praktisch nie werden irdische Lehrergestalten als »Väter« bezeichnet. Schon ein Blick in Otto Stählins vorzügliches Register macht diese Tatsache unabweisbar: sechs Belege einer allgemeinen Verwendung, über achtzig Belege der Anwendung auf Gott, den Vater. Wohl heißt Aristoteles einmal ὅ γε τῆς αἱρέσεως πατήρ[70]; aber das wird man nicht gerade als Beleg für die Titulierung von maßgeblichen Lehrern als »Väter« heranziehen[71], zumal es einen Vergleichsbeleg solchen metaphorischen Gebrauchs gibt[72]. Auch wenn immer wieder die Schüler als »Kinder« angesprochen werden[73], fällt doch nicht die naheliegende Anrede des Lehrers als »Vater«, an seiner Stelle steht beispielsweise παιδαγωγός[74]. Vermutlich weist uns die angespielte Bibelstelle Matthäus 23,9f. am Anfang der »Stromateis« tatsächlich den Weg, und es gab einen theologischen Grund für diese Zurückhaltung. Dafür spricht auch die pointierte Verbindung der Begriffe »Lehrer« und »Vater« am Beginn des fünften Buches der »Stromateis«: υἱὸς δὲ περὶ πατρὸς ἀληθὴς διδάσκαλος / »Der Sohn (also Christus) aber ist der wahre Lehrer im Blick auf den Vater«[75].

[70] Clem. Al., protr. 66,4 (GCS Clemens Alexandrinus I, 50,28 Stählin/Früchtel/Treu).

[71] Anders G. Schrenk, Art. πατήρ C. Der Vaterbegriff im Spätjudentum, ThWNT 5, Stuttgart 1954, (974-981) 977 mit Anm. 203.

[72] Clem. Al., protr. 13,3... μύθων ἀθέων καὶ δεισιδαιμονίας ὀλεθρίου πατέρας (GCS Clemens Alexandrinus I, 12,15f. Stählin/Früchtel/Treu).

[73] Vgl. beispielsweise Clem. Al., paed. I 75,2 und 83,3 (GCS Clemens Alexandrinus I 134,3/139,6 Stählin/Früchtel/Treu).

[74] O. Stählin, Clemens Alexandrinus 4. Bd. Register, GCS Clemens Alexandrinus IV, Leipzig 1936, 615 (s.v.).

[75] Clem. Al., strom. V 1,3 (Clemens Alexandrinus II, 326,10f. Stählin/Früchtel/Treu).

Von Clemens Alexandrinus führt also ganz gewiß keine Linie zur späteren Vorstellung von maßgeblichen irdischen Lehrern des Glaubens als »Vätern«.

Nun könnte man natürlich an dieser Stelle fragen, welche Autoritäten Clemens im Rahmen seiner Theologie anerkennt – Robert Grant hat vor vielen Jahren unter dem Titel »The Appeal to the Early Fathers« diese Frage gestellt und dann Texte angeführt, die ein zeitgenössischer angelsächsischer Patristiker unter »Early Fathers« rubriziert hätte, nämlich den Hirten des Hermas, den ersten Clemensbrief, den Barnabasbrief und die Didache[76]. Worin die Probleme eines solchen Zugriffs auf das Thema »Väter im antiken Christentum« liegen, braucht wohl nicht expliziert zu werden. Die Frage, welche Texte für Clemens theologische Dignität, Autorität, gar kanonische Autorität besitzen, ist zu diffizil, um sie im Rahmen unseres Referates behandeln zu können[77]. Wir müssen sie aber auch gar nicht aufgreifen, da Clemens für die Vorgeschichte des späteren christlichen Theologumenons »Kirchenvater« jedenfalls insofern nicht einschlägig ist, als er den Begriff »Vater« für irdische Lehrer geradezu ablehnt. Analoges könnte für Irenaeus gezeigt werden[78].

Ich ergänze meine Bemerkungen zu Clemens durch eine knappe Seitenbemerkung zur rabbinischen Tradition, die auch gern in Überblicken zur Vorgeschichte des christlichen »Väter«-Begriffs als Vergleichspunkt oder gar als traditionsgeschichtlicher Hintergrund bemüht wird. Aber auch hier ist Vorsicht geboten: Im langen Mischna-Traktat Abot, »Väter«, wird gerade einmal ein Lehrer als Vater tituliert, nämlich 'Abba Scha'ul (2,8f.), der den Titel »Vater« auch sonst am häufigsten in der rabbinischen Literatur trägt[79]. Für die Theologie des Textes – oder

[76] R.M. Grant, The Appeal to the Early Fathers, JThS 11, 1960, (13-24) 15; Kritik auch bei Graumann, Die Kirche der Väter (wie Anm. 63), 13.

[77] Für die Auseinandersetzung mit Platon neben dem bereits genannten Titel von Wyrwa (s.o. Anm. 66) vgl. auch strom. VI 68,1 (GCS Clemens Alexandrinus II, 51,27-31 Stählin/Früchtel/Treu) sowie 70,1 (53,1-17) und G. May, Platon und die Auseinandersetzung mit den Häresien bei Klemens von Alexandrien, in: H.-D. Blume/F. Mann (Hgg.), Platonismus und Christentum. FS für H. Dörrie, JbAC. Ergbd. 10, Münster 1983, (123-132) 126-129.

[78] Vgl. dazu Iren., haer. IV 41,2 (SC 100, 984,15-22 Rousseau) *filius enim... dupliciter intellegitur:... sive secundum conditionem, sive secundum doctrinae magisterium.* – Der Kommentar zur Stelle von A. Rousseau (SC 100, 283f.) zeigt schön, warum die Stelle im Grunde ebenfalls für eine Vorgeschichte nicht in Frage kommt.

[79] Ich zitiere nach K. Marti/G. Beer, 'Aḇôṯ (Väter). Text, Übersetzung und Erklärung nebst einem textkritischen Anhang, Die Mischna, Gießen 1927; zum Ehrentitel »Vater« E. Schürer, Geschichte des jüdischen Volkes im Zeitalter Jesu Christi,

sagen wir vorsichtiger: für die Theologi*en* – spielt der Begriff »Vater« keine zentrale Rolle; allenfalls kann man angesichts der großen Bedeutung dieses Textes, der beispielsweise in die Gebetbücher aufgenommen wurde[80], fragen, ob nicht allein schon durch den Titel eine bestimmte Tradition verstärkt wurde. Paul Billerbeck nennt in seinem Kommentar dreizehn mehr oder weniger bedeutende Gelehrte aus den ersten beiden Jahrhunderten, denen der Titel »Vater« beigelegt wurde und mit deren Namen er zu einer Einheit verwuchs[81]. Umgekehrt ergibt die Erwägung zum Traktat Abot Sinn: Vermutlich sollte durch den Titel »Väter« der Mischnatraktat an den πατέρων ὕμνος des Sirachbuches (Sir 44-50) angeschlossen werden[82].

Da wir uns entschlossen haben, jene Autoren, die nun tatsächlich für eine Vorgeschichte des christlichen Begriffs von »Kirchenvätern« in Frage kommen, hier nicht zu behandeln und also Markell, Eusebius, Athanasius, Cyrill, Theodoret und andere angesichts der bereits vorhandenen Literatur getrost auslassen, bleiben zum Abschluß unseres zweiten Abschnittes die angekündigten Bemerkungen zum pseudo-dionysischen Corpus – und damit ein Sprung über mehrere Jahrhunderte. Wir bleiben freilich mit dieser entschlossenen Konzentration bei unserem auf den Neuplatonismus enggeführten Zugriff auf das Thema »Väter«, denn man wird das Corpus mit den Editoren der bewundernswerten Gesamtausgabe doch am ehesten als *Apologie* für eine ganz besondere Synthese von Platonismus und Christentum verstehen können[83]. Auf die komplizierte Frage, wie diese Synthese zwischen den von uns gewöhnlich recht abstrakt rekonstruierten Größen »Platonismus« und

2. Bd. Die inneren Zustände, Hildesheim 1970 (= Leipzig ^{4}1907), 377 (mit weiteren Belegen für Rabbi Scha'ul). G. Stemberger hat zudem vor einiger Zeit darauf hingewiesen, daß der Traktat seine Bedeutung und heutige Gestalt erst in nachtalmudischer Zeit erhalten hat (ders., Die innerrabbinische Überlieferung von Mischna Abot, in: P. Schäfer [Hg.], Geschichte – Tradition – Reflexion. FS für Martin Hengel zum 70. Geburtstag, Bd. I Judentum, Tübingen 1996, 511-527).

80 O. Michel, Ein Beitrag zur Exegese des Traktates Abot, (349-359) 350.

81 (H.L. Strack/)P. Billerbeck, Kommentar zum Neuen Testament aus Talmud und Midrasch, 1. Bd. Das Evangelium nach Matthäus, München 1922, 919.

82 So die ansprechende Erwägung der Herausgeber Marti und Beer in der »Gießener Mischna« (wie Anm. 79), XI.

83 Zuletzt: Ritter, Dionysios Pseudo-Areopagites (wie Anm. 67), 49, und vorher schon in seiner Gesamteinleitung zur Übersetzung (BGL 40), 51f.; ausführlich begründet bei B.R. Suchla, Verteidigung eines platonischen Denkmodells einer christlichen Welt. Die philosophie- und theologiegeschichtliche Bedeutung des Scholienwerks des Johannes von Skythopolis zu den areopagitischen Traktaten (NAWG.PH 1/1995), Göttingen 1995, 2-19.

»Christentum« genau zu positionieren oder gar zu bewerten ist, möchte ich jetzt nicht eingehen – wenn man sich klarmacht, daß beispielsweise Jamblich nach Ausweis der von Dominic O'Meara 1981 wiederaufgefundenen Texte offenbar eine Trinität *im* göttlichen Einen angesetzt hat, das er als erste Manifestation des Absoluten verstand[84], dann könnte man an dieser Stelle sicher über traditionelle Schemata wie »Synthese« oder »Usurpation«, wie »christlicher Platonismus« oder »Gegenplatonismus« noch etwas hinauskommen[85]. Uns interessiert hier aber zunächst wieder nur die schlichte Frage, welche Rolle der griechische Begriff πατήρ und verwandte Ausdrücke zur Bezeichnung von autoritativen Lehrergestalten im Corpus spielen. Diesen Erkundungsgang kann man mit einer interessanten Außenperspektive beginnen:

Im siebenten Brief des Corpus berichtet der anonyme Autor, daß ein gewisser Sophist Apollophánes ihn »Vatermörder« genannt habe, »weil« – ich zitiere Adolf Martin Ritters Übersetzung – »ich von den Errungenschaften der Heiden unfairen Gebrauch mache, um sie wider die Heiden zu nutzen«[86]. Schon längst ist erkannt worden, daß mit diesem Vorwurf der πατραλοίας, des Vatermordes, auf den platonischen Sophistes und jene Passage, die wir eingangs diskutiert hatten, angespielt wird. Allerdings bestätigt sich an dieser Stelle, was wir zum veränderten Traditionsbezug im Neuplatonismus gesagt haben: Während im platonischen Dialog ja ein solcher »Vatermord« im Interesse des philosophischen Erkenntnisfortschritts notwendig genannt worden war, wird er hier einem Denker zum Vorwurf gemacht. Anders formuliert: Die besondere Form der Proclus-Rezeption bei Pseudo-Dionys machte es möglich, dem Konzept »Vatermord« im platonischen Dialog, das inner-

[84] Vgl. Jamblich, de eth. theol. arithm. 70f. (jetzt ediert bei: O'Meara, Pythagoras Revived (wie Anm. 4), 226; Kommentar ebd. 82f.) und J. Halfwassen, Das Eine als Einheit und Dreiheit. Zur Prinzipienlehre Jamblichs, RhM 139, 1996, 52-83.

[85] Suchla, Verteidigung eines platonischen Denkmodells (wie Anm. 83), 3: »Allerdings paßte Dionys platonisches Denken an die Gehalte der christlichen Offenbarung an. So übernahm er zwar neuplatonische Philosopheme wie das Denken des Einen als ,causa' (αἴτιον) und ,finis' (τέλος) alles Seienden oder der ,emanatio' (πρόοδος) und ,remanatio' bzw. ,conversio' (ἐπιστροφή) alles Seienden aus dem Einen und zu dem Einen, aber er identifizierte – wie bereits gesagt – das in diesen Philosophemen gemeinte neuplatonische ,Hen' mit der christlichen Konzeption des dreifaltigen einen Gottes«.

[86] Ps.-Dionys, ep. 7,2 (PTS 36, 166,7-9 Ritter) Σὺ δὲ φῂς λοιδορεῖσθαί μοι τὸν σοφιστὴν Ἀπολλοφάνη καὶ πατραλοίαν ἀποκαλεῖν, ὡς τοῖς Ἑλλήνων ἐπὶ τοὺς Ἕλληνας οὐχ ὁσίως χρωμένῳ. – Die Stelle spielt eine Rolle bei Versuchen, den Autor des Corpus zu identifizieren (Ritter, Gesamteinleitung (wie Anm. 67), 13-16).

halb der neuplatonischen Hermeneutik längst keine positive Bedeutung mehr hatte, nun doch einen neuen Sinn zu unterlegen. Die pseudodionysische Rezeption der neuplatonischen Väter konnte von einem überzeugten paganen Neuplatoniker, für den der Sophist Apollophanes steht, nur als »Vatermord« wahrgenommen werden. Frau Suchla hat vor einiger Zeit am Text des Prologs, den kurz vor der Mitte des sechsten Jahrhunderts der Bischof Johannes von Skythopolis dem Corpus voranstellte, nachweisen können, daß man im Umfeld des Pseudo-Dionys diesen Vorwurf offensiv aufgriff und auf seiner Basis dafür zu argumentieren versuchte, daß das pagane Denken des Proclus verändert rezipiert und dadurch christianisiert wurde, also im Rahmen der justinianischen Reichskirche tolerabel sei[87].

Gegen den paganen Vorwurf, »Vatermord« an den neuplatonischen Lehrern zu verüben, stellt Pseudo-Dionys seine eigene Konzeption von »Vätern«: οἱ τῆς ἀπορρήτου σοφίας πατέρες, »die Väter der unaussprechlichen Weisheit« haben sich bei der Kundgabe der göttlichen und mystischen Wahrheit zwar allerlei dunkler und gewagter Rätselworte bedient, die auf schlichte Seelen einen heillos verwirrenden Eindruck machen. Gemeint sind, wie Ritter in seiner Übersetzung anmerkt, mit diesen »Vätern« »die ‚Hagiographen'«, also »die biblischen ‚Autoren' und autoritativen Bürgen oder Zeugen«[88]. Freilich überliefern diese »Väter«, wie es an anderer Stelle heißt, mit ihren Rätselworten die in den heiligsten Schriften enthaltenen Erleuchtungen (ἐλλάμψεις)[89]. Sie werden unterschieden in »Väter vor und nach dem Gesetz«[90], sind »unsere berühmten Väter«[91]. Präziser wird der unbekannte Autor des Corpus allerdings nicht; Namen fallen, jedenfalls wenn es explizit um »Väter« geht, nicht. Die leise Unsicherheit des modernen Interpreten, ob nun die »Väter« bei Pseudo-Dionys vollständig mit den biblischen Autoren identisch sind oder zwischen diesen und der Gegenwart des Autors eine mehr oder weniger große Schar autoritativer Bürgen und

[87] Vgl. insbesondere den Abdruck von (verbessertem) Text und Übersetzung einer Argumentation des Johannes Philoponus bei Suchla, Verteidigung eines platonischen Denkmodells (wie Anm. 83), 12, und ebenso der einleitenden Bemerkungen des Johannes (aaO. 14f.).

[88] Ritter, BGL 40 (wie Anm. 67), 134 (Anm. 127 z. St.); ep. 9,1 (PTS 36, 193,7-9 Ritter):... οἱ τῆς ἀπορρήτου σοφίας πατέρες διὰ δή τινων κρυφίων καὶ ἀποτετολμημένων αἰνιγμάτων ἐκφαίνωσι τὴν θείαν καὶ μυστικὴν καὶ ἄβατον τοῖς βεβήλοις ἀλήθειαν.

[89] Ps.-Dionys, c.h. 1,2 (PTS 36, 7,12f. Heil).

[90] Ps.-Dionys, c.h. 4,2 (PTS 36, 21,16 Heil), ein Hinweis auf die »Väter« der Heiden in d.n. 11,6 (PTS 33, 222,13 Suchla; vgl. Dtn 32,17).

[91] Ps.-Dionys, c.h. 4,3 (PTS 36, 22,10 Heil).

Zeugen steht (zitiert werden ja immerhin »der göttliche Bartholomaeus«, »der Philosoph Clemens«, »der allerheiligste Hierotheus« und »der heilige Justus«[92]), hängt natürlich mit der besonderen Form von Pseudepigraphie zusammen, die das Corpus prägt und mindestens indirekt auch eine Folge des Siegeszuges einer spezifischen Form von der Vätertheologie im fünften Jahrhundert darstellt. Zugleich aber ist auch ohne viele Worte deutlich, wie wenig der »Väter«-Begriff des Pseudo-Dionys mit den sonstigen Vätertheologien im vierten oder fünften Jahrhundert zu tun hat. Basilius beispielsweise unterschied natürlich streng zwischen »Aposteln« und »Vätern«, wobei er – darin durchaus Proclus vergleichbar – gern seine persönlichen rechtgläubigen Lehrer als »Väter« bezeichnete[93]. Cyrill macht in seinem Brief an die Mönche vom Frühjahr 429 vollkommen klar, wen er im Speziellen meint, wenn er von »heiligen Vätern« spricht – seinen Vorgänger Athanasius[94], während Teilnehmer am Cyrill-Konzil von Ephesus 431 sich selbst als »Konzilsväter« inszenierten[95]. Vor diesem Hintergrund zeigt ein Blick auf den Begriff πατήρ und seine Anwendung auf autoritative Lehrer im pseudodionysischen Corpus also besonders deutlich, wie verschieden man unter Christen im fünften Jahrhundert mit »Vätern« argumentieren konnte, wie unterschiedlich Vätertheologien entfaltet wurden.

Um Analogien und Differenzen dieses pseudo-dionysischen Rückbezugs auf autoritative Lehrer gegenüber den neuplatonischen Modellen wirklich präzise beschreiben zu können, müßten wir an dieser Stelle eigentlich eine größere Zahl von Begriffen und Stellen im Corpus untersuchen. Aber es braucht in unserem Zusammenhang wohl trotzdem nur wenig Belege dafür, daß zur grundlegenden Konzeption einer geoffenbarten und in Autoritäten manifesten Wahrheit, wie sie sich bei Proclus findet, sehr viele Analogien im pseudo-dionysischen Corpus vorhanden sind: Wir erinnern uns: Bei Proclus war Plato ja als προηγεμών und ἱεροφάντης vorgestellt und brachte τὴν περὶ αὐτῶν τῶν θείων μυσταγωγίαν, führte uns

[92] A. van den Daele, Indices Pseudo-Dionysiani (Université de Louvain. Recueil de travaux d'Histoire et de Philologie III/3, Louvain 1941, 154). – Für eine solche Interpretation spricht, daß der Katechumene »väterliche Worte« hört (e.h. 3,6 [PTS 36, 85,9 Heil]).

[93] Bas., spir. 27,66 (FChr 12, 276,22 Pruche/Sieben); ep. 210,6 (CUFr III, 13-18 Courtonne); vgl. Graumann, Die Kirche der Väter (wie Anm. 63), 183-211.

[94] Cyr. Al., ep. 1,4 (ACO I/1/2, 11,29f. Schwartz); vgl. Graumann, Die Kirche der Väter (wie Anm. 63), 254-271.

[95] Graumann, Die Kirche der Väter (wie Anm. 63), 371-381 (über die Sitzung vom 22.6.431).

εἰς τὴν μετουσίαν τῆς ἐποπτικωτάτης τοῦ Πλάτωνος καὶ μυστικωτάτης θεωρίας, erlaubte uns »Teilhabe an der außerordentlich erleuchtenden und mystischen Schau«[96]. In *De divinis nominibus* wird als Inhalt der Offenbarungen der Heiligen Schriften festgehalten, daß vollständige ἐπιστήμη καὶ θεωρία der Gottheit den Lebenden zwar unzugänglich ist[97], aber durch die Offenbarung immerhin die Möglichkeit zu einer bestimmten vorläufigen Form von θεωρία καὶ κοινωνία καὶ ὁμοίωσις besteht[98]. Die Seelen können schließlich, »zum Leben der Engel erhoben, ... durch gute Führer ... ihrer Natur entsprechend zur Teilhabe (μετουσία) an den dort ausströmenden Einstrahlungen gelangen«[99]. Auch Pseudo-Dionys kennt also καθηγεμόνες, die gotterfüllt waren und uns die παράδοσις überliefert haben[100]. Natürlich fehlt in diesem Konzept der alles überragende θεῖος Πλάτων, fehlt daher auch die strenge Unterscheidung zwischen dem einen Platon und den verschiedenen Lehrern des Platonismus, die »Väter« genannt werden. Weitere Unterschiede zwischen beiden Konzeptionen werden deutlich, wenn man darauf achtet, daß dieselben Begriffe oft ganz Verschiedenes bezeichnen: Pseudo-Dionys verwendet den Ausdruck θεολόγος zur Bezeichnung von Offenbarungsschriftstellern, vor allem – wie es in den Scholien des Johannes von Skythopolis heißt – von Propheten und Aposteln[101]; Proclus meint damit die orphischen Theologen[102]. Μυσταγωγία bezeichnet am Beginn von *De ecclesiastica hierarchia* den Dienst an den heiligen Mysterien, also an den Sakramenten[103]. Aber solche deutlichen Differenzen heben auch die ebenso deutlichen Analogien zwischen diesen beiden Konzeptionen der Vermittlung von Offenbarung durch autoritative Lehrergestalten nicht auf.

An dieser Stelle können wir unseren paradigmatischen Durchgang durch zwei so verschiedene Corpora christlicher Theologen abbrechen und einen kürzeren Schlußabschnitt anfügen.

[96] Vgl. dazu oben S. 11 mit Anm. 40.

[97] Ps.-Dionys, d.n. 1,2 (PTS 33, 110,5f. Suchla); erst nach dem Tode wird »reine Schau« möglich: e.h. 7,9 (PTS 36, 130,1f. Heil).

[98] Ps.-Dionys, d.n. 1,2 (PTS 33, 110,12-14 Suchla).

[99] Ps.-Dionys, d.n. 4,2 (PTS 33, 145,12-16 Suchla).

[100] Ps.-Dionys, e.h. 7,6 (PTS 36, 127,14-16 Heil).

[101] Scholien (PG 4, 204,21f.): τοὺς καθ' ἡμᾶς θεολόγους νοητέον, προφήτας τέ φημι καὶ ἀποστόλους. Vgl. dazu Suchla, Verteidigung eines platonischen Denkmodells (wie Anm. 83), 4, und beispielsweise in d.n. 1,6 (PTS 33, 118,2 Suchla).

[102] Eine kleine Auswahl: Procl., com. in rem publ. (BiTeu I, 71,18-20 Kroll); Theol. Plat. I 5 (CUFr I, 26,11 Saffrey/Westerink).

[103] Ps.-Dionys, h.e. I 1 (PTS 36, 65,6 Heil); vgl. m.th. 1,2 (PTS 36, 142,15f. Ritter) und ep. 9,1 (PTS 36, 197,15 Ritter).

3. Zusammenfassung und Schlussbemerkungen

Wir haben versucht, an charakteristischen Beispielen Terminologie und Strategie des christlichen wie neuplatonischen Rekurses auf autoritative Lehrer, auf Lehrautoritäten, ausgehend vom griechischen Begriff πατήρ zu ermitteln. Es bleibt nun übrig, die Befunde nochmals zu vergleichen und abschließend zu werten. Dabei sollten wir uns zuallererst der eingangs beschworenen Gefahr erinnern, daß nun der Vergleich von Äpfeln und Birnen drohen könnte[104]. Schon Norbert Brox hat 1969 in wünschenswerter Deutlichkeit erklärt: »Es ist z.B. relativ belanglos, auf den Umstand zu verweisen, daß im antiken philosophischen wie auch im rabbinischen Lehrbetrieb oder in der alttestamentlichen Prophetenschule das Lehrer-Schüler-Verhältnis gelegentlich oder auch verbreitet als Vater-Sohn-Beziehung verstanden wurde«[105]. Belanglos nennt Brox solche Belege, weil sie nicht zum Verständnis der antiken christlichen Vorstellung von »Kirchenvätern« helfen, die eine bestimmte kirchengeschichtliche Erfahrung – nämlich die der »Distanz zum Ursprung« voraussetze und ein bestimmtes Konzept »vom Weg der kirchlichen Lehre durch die Geschichte«[106]. Sind die von uns vorgestellten Konzepte eines Rekurses auf autoritative Lehrer bei Platon und im Neuplatonismus aber tatsächlich »belanglos«? Und setzt nicht auch die neuplatonische

[104] Man muß, um diese Gefahr wahrzunehmen, gar nicht – wie seinerzeit Johannes Geffcken – die Ergebnisse des Rückbezugs bestimmter spätantiker Neuplatoniker auf ihre philosophischen Autoritäten und Gewährsleute als riesigen Trümmerhaufen unverständiger Kompilatoren diffamieren (Geffcken nennt Jamblich einen »Blender ohne Glanz, ... ohne einen Rest griechisch kritischer Selbstbesinnung« und sein System »einen ungefügen Riesenbau ..., in dem alles Platz finden soll, was Philosophen von der Gottheit geträumt«; Proclus zählt er zu den »spätheidnischen Philosophastern, die sich in einer utopischen Welt traumwandelnd bewegen« (J. Geffcken, Der Ausgang des griechisch-römischen Heidentums, RWB 9, Darmstadt 1963 [= Heidelberg 1929], 104f. und 197; vergleichbare Urteile bei Zeller, Philosophie der Griechen [wie Anm. 59], 684). – Eine gänzlich abweichende Beurteilung des Proclus bei M. Baltes, Die Weltentstehung des Platonischen Timaios nach den antiken Interpreten, Tl. II Proklos, PhAnt 35, Leiden 1978, 129-133, und nun in der ausführlichen Arbeit von Beate Nasemann, Theurgie und Philosophie in Jamblichs De mysteriis, BzA 11, Stuttgart 1991, 10-12.

[105] N. Brox, Zur Berufung auf »Väter« des Glaubens, in: Th. Michels (Hg.), Heuresis. FS für A. Rohracher, 25 Jahre Erzbischof von Salzburg, Salzburg 1969, 42-67 = ders., Das Frühchristentum. Schriften zur Historischen Theologie, hg. v. F. Dünzl, A. Fürst, F.R. Prostmeier, Freiburg u.a. 2000, 271-296. Das Zitat findet sich im Neuabdruck des Aufsatzes auf S. 273.

[106] Brox, Zur Berufung auf »Väter« (wie Anm. 105), 273-280.

Konzeption eine bestimmte Distanzerfahrung und ein bestimmtes Konzept orthodoxer Lehrüberlieferung voraus? Bei näherer Betrachtung ergeben sich meiner Ansicht nach doch allerlei interessante und keineswegs belanglose Konvergenzen zu antiken christlichen Konzeptionen von »Vätern«. Um diese Konvergenzen in *drei Punkten* zusammenzufassen, greife ich an einer Stelle über die beiden Corpora christlicher Autoren hinaus, die ich im zweiten Abschnitt näher analysiert habe:

(1) Wir hatten am platonischen »Sophistes« gesehen, daß man nach Meinung Platos den πατρικὸς λόγος des Parmenides, einen mit der Autorität des großen Parmenides versehenen Satz »angreifen« muß, ihm also Gewalt antun muß, um zu philosophischem Erkenntnisfortschritt zu gelangen. Eigentlich hätten wir für eine solche Haltung, die »Väter« im Modus einer dialektisch gebrochenen Kritik zu rezipieren, auch Konvergenzen bei christlichen Theologen nachweisen müssen. Die höchst komplexe, dialektisch gebrochene Art und Weise, die verdächtige und später in bestimmten Punkten verurteilte Theologie des Origenes zu rezipieren, hätte dafür verschiedenste Beispiele geboten. In gewissem Sinne kann man auch schon die Polemik Marcells gegen Asterius im vierten Jahrhundert zum Vergleich heranziehen: Der Bischof von Ancyra greift Asterius nach Ausweis der erhaltenen Fragmente gerade *wegen* des Rückbezugs auf die »weisesten Väter« und deren eigene Schriften an, die der Sophist zur Autorisierung seiner eigenen Position offensichtlich angeführt hat[107]. Natürlich geht es dem Bischof bei seinem Angriff nicht um den philosophischen Erkenntnisfortschritt Platos, sondern um die Gegenüberstellung von einer Theologie, die auf »göttlicher Schrift« beruht, und einer anderen Theologie, die auf »menschlichem Willen und (menschlicher) Erkenntnis« gegründet steht. Marcell intendiert eigentlich auch nicht eine dialektisch gebrochene Kritik der Theologen, die er als »Väter« des Asterius identifiziert, obwohl er innerhalb der widersprüchlichen Konzeption des Origenes auf rechtgläubige Aussagen hinweist[108]. Vielmehr bestreitet er jedenfalls für Origenes mit allem Nachdruck dessen Autorität: Origenes habe »ohne rechtes Verständnis für die Schriften … früher als nötig zu schreiben« begonnen,

[107] Marcell, frgm. 17 (86), p. 16,13f. Vinzent; vgl. M. Vinzent, Asterius von Kappadokien. Die theologischen Fragmente. Einleitung, kritischer Text, Übersetzung und Kommentar, SVigChr 20, Leiden 1993, 84 (= frgm. 5, Z. 3f.) und Kommentar 157-160, weitere Kommentierungen bei K. Seibt, Die Theologie des Markell von Ankyra, AKG 59, Berlin/New York 1994, 280-292.

[108] Marcell, frgm. 21 (39), p. 20,9-22,6 Vinzent.

sei »durch die Schriften der Philosophen auf Abwege geführt« worden und habe »ihretwegen Gewisses nicht korrekt geschrieben«[109]. Origenes kommt, kurz gesagt, als autoritativer »Vater« nicht in Frage, weil er in der falschen διαδοχή steht. Man sollte deswegen aber nicht daran zweifeln, daß Marcell andere Theologen als »Väter« akzeptierte und insofern auch eine rechtgläubige διαδοχή anzubieten hatte, selbst wenn sein Gegner Eusebius von Caesarea diesen Eindruck erwecken möchte[110]: Man kann das Gegenteil in der armenischen Textversion der sogenannten *Epistula ad Antiochenos* (auch: *Sermo maior de fide*)[111] nachlesen[112]: »Zuerst wollen wir einen treulichen Bericht davon so geben, wie wir es von den Vätern gelernt haben, weil wir von den Vätern lernen, was wir lehren wollen, so wie sie es von denen gelernt haben, die vor ihnen waren«. Ungeachtet aller theologischen Voraussetzungen ist diese Bestreitung der Autorität des Origenes auch eine philosophisch korrekte Argumentation, wie sich bis in sprachliche Details zeigen läßt: Mit den Worten δῆλον δέ·, »dies aber ist offenkundig«, leitet Markell seinen Beweisgang aus den Schriften des inkonsistenten Schnellschreibers ein[113]. Und bemerkenswert ist, daß – etwa im Unterschied zu Athanasius – der Titel »Vater« hier noch nicht ausschließlich für die rechtgläubigen Lehrer reserviert wird[114].

(2) Freilich besaß jenes platonische Konzept eines unter dem Leitwort »Vatermord« stehenden dialektisch-kritischen Umgangs mit »Vätern« spätestens seit dem frühen fünften Jahrhundert weder für christliche Theologen noch für pagane Neuplatoniker irgendeine

[109] Marcell, frgm. 22 (88), p. 22,9-12 Vinzent: … πρὸ τῆς ἀκριβοῦς τῶν γραφῶν καταλήψεως διὰ τὸ πολὺ καὶ φιλότιμον τῆς ἔξωθεν παιδεύσεως θᾶττον τοῦ δέοντος ἀρξάμενος [ὑπο]γράφειν ὑπὸ τῶν τῆς φιλοσοφίας παρήχθη λόγων, καί τινα δι᾽ αὐτοὺς οὐ καλῶς γέγραφεν.

[110] Vgl. dazu auch Graumann, Die Kirche der Väter (wie Anm. 63), 23-33.70-72 und M. Vinzent, Origenes als *subscriptum*. Paulinus von Tyrus und die origenistische Theologie, in: W.A. Bienert/U. Kühneweg (Hgg.), Origeniana Septima. Origenes in den Auseinandersetzungen des vierten Jahrhunderts, BEThL 87, Leuven 1999, 151-157. Vinzent zeigt an den Fragmenten, daß Marcell eine »rechte Diadoche« kennt (aaO. 157).

[111] CPG II, 2803; eine ausführliche Einleitung in die Forschungsdiskussion bei Seibt, Die Theologie des Markell (wie Anm. 107), 70-84.

[112] Für den armenischen Text: R.P. Casey, The Armenian Version of the Pseudo-Athanasian Letter to the Antiochenes and of the Expositio Fidei (StD 15/1), London/Philadelphia 1947, 21 (Z. 22-24); für die Interpretation der »Väter« als autoritative Lehrer Seibt, Die Theologie des Markell (wie Anm. 107), 291.

[113] Marcell, frgm. 22 (88), p. 22,12 Vinzent.

[114] Eine Beobachtung von Graumann, Die Kirche der Väter (wie Anm. 63), 103.

größere Bedeutung. Ein äußeres Zeichen dafür ist, daß die platonische Passage aus dem Dialog Sophistes weder bei Porphyrius noch bei Jamblich, Plutarch, Syrianus, Proclus oder Damascius zitiert oder angespielt wird. Und im pseudo-dionysischen Corpus ist sie schließlich ganz gegen ihren ursprünglichen Sinn verwendet.

(3) Unser Vergleich zweier Konzeptionen aus dem fünften Jahrhundert zeigte einige auf den ersten Blick überraschende Analogien im Verständnis von »Väterautorität« zwischen einem paganen Neuplatoniker und einem christlichen Theologen: Wir hatten an Texten des Proclus gesehen, daß für die orthodoxe Auslegung des »göttlichen Plato« und seiner inspirierten Texte, deren kanonischer Status in gewissem Sinne mit dem heiliger Schriften verglichen werden kann, die Autorität sehr bestimmter Lehrer bemüht wurde, die als »Väter« und »Großväter« angesprochen wurden und in einer Epoche zwischen der Abfassung der Originaltexte und ihrer Auslegung durch Proclus lebten. Selbstverständlich bemühten christliche Theologen wie Pseudo-Dionys nicht in derselben Weise Plato als inspirierten Propheten und Plutarch, Syrian oder Proclus als ihre »Väter«, schon gar nicht dadurch, daß sie sie explizit als »Väter« benannten. Chrysostomus sagt einmal, daß die Erwähnung Platos in einer Predigt, die von Christus handelt, eigentlich eine Kränkung Christi sei[115]. Aber christliche Theologen bezogen sich in vergleichbarer Weise auf eigene »Väter« und *diese* Bezüge machten sie explizit.

In einem solchen zusammenfassenden Abschnitt soll aber auch nochmals an zwei auf den ersten Blick mindestens ebenso überraschende *Divergenzen* erinnert sein, die unsere Analyse ergab:

(1) Trotz seiner intensiven Vertrautheit mit Texten und Denkfiguren der platonischen Philosophie kann sich ein Clemens Alexandrinus nicht dazu entschließen, irdische Lehrautoritäten als »Väter« zu bezeichnen, obwohl ihm eine einschlägige Praxis außerhalb der christlichen Gemeinde durchaus bekannt ist.

(2) Auffällig war auch, wie unterschiedlich noch im fünften Jahrhundert christliche Vätertheologien angelegt wurden. Ich habe in meinem

[115] Joh. Chrys., Iud. 5 (PG 48, 886): καὶ μηδεὶς ὕβριν εἶναι νομιζέτω τοῦ Χριστοῦ, ὅτι ἐν τοῖς περὶ αὐτοῦ λόγοις Πυθαγόρου καὶ Πλάτωνος, Ζήνωνος καὶ τοῦ Τυανέως μεμνήμεθα ...Τοῦτο ποιοῦμεν ... τῇ ἀσθενείᾳ τῶν Ἰουδαίων συγκαταβαίνοντες; vgl. dazu C. Fabricius, Zu den Aussagen der griechischen Kirchenväter über Platon, VigChr 42, 1988, (179-187) 181.

Beitrag wie Martin Tetz in seinem vorhin erwähnten Vortrag auf der »Patristischen Arbeitsgemeinschaft« in Straßburg 1961 versucht, exemplarisch zu arbeiten. Hoffentlich ist, auch wenn ich nicht ausführlicher auf Eusebius, Athanasius, Theodoret oder Cyrill eingegangen bin, deutlich geworden, wie verschieden innerhalb der *einen* christlichen Theologie Rekurse auf autoritative Lehrer, auf Lehrautoritäten, angelegt werden können. Gerade diese historische Vielfalt und Originalität ist für meinen Geschmack bislang noch viel zu wenig wahrgenommen worden, ebenso wie die überraschenden Kontexte christlicher »Vätertheologie« in der philosophischen Argumentation. Das mag daran liegen, daß man – wie Tetz am Schluß seines Vortrags bemerkte –, wenn man die Anfänge des expliziten Väterbeweises studiert, »an eine der Wurzeln, welche die theologische Disziplin, die sich Patristik nennt, speisen«, rührt[116]. Daß aber bei solchen Bohrungen an der Wurzel zögerlich vorgegangen wird und traditionelle Sichtweisen besonders lange Bestand haben, ist ja nicht überraschend.

Jene verschiedenen, auf den ersten Blick überraschenden Konvergenzen und Divergenzen, die wir bei der Analyse des Bezugs auf autoritative Lehrer bei Neuplatonikern und Christen beobachtet haben, erinnern zugleich an eine dringende Aufgabe künftiger »Väter-Studien«: Es sollte uns, gleich ob wir nun im ursprünglichen Sinne des Wortes »Patristik« maßgebliche christliche Theologen der Antike studieren, um daraus für die Gegenwart maßstabsetzende Orientierung zu gewinnen, oder die »Väter« nur als einen besonderen Teil spätantiker Religions- und Geistesgeschichte wahrnehmen, stärker an der Historisierung des Themas »Väter im antiken Christentum« gelegen sein – Norbert Brox hat das, wenn ich recht sehe, schon 1969 in einem Aufsatz gefordert, der seine theologische Leidenschaft durchaus nicht verbirgt[117]. Mit »Historisierung« fordere ich beileibe nicht die Enttheologisierung meiner eigenen Disziplin, sofern sie an Theologischen Fakultäten betrieben wird. Vielmehr meine ich mit diesem Stichwort: Was wir über die Entstehung einer christlichen Konzeption von »Vätern« wissen oder zu wissen glauben, sollte stärker kontextualisiert werden.

Erst wenn wir die Verschiedenheit der christlichen und paganen Rekurse auf autoritative Lehrer, auf Lehrautoritäten, präziser wahrnehmen, können wir Fragen nach ihrem jeweiligen Konstitutionsverhältnis, nach strikten Abhängigkeiten und puren Analogien stellen. Und das ist

[116] Tetz, Zum Streit zwischen Orthodoxie und Häresie (wie Anm. 65), 368.

[117] Brox, Zur Berufung auf »Väter« (wie Anm. 105), 42-67 = 271-296.

ja eine überaus spannende Frage jeder spätantiken Geistes- und Ideengeschichte. Glen Bowersock hat vor einiger Zeit darauf aufmerksam gemacht, daß die Lebensbeschreibungen der großen Neuplatoniker der Athener Schule in manchen Zügen mit der spätantiken Hagiographie parallel gehen, und damit einen weiteren Beleg für die oft konstatierten Zusammenhänge zwischen Hagiographie und antiker Biographie ins Blickfeld gerückt[118]. Vor dem Hintergrund dieser und anderer Beobachtungen müßte man – wenn einmal ein vollständiges Inventar der Verwendung des Begriffs πατήρ in der antiken Philosophie und den übrigen Wissenschaften vorliegen sollte – präziser nach Wechselwirkungen fragen, als das mein reduktionistisches Modell von Konvergenzen zuläßt. Dann wäre auch das, was ich vorgetragen habe, deutlicher in den historischen Kontext der Auseinandersetzungen zwischen Christen und Nichtchristen eingeordnet; immerhin handelte es sich beim weiteren Festhalten »am Irrtum der Hellenen« seit Justinian um ein schweres, um ein todeswürdiges Verbrechen[119].

[118] G.W. Bowersock, Hellenism in Late Antiquity, Jerome Lectures 18, Ann Arbor 1990, 35.

[119] Der Eröffnungsvortrag der Eisenacher Tagung schloß mit folgender Bemerkung: Wir wollen in den kommenden zwei Tagen über die Relevanz eines Faches nachdenken, das – wie der Titel unserer Tagung formuliert – zwischen »Altertumswissenschaft und Theologie« steht. Wir tun das, indem wir Methodik und Arbeitsergebnisse des Faches vor allem in der europäischen Neuzeit studieren. Die Rückfrage nach der Bedeutung von »Vätern« gehört unmittelbar zu einer solchen Aufklärung über die Geschichte und Gegenwart des Faches »Patristik«. Daran kann gar kein Zweifel sein. Sie ist zugleich tief verwoben mit Fragen der Methodik des Faches. Aber ich habe Ihnen hoffentlich zugleich auch demonstrieren können, daß man, wenn man nach der Normierung durch »Väter« bei Neuplatonikern und Christen fragt, unabhängig von jeder konfessionellen Vorprägung identitätsbildende Grundlagen der antiken Kultur in den Blick nimmt. Und das ist ja immerhin auch eine erste Antwort auf die Frage nach der Relevanz eines Faches.

Die Beschäftigung mit der Alten Kirche an deutschen Universitäten in den Umbrüchen der Aufklärung

SILKE-PETRA BERGJAN

In der zweiten Hälfte des 18. Jahrhunderts vollzieht sich ein grundlegender Wandel in der Beschäftigung mit der Alten Kirche, der in zahlreichen Zeugnissen reflektiert wird. Als Beispiel seien einige Sätze aus der Rezension von Johann Friedrich Cottas »Versuch einer ausführlichen Kirchenhistorie des neuen Testaments« in der Allgemeinen deutschen Bibliothek von 1776 genannt:

> »es ist eine weit wollüstigere Arbeit die Quellen studieren und mit Kritick und Vernunft beurtheilen; es ist seelerhebender, die alten Zeiten richten und die Triebfedern der großen Thaten erforschen, als seinen Verstand unter das Joch des Herkommens beugen und mit Verläugnung aller Selbstliebe mechanisch die vorigen abschreiben. Ich bedaure den Hn. Doctor; vor 30 Jahren war dies Buch ein recht gutes deutsches Collegium, damals wagte man die großen Forderungen heutiger Zeiten an die Geschichtsschreiber noch nicht, und vieles war im Collegium nützlich, was den Leser gähnen macht.«[1]

Cottas Kompendium ist nach Ansicht des Rezensenten bereits bei Erscheinen veraltet, und er faßt seine Kritik damit zusammen, daß Cotta nicht den neuerdings sich stellenden Anforderungen an die Geschichtsschreibung entspreche. Dazu zählt die oft vorgetragene Forderung, daß Geschichte nicht mit einer Materialsammlung zu identifizieren ist, sondern erst durch den Zusammenhang entsteht, den der Historiker aufdeckt. Geschichte soll nicht mehr »Gedächtnißwissenschaft« sein und ein Historiker ein Sammler, der lediglich in der Lage ist, das Gesammelte aufzusagen. Nicht die Details interessieren, sondern die Begebenheiten in ihren spezifischen Umständen, nicht die bloße Darstellung, sondern eine pragmatische Erklärung, warum es zu einer solchen Situation oder Idee hat kommen können.

[1] Rez. zu J.F. Cotta, Versuch einer ausführlichen Kirchen=Historie des neuen Testaments von Anfang der christlichen Zeitrechnung bis auf gegenwärtige Zeit, Erster Theil, Tübingen 1768, in: Allgemeine deutsche Bibliothek, Anhang zu Bd. 13-24, 2. Abt., 1776, 649.

Das Bild, das man von den rezensierten Dissertationen und Monographien zur Alten Kirche in der zweiten Hälfte des 18. Jahrhunderts gewinnt, entspricht den Anschauungen der pragmatischen Geschichtsschreibung. Es ist nicht die Zeit, in der neue Texteditionen entstehen. Die neuen Ausgaben verstanden sich als Handbücher und sind meist auf der Grundlage älterer Editionen erstellt worden. Von Interesse waren die Gründe für die Christenverfolgung und die christliche Apologetik, die auf dem Hintergrund der römischen Religionspolitik erörtert wurden[2]; die Ursachen für die Ausbreitung des Christentums, für den Übergang von der unterdrückten zur herrschenden Religion interessierten[3], aber auch die Frage, seit wann es Kirchengebäude gab[4] und wie es um die Bildung der frühen Lehrer stand[5].

Diese Themen zeigen eine Verschiebung zu historischen Fragestellungen hin an, die mit der Ablösung der normativen Bedeutung der Alten Kirche zusammenhängt. Der Bereich, in dem spätantike Inhalte und Erfahrungen gültig bleiben, veränderte sich. Der Historiker bearbeitet die Quellen nicht mehr in einem unhinterfragten Kontinuum, in dem die lehrreichen Beispiele aus der Geschichte ihre Gültigkeit haben und in der die Schemata der Interpretation vorgegeben sind. Das veränderte Verständnis der Geschichte läßt sich unmittelbar an der Rolle der Kirchengeschichte in der Theologie ablesen. Auch hier verliert die Geschichte ihre exemplifizierende Funktion. Die Kirchengeschichte, und dies gilt insbesondere für die Geschichte der Alten Kirche, ist nicht mehr Rüstkammer für Argumente zwischenkirchlicher Polemik und liefert nicht mehr Beispiele für die Dogmatik, sondern findet einen neuen Ort innerhalb der theologischen Disziplinen. Dieser Prozeß innerhalb der Theologie verläuft parallel zu einer breiten zeitgenössischen Diskussion um die Methoden der historischen Arbeit.

[2] J.F. Gruner, De odii Romanorum adversus Christianos causis, Coburg 1751, rezensiert in: Jenaische Gelehrte Zeitungen 3, 1751, 792; J.F. Gruner, De odio humani generis christianis olim a Romanis objecto, Coburg 1755, rezensiert in: Tübingische Berichte 1755, 415; J.L. v. Mosheim, De rebus Christianorum, Helmstedt 1753, rezensiert in: Tübingische Berichte 1754, Suppl. 3-5; J.F. Hirt, De imperatorum ante Constantinum Magnum erga christianos favore (Diss. phil.), Jena 1758, rezensiert in: Tübingische Berichte 1758, 477-480.

[3] Vgl. Rez. zu J.M. Schröckh, Christliche Kirchengeschichte, Bd. 2, Leipzig 1770, in: Allgemeine deutsche Bibliothek 14, 1771, 395-399.

[4] J.M. Faber, De temporum apud Christianas antiquitate dubia, Ansbach 1774, rezensiert in: Fortgesetzte Nachrichten, Zweyter Theil, 1775, 157f.

[5] C.D. Carsted, De agrammata veterum civitatis Christianae doctorum, Halle 1750, rezensiert in: Berlinische Bibliothek 4, 1750, 556-558.

Damit sind bereits Gründe genannt, die es nahelegen, auf die Beschäftigung mit der Alten Kirche in den Umbrüchen der Aufklärung einzugehen. Um das Thema in seiner breiten und grundlegenden Form behandeln zu können, sind zunächst einige Einschränkungen nötig. Die Zeit der sechziger und siebziger Jahre des 18. Jahrhunderts wurde bereits in den Rückblicken wenig später als eine Umbruchszeit wahrgenommen, und die folgenden Ausführungen werden sich auf die Zeit zwischen 1750-1790 beschränken. Die Diskussionen in dieser Zeit wurden in verschiedenen Zirkeln geführt. Ich werde mich auf das Umfeld der deutschen protestantischen Universitäten konzentrieren und habe vor allem Texte herangezogen, die in diesem Umfeld und besonders für die Vorlesungen entstanden sind.

Eine weitere Eingrenzung betrifft die Beziehungen zwischen Theologie und Philologie[6]. Geschichte, Philologie und Altertumswissenschaften entwickeln erst in dieser Zeit ihre Fachabgrenzungen. Im folgenden sollen die Umbrüche in der historischen Beschäftigung mit der Alten Kirche zur Sprache kommen. Sie stehen in einem Zusammenhang mit einer Diskussion um die historische Methode, die Geschichte und ihre Aufgabe[7]. Auf dieselbe Diskussion läßt sich auch die Philologie der Zeit beziehen[8]. Beide, Theologen und Philologen, betraf das breite allgemeine Interesse an der Geschichte, zugleich aber der deutliche Vorbehalt gegenüber einer Beschäftigung mit der Antike. Das Interesse hatte sich verschoben zugunsten der neueren europäischen Geschichte[9]. In dem

[6] Sie sind oft persönlicher Natur. Man traf sich in den Vorlesungen von Siegmund und Alexander Baumgarten in Halle und von Heyne in Göttingen. Eine Person wie Ernesti verbindet beides, wird bekannt für seine Cicero-Ausgabe wie für seine Anmerkungen zum Neuen Testament. Der Göttinger Kirchenhistoriker C.W.F. Walch gibt die philologische Bibliothek heraus, in der auch patristische Editionen rezensiert wurden. Die Schüler, die die letzten Texte und Äußerungen des Theologen Semler veröffentlichten, waren die Philologen C.G. Schütz (C.G. Schütz [Hg.], D. Johann Salomo Semlers letztes Glaubensbekenntnis über natürliche und christliche Religion, Königsberg 1792) und F.A. Wolf (F.A. Wolf, Ueber Herrn Semlers letzte Lebenstage. Für seine künftigen Biographien, Halle 1791).

[7] Siehe P.H. Reill, Die Geschichtswissenschaft um die Mitte des 18. Jahrhunderts, in: R. Vierhaus (Hg.), Wissenschaften im Zeitalter der Aufklärung, Göttingen 1985, 163-193.

[8] U. Muhlack, Historie und Philologie, in: H.E. Bödeker (Hg.), Aufklärung und Geschichte: Studien zur deutschen Geschichtswissenschaft im 18. Jahrhundert, Göttingen [2]1992, 49-81; ders., Klassische Philologie zwischen Humanismus und Neuhumanismus, in: Vierhaus (Hg.), Wissenschaften im Zeitalter der Aufklärung (wie Anm. 7), 93-119. Für einen Überblick über einzelne Persönlichkeiten siehe J.E. Sandys, A History of Classical Scholarship, Bd. 3, Cambridge 1908.

Raisonnement über die protestantischen Universitäten in Deutschland 1768 heißt es:

> »Im vorigen Jahrhundert trieb man auf den Deutschen Universitäten mehr die alte Historie, als die von der mittlern und neuern Zeit. Wenigstens nahm jene zum Nachtheil dieser mehr Fleiß und Stunden weg, als man sparen konnte: und man ward auf Universitäten in der alten Welt bekannt, blieb aber in seiner eigenen fremde. Die Historie hatte ein Alttestamentisches und claßisches Ansehen von Theologen und Kennern der Lateinischen und Griechischen Schriftstellern erhalten: ihr fehlte das moderne. Dis mußte geändert werden, um sie brauchbarer zu machen.«[10]

Die Reaktionen auf diese Art von Vorbehalten waren auf Seite der Theologie und Philologie sehr unterschiedlich. In dem Zitat verbindet Philologie und Theologie eine Problemstellung und als gemeinsamer Bezugspunkt die Geschichte. Christian Gottlob Heyne hält 1766 die Inaugurationsrede, als Johann Christoph Gatterer das historische Institut in Göttingen übernimmt. In dieser Rede skizziert er Gatterers historische Arbeit in einer Weise, die an seine eigene philologische erinnert[11]. Die Verbindung zwischen Philologie und Geschichte stellt dann aber vor allem Friedrich August Wolf her. In seiner Vorlesung zur Geschichte der römischen Literatur 1787 in Halle betont er die Notwendigkeit, die Literatur in einen kultur- und zeitgeschichtlichen Zusammenhang zu stellen[12]. Wolf übernimmt hier Grundsätze der pragmatischen Geschichtsschreibung in die Philologie, und man kann davon ausgehen, daß er in den methodischen Überlegungen in seinen frühen Vorlesungen in Halle von dem Theologen Semler beeinflußt ist[13]. Damit sind

[9] Vgl. R. Vierhaus, Historisches Interesse im 18. Jahrhundert, in: Bödeker (Hg.), Aufklärung und Geschichte (wie Anm. 8), 264-275.

[10] J.D. Michaelis, Raisonnement über die protestantischen Universitäten in Deutschland, Theil 1, Frankfurt/Leipzig 1768, 184.

[11] Muhlack, Historie und Philologie (wie Anm. 8), 70f.

[12] F.A. Wolf, Geschichte der römischen Litteratur: nebst biographischen und litterärischen Nachrichten von den lateinischen Schriftstellern, ihren Werken und Ausgaben. Ein Leitfaden für akademische Vorlesungen, Halle 1787.

[13] A. Grafton, »Man muß aus der Gegenwart heraufsteigen«: History, Tradition, and Traditions of Historical Thought in F.A. Wolf, in: Bödeker (Hg.), Aufklärung und Geschichte (wie Anm. 8), (416-429) 419f.; vgl. ders., Juden und Griechen bei Friedrich August Wolf, in: R. Markner/G. Veltri (Hgg.), Friedrich August Wolf. Studien, Dokumente, Bibliographie, Palingenesia 67, Stuttgart 1999, (9-30) 25; G. Walther, Friedrich August Wolf und die Hallenser Philologie – ein aufklärerisches Phänomen?, in: Notker Hammerstein (Hg.), Universitäten und Aufklärung. Das 18. Jahrhundert, Suppl. 3, Göttingen 1995, 125-136.

wichtige Linien angezeigt, die eine weitere Vertiefung verdienen. Hier sollen die Bezüge der Patristik zur zeitgenössischen Diskussion auf die Geschichte und auf methodische Überlegungen im Rahmen der Geschichtsschreibung beschränkt werden.

Die folgenden Ausführungen gliedern sich in drei Abschnitte: Der erste Abschnitt setzt ein mit der Situation an den theologischen Fakultäten und soll das Bild zeichnen, das sich aus Vorlesungsverzeichnissen, Gelehrtengeschichten und Universitätsbeschreibungen ergibt. Erst im Lauf des 18. Jahrhunderts werden Kirchengeschichte und Patristik der Theologie zugeordnet und damit aus der philosophischen Fakultät ausgegliedert. Diese Entwicklung, die zu einer Ausdifferenzierung der theologischen Disziplinen und einer Historisierung der Theologie führt, spiegelt sich in den Anleitungen zum Theologiestudium wider. Dies leitet über zu einem zweiten Abschnitt über die Frage nach dem Nutzen der Geschichte bzw. nach der Aufgabe der Kirchengeschichte in der Theologie, die sich für die Beschäftigung mit der Alten Kirche in besonderer Weise grundsätzlich stellte. Der dritte Abschnitt soll dann auf ein Detail aus der Diskussion aufmerksam machen. Es sollen Äußerungen zur Sprache kommen, welche die methodischen Diskussionen auf die Person des Historikers beziehen, der den Weg zwischen dem Abstand zum historischen Objekt und der Aneignung seines Themas, zwischen der Einmaligkeit historischer Begebenheiten und der Perspektivität seiner Rekonstruktion zu gehen hat. In diesem Zusammenhang ist besonders auf Johann Salomo Semler einzugehen.

1. Die Situation an den theologischen Fakultäten – der Ort der Patristik zwischen Weltweisheit und Gottesgelehrsamkeit.

In der zweiten Hälfte des 18. Jahrhunderts verändern sich die Universitäten in Deutschland grundlegend. Die Veränderungen sind begleitet von oft scharfer Kritik am Zustand der Fakultäten, die, in unterschiedlicher Form vorgetragen[14], den Ausgangspunkt deutlich machen.

[14] L.H. Jacob, Ueber die Universitäten in Deutschland besonders in den Königl. Preußischen Staaten. Mit ausführbaren Vorschlägen, wie sie vom Grunde aus verbessert werden können. Von einem sachkundigen Manne, Berlin 1798; siehe auch: C.F.D Schubart, Schubart's Leben und Gesinnungen. Von ihm selbst, im Kerker aufgesetzt, Stuttgart 1791-1793.

Zunächst ist die Situation noch durch die Vielzahl kleinerer theologischer Fakultäten gekennzeichnet, an denen Kirchengeschichte kaum überhaupt eine Rolle spielte. Über sie heißt es bei Walch:

> »Unter unsern Aemtern, (sagt er,) ist keines, wozu ein Mann gebraucht werden könnte, der die Kirchengeschichte zu seinem vornehmsten Geschäfte macht. Freylich sucht man auf Universitäten Lehrer der Kirchenhistorie; sie sollen aber Dogmatik, Moral und Polemik eben so gut lehren: sie sollen auch oft dabey Prediger, ja wohl Generalsuperintendenten und Superintendenten seyn, und das an Orten, wo sehr schlecht versehene Bibliotheken anzutreffen sind: wo man mit großer Mühe einen Baronium aufsuchen darf, da sie selbst nicht daran denken dürfen, sich nur einen mittelmäßigen Vorrath von Kirchenvätern anzuschaffen. Es würde bey solchen Verfassungen ungerecht seyn, über Unfleiß in der Kirchenhistorie zu klagen.«[15]

Diese Form der Klage über die Arbeitsbedingungen der protestantischen Gelehrten war verbreitet[16] und ist auf dem Hintergrund der Kontroversen des ausgehenden 17. Jahrhunderts entstanden. Walch verbindet sie mit einer auch im 18. Jahrhundert für viele Orte typischen Beschreibung der Aufgaben. Johann August Starck benutzt das Zitat, um den Leser in seine eigene Situation in Königsberg einzuführen[17]. Die theologischen Fakultäten bestanden weitgehend aus drei ordentlichen Professuren. Sie wurden im Sinne von Nominal-Professuren als erster, zweiter und dritter Professor mit entsprechend abgestuftem Gehalt unterschieden. Mit jeder der Professuren war ein kirchliches Amt verbunden. In Altdorf war der erste Professor Antistes ecclesiae, der zweite Archidiakon, der dritte Diakon[18]. In Königsberg war der erste ordentliche Professor Pfarrer der kneiphöfischen Thumkirche, Universitätsprediger, Königlicher würklicher Kirchen= und Schulenrath, der zweite Professor zugleich Konsistorialrath und Pfarrer der Sackheimischen Kirche[19], der

[15] J.A. Starck, Geschichte der christlichen Kirche des ersten Jahrhunderts, Bd. 3, Berlin/Leipzig 1780, Vorrede Xf., Zitat aus C.W.F. Walchs Vorrede zu von Einems Übersetzung der Kirchengeschichte Mosheims, Teil 1.

[16] J.S. Semler, Neue Versuche die Kirchenhistorie der ersten Jahrhunderte mehr aufzuklären, Leipzig 1788, 80f.

[17] Zu seiner Situation in Königsberg vgl. Starck, Geschichte der christlichen Kirche (wie Anm. 15), Vorrede XVIII-CI, und die Gegenseite: Itziger Zustand der Theologie auf der Universität Königsberg, in: Acta Historico-Ecclesiastica Nostri Temporis (Oder gesammlete Nachrichten und Urkunden zu der Kirchengeschichte unsrer Zeit) 5, 37. Theil, 1779, 696-707.

[18] G.A. Wills, Geschichte und Beschreibung der Nürnbergischen Universität Altdorf, Altdorf 1795, 69.

[19] J.F. Goldbeck (Hg.), Nachrichten von der Königlichen Universität zu Königsberg in

dritte Oberhofprediger der Schloßkirche und Generalsuperintendent von Ostpreußen. Ähnliches gilt für Greifswald[20], Tübingen[21] und Rostock[22], aber auch für die neu eingerichtete Fakultät in Erlangen[23], die dem älteren Muster folgte und in der finanziell schwierigen Situation der Erlanger Universität nicht darauf verzichtete, die theologischen Professuren ähnlich abzusichern.

Die drei Professoren übernahmen an den theologischen Fakultäten jeweils die gesamte Lehre des Faches[24], und weitgehend wurde noch derjenige als ein nützlicher Professor bezeichnet, der in den Vorlesungen die Theologie in ihrer ganzen Breite vertreten konnte. Über Gustav Christoph Hosmann, Professor in Kiel (1730-66), beispielsweise heißt es:

> »Als akademischer Lehrer trug er vor: Dogmatik, nach Buddeus; Homiletik; Kenntniß der theologischen Schriftsteller und Bücher; Polemik; insbesondere wider die Römischkatholischen; Erläuterung der evangelischen Perikopen; Katechetik; Erläuterung des Matthäus und der übrigen Evangelisten; biblische Chronologie; Erörterung der Kirchengebräuche; Erklärung des kleinen Lutherischen Katechismus, der Augsburgischen Konfeßion; der schwierigen Stellen der heiligen Schrift; Pastoralklugheit; Wahrheit der christlichen Religion; Untersuchung der apokryphischen und pseudepigraphischen Schriften des A. u. N.T.; der neuesten theologischen Streitigkeiten; Patristik u.s.w. Nach dieser Auswahl zu urtheilen, würde er ein sehr nutzbarer Lehrer der Theologie gewesen sein, wenn er nicht mit andern Arbeiten zu sehr überhäuft worden wäre.«[25]

Preußen und den daselbst befindlichen Lehr= Schul= und Erziehungsanstalten, Leipzig 1782, 67f.

20 D.G. Schlegel, Beschreibung des gegenwärtigen Zustandes der Königlichen Universität zu Greifswald, Berlin/Stralsund 1798, 19-24.

21 A.F. Bok, Geschichte der herzoglich Würtembergischen Eberhard Carls Universität zu Tübingen im Grundrisse, Tübingen 1774.

22 Landesherrliche Anzeige und öffentliche Bekanntmachung der wegen der Academie zu Rostock bereits getroffenen und noch zu treffenden Anstalten und Verfügungen, Schwerin 1789.

23 Umfangreiche Angaben zur Literatur zu den Universitäten sind gesammelt in: W. Erman/E. Horn, Bibliographie der Deutschen Universitäten. Systematisch geordnetes Verzeichnis der bis Ende 1899 gedruckten Bücher und Aufsätze über das deutsche Universitätswesen, 1. allgemeiner Teil; 2. besonderer Teil, Leipzig/Berlin 1904; 3. Teil, Register, Nachträge 1905.

24 Dieses Verfahren verteidigt J.D. Michaelis, Raisonnement über die protestantischen Universitäten in Deutschland, Zweyter Theil, Frankfurt/Leipzig 1770, 9f.; Die Vorschläge des Verfassers zum Geschichtsstudium in Teil 1 (vgl. Anm. 10), 185-205, sind besprochen in: Betrachtungen über die neuesten historischen Schriften, 3. Theil, Altenburg 1771, 46-54.

25 J.O. Thieß, Gelehrtengeschichte der Universität zu Kiel. Biographische und biblio-

In den Gelehrtengeschichten des 18. Jahrhunderts finden sich zahlreiche ähnliche Listen. Auf dem Hintergrund des damit beschriebenen Berufsbildes werden zwei Dinge deutlich. Diese Art der Vorlesungstätigkeit bot keinen Anlaß für eine Spezialisierung in Lehre und Forschung und geschah in einem Umfeld, das für eine Aufgliederung des Faches nicht förderlich war. Berücksichtigt man, daß eine der wesentlichen Veränderungen in der Struktur der Fakultäten, zu der es im späten 18. Jahrhundert gekommen ist, in der Ausdifferenzierung der verschiedenen theologischen Professuren lag, wird deutlich, daß von der Vielzahl von kleinen Fakultäten kaum Impulse für eine Reform der Fakultäten ausgehen konnten[26]. Es bestanden vielmehr Schwierigkeiten, in der vorgegebenen Struktur und der überlieferten Aufgabenstellung auf die veränderten Bedürfnisse der Ausbildung einzugehen.

Die Liste der Vorlesungen des Kieler Professors Hosmann lenkt zweitens den Blick auf den Ort, der hier der Kirchengeschichte und Patristik zukommt. Historische Vorlesungen werden in dieser Liste nicht erwähnt, und die Patristik kommt am Ende einer langen Liste gerade noch vor. Dies hat seinen Grund darin, daß im ausgehenden 17. Jahrhundert kirchengeschichtliche Professuren in der philosophischen Fakultät eingerichtet wurden[27] und auch im 18. Jahrhundert Kirchengeschichte zunächst noch an der philosophischen Fakultät gelesen wurde. In Kiel ist der Theologe Philipp Friedrich Hane Professor für Kirchen- und Profangeschichte an der philosophischen Fakultät, und dort erscheint der Titel »Kirchengeschichte«[28]. Daß die Kirchengeschichte früher als andere Gebiete der Theologie eine fachliche Eigenständigkeit entwickeln und eine Abgrenzung gegenüber anderen theologischen Disziplinen ausbilden kann, hängt damit zusammen, daß Kirchengeschichte lange Teil der philosophischen Fakultät war. In Greifswald wird noch am Ende des 18. Jahrhunderts Kirchengeschichte in der philosophischen Fakultät gelesen. In Marburg wird 1793 die kir-

graphische Nachrichten von allen bisherigen Lehrern der Theologie zu Kiel. Ein Beitrag zur Literaturgeschichte der Theologie, Theil 1, Kiel 1800, 286.

[26] In die damit verbundene Diskussion gehört: J.M. Hassenkamp, Ein andrer mit kleinen Akademien sympathisirender Raisonneur, in einigen gegen das Raisonnement über die protestantischen Universitäten in Deutschland gerichteten Briefen, Frankfurt/Leipzig 1772.

[27] E.C. Scherer, Geschichte und Kirchengeschichte an den deutschen Universitäten. Ihre Anfänge im Zeitalter des Humanismus und ihre Ausbildung zu selbständigen Disziplinen, Freiburg 1927, 216-253.

[28] Vgl. F. Volbehr/R. Weyl, Professoren und Dozenten der Christian-Albrechts-Universität zu Kiel 1665-1915, Kiel 1916.

chengeschichtliche Professur, die bis dahin der philosophischen Fakultät zugeordnet war, in die Theologie integriert, Wilhelm Münscher übernimmt sie. Dieser Vorgang bedeutet eine Ausgliederung der Kirchengeschichte aus der philosophischen Fakultät und zeigt, daß die Trennung zwischen Kirchen- und Profangeschichte am Ende des 18. Jahrhunderts abgeschlossen ist.

Der Übergang läßt sich daran ablesen, daß Schröckh, der in Wittenberg der philosophischen Fakultät zugeordnet ist, sein Vorhaben, als Nicht-Theologe[29] eine Kirchengeschichte zu schreiben, 1772 ausführlich verteidigt[30]. Schröckh warnt davor, die Kirchengeschichte ausschließlich den Theologen zu überlassen, wie es zu seiner Zeit üblich wird, drückt zugleich aber sein äußerstes Befremden aus, wenn gerade die Theologen diese Aufgabe vernachlässigen. Wer als Theologe »die Kirchengeschichte nicht kennt, schlägt seine Wohnung in einem fremden Lande auf, und will gleichwohl darinne alsbald Gesetze geben«[31]. Auf der anderen Seite räumt Starck, noch Theologieprofessor in Königsberg, ein: »Kirchengeschichte war bisher nicht mein Fach, sondern Critik und Philologie, und diesen Wissenschaften habe ich den schönsten Theil meines Lebens gewidmet.«[32] Liest man in den Biographien und insbesondere in den Studienverläufen der Zeit, erscheint der Übergang zwischen theologischer und philosophischer Fakultät ein fließender zu sein. Die Einbeziehung der Kirchengeschichte in die Theologie war vorbereitet durch das Interesse einzelner. Sie war aber nur deshalb möglich, weil es gleichzeitig zu der Ausdifferenzierung der theologischen Disziplinen kam. Dieser Vorgang wird sehr gut am Beispiel von Leipzig deutlich.

In Leipzig wurde 1713 durch kurfürstliches Reskript eine Professur Historiae et antiquitatum ecclesiasticarum in der theologischen Fakultät eingerichtet. Da der Professor für Geschichte dies als Beschneidung seines Feldes verstand und die Theologen nachgaben, wurde das Wort »Historia« aus dem Titel genommen[33]. Am Ende des Jahrhunderts ist

[29] J.M. Schröckh, Christliche Kirchengeschichte, Erster Theil, Leipzig 1772, 101 schreibt über sich selbst: »Ich, der ich der Theologie zehn meiner erstern Jahre ganz geschenkt habe, und niemals aufhören werde, sie zu lieben, ob ich gleich gewissermaßen von ihr Abschied genommen habe.«

[30] Schröckh, Christliche Kirchengeschichte (wie Anm. 29), 92-97.

[31] Schröckh, Christliche Kirchengeschichte (wie Anm. 29), 97.

[32] J.A. Starck, Geschichte der Christlichen Kirche des Ersten Jahrhunderts, Bd. 1, Berlin/Leipzig 1779, Vorrede.

[33] J.D. Schulze, Abriß einer Geschichte der Leipziger Universität im Laufe des achtzehenten Jahrhunderts nebst RückBlicken auf die frühere Zeit. Aus handschriftlichen und gedruckten Nachrichten verfaßt, Leipzig 1802, 79f.

die Lage eine grundlegend andere und die Geschichte fester Bestandteil des theologischen Lehrplanes. Die Entwicklung läßt sich an den deutschen Vorlesungsverzeichnissen ablesen, da hier, anders als in den lateinischen, die Vorlesungen nach Spezialgebieten untergliedert werden. Im Sommer 1773 findet sich noch die gleiche Aufgabenteilung wie in den zwanziger Jahren wieder. In der theologischen Fakultät liest Klausing über »christliche Alterthümer«, in der philosophischen Fakultät finden sich unter der Rubrik Kirchengeschichte Johann Friedrich Burschers Vorlesungen über Reformationsgeschichte und Patristik. Im Winter 1773 begegnen kirchengeschichtliche Vorlesungen nur in der philosophischen Fakultät. Im Sommer 1774 wird Burschers kirchengeschichtliche Vorlesung im lateinischen Verzeichnis unter Theologie aufgenommen, im deutschen unter der philosophischen Fakultät, im Winter 1774 wird ein Hinweis »über Kirchenhistorie siehe philosophische Fakultät« abgedruckt, im Sommersemester 1777 werden kirchengeschichtliche Vorlesungen in der Theologie angekündigt, wo sie jetzt häufig begegnen. Im Wintersemester 1780 fehlen sie ein letztes Mal bei den Theologen, danach sind Kirchengeschichte und Patristik fester Bestandteil der theologischen Vorlesungen.

Die Vorlesungsverzeichnisse der siebziger und achtziger Jahre spiegeln die Unsicherheit über den Ort der Kirchengeschichte. Unklar ist sowohl die Zugehörigkeit zur theologischen oder philosophischen Fakutät als auch der Ort innerhalb der Theologie. Die Untergliederung der theologischen Vorlesungen wechselt von Semester zu Semester. Erst im Sommer 1786 findet man in Leipzig zu der Einteilung, an der man festhalten wird:

I. Einleitungs= und Vorbereitungswissenschaften
II. Bibelauslegung mit ihren Hülfswissenschaften
III. Systematische Theologie
IV. Historische Theologie
V. Pastoraltheologie

Am Beispiel von Leipzig wird besonders deutlich, daß die Einbeziehung der Kirchengeschichte in die Theologie parallel zu der Ausbildung und Unterscheidung der unterschiedlichen theologischen Disziplinen verläuft. Diese Ausdifferenzierung setzt in Leipzig eine Fakultätsgröße von fünf Ordinarien mit zugeordneten Mitarbeitern voraus. Das Hin und Her zwischen den Fakultäten weist auf einen Umbruch hin, zu dem man in Leipzig durch die Situation an anderen Fakultäten genötigt war. In Jena wurde bereits in den siebziger Jahren Kirchengeschichte nicht mehr in der philosophischen Fakultät gelesen. In Göttingen erhielt die Kirchengeschichte bereits in den ersten Jahren der Universität ab Wintersemester 1737[34] einen festen Platz in der Theologie[35].

Trotz der Trennung von Profan- und Kirchengeschichte[36], die sich seit den siebziger Jahren deutlich abzeichnet und in Göttingen bereits früher vollzogen wird, werden die kirchengeschichtlichen Handbücher weiterhin so konzipiert, daß sie Kirchengeschichte als Teil eines größeren Ganzen verstehen. Die Kirchengeschichte als Geschichte einer besonderen, nämlich der gottesdienstlichen Gesellschaft, teilt wesentliche Anliegen mit der Geschichte. Mit der Eingliederung in die theologische Fakultät mußte sich daher notwendig die Frage nach spezifisch theologischem Interesse an der Kirchengeschichte stellen. Eine Folge der Entwicklung war, daß seit den achtziger Jahren die Dogmengeschichte in den Vordergrund rückt. Die zahlreichen Buchtitel belegen, daß die Dogmengeschichte die Kirchengeschichte an Bedeutung ablöst[37]. Dies

[34] Catalogus Praelectionum publice et privatim in Academia Georgia Augusta per hiemem MDCCXXXVII, Göttingen 1737.

[35] Crusius liest Historiam Ecclesiae Christianae primitivae. Die kirchengeschichtlichen Vorlesungen von Heumann ab Sommersemester 1739 und später von Ribov ab Wintersemester 1741 werden, solange sie noch zur philosophischen Fakultät gehören, als Lectiones extraordinariae theologicae angekündigt.

[36] Zur Etablierung der Geschichte als universitärer Fachdisziplin: K.H. Jarausch, The Institutionalization of History in 18th-Century Germany, in: Bödeker (Hg.), Aufklärung und Geschichte (wie Anm. 8), 25-41; J. Engel, Die deutschen Universitäten und die Geschichtswissenschaft, HZ 189, 1959, (223-379) 265-285; H.W. Blanke, Einleitung: Artikulation bürgerlichen Emanzipationsstrebens und der Verwissenschaftlichungsprozeß der Historie. Grundzüge der deutschen Aufklärungshistorie und die Aufklärungshistorik, in: Ders./D. Fleischer (Hgg.), Theoretiker der deutschen Aufklärungshistorie, Bd. 1, Die theoretische Begründung der Geschichte als Fachwissenschaft, Stuttgart 1990, 19-132.

[37] C.F. Rössler, Lehrbegrif der christlichen Kirche in den ersten drei Jahrhunderten. Zu Prüfung einiger neueren Versuche und Streitigkeiten in der Dogmatik und deren Geschichte. Aus den sichersten Resten des christlichen Alterthums in seinem Zusammenhang vorgetragen, Frankfurt/M. 1774; G.D. Fuchs, Bibliothek der Kirchenversammlungen des vierten und fünften Jahrhunderts in Uebersetzungen und Auszügen aus ihren Akten und anderen dahin gehörigen Schriften sammt dem Original der Hauptstellen und nöthigen Anmerkungen, Erster Theil, Leipzig 1780; J.A. Stroth, Versuch einer Geschichte des Arianismus, Bd. 1, Berlin 1783; S.G. Lange, Ausführliche Geschichte der Dogmen oder der Glaubenslehren der christlichen Kirche. Nach den Kirchenvätern ausgearbeitet, Erster Theil, Leipzig 1796; W. Münscher, Handbuch der christlichen Dogmengeschichte, Bd. 1, Marburg 1797; J.C.F. Wundemann, Geschichte der christlichen Glaubenslehren vom Zeitalter des Athanasius bis auf Gregor den Großen, Erster Theil, Leipzig 1798; D.G.J. Planck, Abriß einer historischen und vergleichenden Darstellung der dogmatischen Systeme unserer verschiedenen

entspricht den Überlegungen zum Nutzen der Kirchengeschichte als theologischer Disziplin.

2. Die methodische Situation: Über den Nutzen der Geschichte

Die Veränderungen, die dazu führten, die Kirchengeschichte in die theologischen Fakultäten zu integrieren, wirken sich auf die Anleitungen zum Theologiestudium aus. Aus Hinweisen auf die belehrende und bessernde Wirkung einer Beschäftigung mit der Kirchengeschichte werden Bemerkungen darüber, daß die historische Arbeit unentbehrlich ist. Unentbehrlich sind nun aber nicht die Exempla der Märtyrer, sondern die Beiträge der Kirchengeschichte zu einem historischen Verstehen der Religion. In der zweiten Hälfte des 18. Jahrhunderts verliert die Geschichte ihre exemplifizierende Funktion. Die didaktische Anschaulichkeit der altkirchlichen Viten wird zwar weiterhin geschätzt. Die Darstellung nachahmenswerter Beispiele mußte aber in dem Moment zurücktreten, in dem deutlich ist, daß Vorbild und Nachahmung ein Kontinuum an Lebens- und Zeitumständen voraussetzen. Die Exempla werden in ihren zeitgebundenen Umständen betrachtet, und angesichts der Distanz zu den Lebensbedingungen des 18. Jahrhunderts verlieren sie ihre didaktische Funktion.

Der Umbruch, der sich in der zweiten Hälfte des 18. Jahrhunderts innerhalb einer Generation vollzieht, wird deutlich, wenn man die Situation um 1750 mit den Äußerungen von Gottlieb Jacob Planck am Ende des Jahrhunderts vergleicht. Ich ziehe zunächst Ellrods »Kurze Anweisung/ wie ein angehender Studiosus der Theologie es anzugreifen habe, wenn er in drey Jahren auf einer hohen Schule einen hinlänglichen Grund in der Theologischen Gelahrtheit legen will«, die 1744 in den Erlangischen Anzeigen[38] erschienen ist, sowie Johann Georg Walchs »Einleitung In die Theologischen Wissenschaften« von 1737 heran. In Ellrods Anweisung hat die Kirchengeschichte ihren Ort am Ende des Studiums und ist eng verbunden mit der Polemik: »Mit denen will ich nicht streiten/ welche die Kirchenhistorie noch vor der Polemic setzen. Denn ohne historische Nachrichten von den Ketzern ist nicht wohl von

Hauptpartheyen, Göttingen ²1804. Zu Lange, Münscher und Wundemann siehe M.A. Lipps, Dogmengeschichte als Dogmenkritik. Die Anfänge der Dogmengeschichtsschreibung in der Zeit der Spätaufklärung, BSHST 48, Bern/Frankfurt 1983.

[38] Erlangische Anzeigen 43, 12.10.1744, 337-344.

ihren Irrthümern zu urtheilen. Daraus folget: daß diese zwey Studien nicht weit von einander entfernt seyn dörfen.«[39] Der gleiche Zusammenhang findet sich bei Walch. Er spricht von einem »Parallelismus der alten und neuen Ketzereyen«[40]. Kirchengeschichte zeigt nach Walch ihren Nutzen in den drei theologischen Disziplinen Polemik, Dogmatik und Moral. Kirchengeschichte unterstützt die Widerlegung der Gegner, sie dient positiv der »Bestätigung unsrer evangelischen Wahrheit« sowie »zur Warnung und zur Besserung«. »Gläubige«, so Walch, »finden die Exempel der alten Christen und anderer frommer Personen zur ihrer Nachfolge und Erweckung«[41]. Die Beziehung zwischen Vergangenheit und Gegenwart bedarf keiner Erklärung. Einsichten aus der Alten Kirche können bruchlos eingetragen werden in die theologische Arbeit des 18. Jahrhunderts. Der Student, der in der Dogmatik gelernt hat, die wahre und falsche Kirche zu unterscheiden, vertieft seine Kenntnisse in der Geschichte. Die polemische, dogmatische und moralische Aneignung der Kirchengeschichte liegt auf derselben Ebene.

Sie kommt dadurch zum Ende, daß die Muster der altkirchlichen Häretiker-Polemik nicht mehr gebraucht werden. Die Polemik gehört zwar weiterhin zu den Hauptvorlesungen der Theologie, aber die Polemik zwischen den Konfessionen verliert um 1750 erheblich an Bedeutung und mit ihr die Kirchengeschichte in der bisherigen Form. Lorenz von Mosheim[42] schreibt in der »Kurzen Anweisung die Gottesgelahrtheit vernünftig zu erlernen«: »Die Kirchenväter waren den alten Theologen ein vortreffliches Rüsthaus, woraus sie sich gegen ihre Feinde, mit welchen sie zu streiten hatten, rüsten konnten. Nachdem diese Streitigkeiten sich geendiget haben, ist auch der Werth derselben gefallen, und wir wissen itzt, daß die Kirchenväter keine großen Helden in der Glau-

[39] Erlangische Anzeigen 43, 12.10.1744, 343.

[40] J.G. Walch, Einleitung in die Theologischen Wissenschaften. Insonderheit In die Dogmatische, Polemische und Moral= Theologie, wie auch in die Kirchenhistorie neuen Testaments. Zum Gebrauch seiner Collegien, Jena 1737, 5.

[41] Walch, Einleitung In die Theologischen Wissenschaften (wie Anm. 40), 6.

[42] In anderem Zusammenhang hat Karl Heussi die Loslösung der Kirchengeschichte von der Polemik als den grundlegend neuen Aspekt in den Werken v. Mosheims beschrieben: »In scharfem Gegensatz zur Kirchengeschichtsschreibung des 16. und 17. Jahrhunderts hat v. Mosheim die Forderung der prinzipiellen Trennung der Kirchengeschichte von der Polemik erhoben und die Kirchengeschichte als eine rein historische Disziplin zu fassen gesucht.« In: K. Heussi, Die Kirchengeschichtsschreibung Johann von Mosheims, Geschichtliche Untersuchungen 1/ 4, Gotha 1904, 49; ebenso: K. Heussi, Johann Lorenz Mosheim. Ein Beitrag zur Kirchengeschichtsschreibung des 18. Jahrhunderts, Tübingen 1906, 218-220.

benslehre sind.«[43] Es ist folgerichtig, daß Mosheim den Studenten, insbesondere denen, die sich auf das geistliche Amt vorbereiten, die Beschäftigung mit den Kirchenvätern nur sehr eingeschränkt empfiehlt. »Obgleich nun das Lesen derselben in unsern Zeiten so nothwendig nicht ist, so wäre doch zu wünschen, wenn man die vornehmsten Stücke derselben lesen möchte.«[44] Die Studenten in Göttingen scheinen sich mit den Kirchenvätern kaum beschäftigt zu haben, und Ähnliches gilt für die Kirchengeschichte. Mosheim schreibt: »Die Kirchengeschichte ist eine ungemein nützliche, aber zugleich sehr weitläuftige, mühsame und kostbare Wissenschaft. Daher können nur sehr wenige sie aus dem Grunde lernen. Es hat aber auch ein Geistlicher überhaupt nicht nöthig, dieselbe so ausführlich zu treiben.«[45]

Eine Generation später findet sich eine grundlegend andere Situation. Das Studium der Kirchengeschichte wird nicht nur »als nützlich angepriesen«, sondern ist, so Planck 1795, »zu einer ganz deutlichen und bestimmten, oder doch zu einer zusammenhängenden und systematischen Erkenntniß der Religion selbst nothwendig«[46]. Planck setzt sich mit der Position auseinander, nach der die Erkenntnis der Religion aus Vernunftprinzipien abzuleiten ist und deswegen »aus der Geschichte schlechterdings keine Aufklärung«[47] zu erwarten hat, und hält ihr entgegen, daß historische Begebenheiten und Lehren nur unter den Bedingungen ihrer Zeit beurteilt und verstanden werden können. Wenn es, und von dieser Voraussetzung geht Planck aus, positive Sätze in der Religion Jesu und in dem System seiner Lehre gibt und die Möglichkeit besteht, daß Jesus und die Apostel, die Autoren des zweiten Jahrhun-

[43] J.L. v. Mosheim, Kurze Anweisung die Gottesgelahrtheit vernünftig zu erlernen, in academischen Vorlesungen vorgetragen. Nach dessen Tod übersehen und zum Druck befördert durch C.E. v. Windheim, Helmstädt 1756, 120. Ebenso H.P.C. Henke, Allgemeine Geschichte der Christlichen Kirche nach der Zeitfolge, Erster Theil, Braunschweig 1795, Vorrede IX.

[44] Mosheim, Kurze Anweisung (wie Anm. 43), 120. Eine ähnliche Situation setzt voraus: J.A. Dietelmair, Anweisung zur Lesung der Kirchenvätter, in: Vermischte Abhandlungen aus allen Theilen der Theologie, Erste Sammlung V, Altdorf 1764, 67-82.

[45] Mosheim, Kurze Anweisung (wie Anm. 43), 152f.

[46] G.J. Planck, Einleitung in die Theologischen Wissenschaften, Zweyter Theil, Leipzig 1795, 185. Planck bezieht sich in der Begründung auf die zeitgenössische Auseinandersetzung um Kants Religionsbegriff, siehe hierzu: K. Völker, Die Kirchengeschichtsschreibung der Aufklärung, Tübingen 1921, 25; J. Stroup, Protestant Church Historians in the German Enlightenment, in: Aufklärung und Geschichte (wie Anm. 8), (169-192) 184-190.

[47] Planck, Einleitung, Zweyter Theil (wie Anm. 46), 187.

derts, die Bischöfe in Nizäa mit ihren Sätzen anderes gemeint haben, als spätere Zeiten angenommen haben, ist historisches Verstehen unentbehrlich[48]. Die Bedeutung, die hier dem historischen Verstehen zukommt, erklärt bei Planck den Sinn und Nutzen historischer Arbeit. Die Reflexion über historisches Verstehen erhält die gleiche Funktion, die bei Walch seine Ausführungen über lehrreiche Exempla aus der Geschichte haben, und löst diese ab. Zwischen der Anweisung für Erlanger Theologiestudenten von 1744 und Plancks Einleitung in die theologischen Wissenschaften 1795 liegt ein Umbruch, und die Frage ist, in welchen Schritten er vollzogen wurde.

Mit der zunehmenden Bedeutungslosigkeit der Polemik verliert die Kirchengeschichte ihre theologische Aufgabe. Gleichzeitig eröffnet das Zurücktreten der Polemik, wie den Äußerungen Mosheims zu entnehmen ist, den Raum für eine kritisch distanzierte Lektüre der Texte. Man ist nicht mehr interessiert an der Wiederholung der bekannten Muster, sondern entdeckt die Distanz und Differenz zur Alten Kirche. Die historische Arbeit betont den Abstand zum Vergangenen[49], und die Historisierung der Alten Kirche schafft den Freiraum für die Entfaltung der eigenen, eben andersartigen Religion. Die Geschichte erhält damit eine kritische Funktion. Lebensformen und Lehrinhalte der Alten Kirche sollen in ihrer spezifischen Eigenart betrachtet, aus ihren lokalen und partikularen Voraussetzungen erklärt und für ihre Wirkungen verantwortlich gemacht werden. Dieses Anliegen ist besonders mit den Arbeiten von Johann Salomo Semler verbunden. Er grenzt sich wiederholt gegen die Einbindung der Kirchengeschichte in die Polemik ab. Die Beschäftigung mit der Alten Kirche soll kein Feld zur Bestätigung eigener Ansichten sein, nicht als Reservoir apologetischer Argumente dienen. An die Stelle brauchbarer Belegstellen tritt der historische Zusammenhang. Kirchengeschichte wird als Teil eines größeren Ganzen, als ein Ausschnitt der Geschichte betrachtet. In das Vakuum, das die polemische Theologie hinterlassen hat, tritt die Kirchengeschichte, wie sie an den philosophischen Fakultäten gelesen wird.

Der Übergang wird bei Christian Wilhelm Franz Walch deutlich, der seit 1754 für die kirchengeschichtlichen Vorlesungen in Göttingen ver-

[48] G.J. Planck, Einleitung in die Theologischen Wissenschaften, Erster Theil, Leipzig 1794, 109.

[49] Vgl. U. Barth, Hallesche Hermeneutik im 18. Jahrhundert. Stationen des Übergangs zwischen Pietismus und Aufklärung, in: M. Beetz/G. Cacciatore (Hgg.), Die Hermeneutik im Zeitalter der Aufklärung, Collegium Hermeneuticum 3, Köln/Weimar/Wien 2000, (69-98) 87f.

antwortlich war. Er beginnt seine »Grundsäze der zur Kirchenhistorie des Neuen Testaments nöthigen Vorbereitungslehren« von 1773 damit, daß er[50] Geschichte auf Veränderungen bezieht, denen die Menschen unterworfen sind, und zwar als Gesellschaften und Individuen. Dieser allgemeinen Bestimmung der Geschichte ordnet er die Kirchengeschichte zu, die sich mit einer der Gesellschaften beschäftigt, nämlich mit der »gottesdienstlichen Gesellschaft«[51]. Wie die Geschichte ist auch die Kirchengeschichte angewiesen auf die »merkwürdigen« Begebenheiten. Aufgabe ist nicht aus der Kirchengeschichte ein »Magazin aller historischen Wißenschaften« zu machen und zahllose Begebenheiten zusammenzutragen[52]. Der Historiker hat sich auf Merkwürdiges zu konzentrieren, und dazu zählen die großen Veränderungen, die Gegenstand der Geschichte sind, aber zweitens die Begebenheiten, die diese Veränderungen beeinflussen oder verursachen[53] oder allgemein das Verständnis eines historischen Gegenstandes ermöglichen. Autoren, die an einer überlieferten Lehre lediglich festhalten, sind nicht von Interesse und nicht merkwürdig[54]. Dies erklärt auch das besondere Interesse Walchs an Religionsstreitigkeiten[55], die in jeder der genannten Weisen merkwürdig sind.

Mit der Auswahl der merkwürdigen Begebenheiten hängt unmittelbar der Nutzen der Geschichte zusammen, da, wie es in der zweiten Hälfte des 18. Jahrhunderts wiederholt formuliert wird, nicht jede Geschichte nützt, nicht das Auflisten von Daten und Fakten, sondern erst der Zusammenhang, das System von Begebenheiten, »erst das Gebäude, welches daraus angeführet wird, heißt Geschichte«[56]. Ähnlich äußert sich Gatterer, Walchs Kollege in Göttingen[57]. Notwendig ist

[50] C.W.F. Walch, Grundsäze der zur Kirchenhistorie des Neuen Testaments nöthigen Vorbereitungslehren und Bücherkäntniß, Göttingen 1773, 3.

[51] Walch, Grundsäze (wie Anm. 50), 4, ebenso in: C.W.F. Walch, Grundsäze der Kirchengeschichte des neuen Testaments, Göttingen 1761, Vorbereitungsgrundsäze 3, §2.

[52] C.W.F. Walch, Grundsäze der Kirchengeschichte des neuen Testaments in den ältern Zeiten, Göttigen 1772, Vorrede.

[53] Walch, Grundsäze der Kirchengeschichte (wie Anm. 51), Vorbereitungsgrundsäze 8, §16.

[54] Walch, Grundsäze (wie Anm. 50), 16f., §18.

[55] C.W.F. Walch, Entwurf einer vollständigen Historie der Kezereien, Spaltungen und Religionsstreitigkeiten, bis auf die Zeiten der Reformation, Erster Theil, Leipzig 1762.

[56] Schröckh, Christliche Kirchengeschichte (wie Anm. 29), 257.

[57] J.C. Gatterer, Vom Standort und Gesichtspunct des Geschichtschreibers oder der teutsche Livius, in: Allgemeine historische Bibliothek 5, Halle 1768, (3-29) 5.

nach Gatterer, ebenso wie nach Walch, eine Auswahl des Stoffes. Die Kriterien, welche die Auswahl bestimmen und eine Begebenheit zu einer merkwürdigen machen, sind bei Walch keine anderen als bei Gatterer. Walch rezipiert bereits in dem Vorwort der »Grundsäze der Kirchengeschichte des neuen Testaments« von 1761 eine pragmatische[58] Sicht der Geschichte, zu der »nicht allein eine sorgfältige Entdeckung der Ursachen und Absichten der Begebenheiten, welche von Menschen abhangen«, gehört, sondern ebenso deren Beurteilung[59]. 1761 verbindet Walch diese Äußerungen über die pragmatische Aufgabe noch mit den herkömmlichen Aussagen über den »Zwek der Kirchenhistorie«, der er »Beyspiele(n) rühmlicher und tadelhafter Thaten Bewegungsgründe zur Tugend und Klugkeitsregeln in ähnlichen Fällen« entnimmt und in der er »fruchtbare Hülfsmittel« zur »Aufklärung, und Verteidigung der Religionswahrheiten, und vortheilhaftere Wiederlegung entgegenstehender Irrtümer« findet[60]. Ein Jahr später, 1762, findet Walch in der Geschichte der Religionsstreitigkeiten zwar weiterhin »sehr fruchtbare Beyspiele zu den Regeln von dem klugen Verhalten bey entstehenden Uneinigkeiten«[61], macht zugleich aber auf die Grenzen aufmerksam, die den Nutzen der Geschichte kennzeichnen[62]. Walch richtet sich gegen die geläufige Verarbeitung von Ketzernachrichten in der Polemik. Nach Walch ist sie nur zulässig, wenn sie auf einer Ähnlichkeit der umstrittenen Aussagen in ihrem jeweiligen Zusammenhang beruht, in dem sie Bedeutung gewinnen. Diese Voraussetzung ist selten gegeben und bedarf in jedem Fall der historischen Vorarbeiten. Damit reflektiert Walch die impliziten Vorgaben herkömmlicher historischer Arbeit und macht deutlich, daß eine pragmatische Geschichtsschreibung die unmittelbare Verwertbarkeit historischer Nachrichten beendet. Bei Walch tritt an die Stelle der Polemik die historische Theologie, die z.B. zeigt, daß einzelne Sätze in den Glaubensbekenntnissen auf dem Hintergrund bestimmter Häresien entstanden sind und sich gegen diese richten. Die historische Theologie zielt auf das historische Verstehen und Beurteilen dogmatischer Sätze, und nach Walch wird insbesondere an der Geschichte der Irrtü-

[58] Zur Definition vgl. z.B. J.C. Gatterer (Hg.), Historisches Journal, Göttingen 1776, 164-166; H.M.G. Köster, Ueber die Philosophie der Geschichte, Giessen 1775, §§5, 8, 13.

[59] Walch, Grundsäze der Kirchengeschichte (wie Anm. 51), 12, §24.

[60] Walch, Grundsäze der Kirchengeschichte (wie Anm. 51), 11f., §23.

[61] Walch, Entwurf einer vollständigen Historie (wie Anm. 55), 30, §XIIX.

[62] Walch, Entwurf einer vollständigen Historie (wie Anm. 55), 29.

mer der Nutzen einer historischen Aufklärung deutlich[63]. »Ursprung« und »richtiger Verstand« von Lehrsätzen gehören für Walch zusammen[64]. Mit dem Begriff der historischen Theologie, der in dieser Zeit entsteht, ist der leere Raum gefüllt, der durch das Zurücktreten der Polemik entstanden ist, und der spezifisch theologische Nutzen der historischen Arbeit angegeben[65]. Das Nebeneinander von Geschichte als einem Schatz an Erfahrungen und von Hinweisen auf ein Verständnis unter den historischen Bedingungen des jeweiligen Umfeldes in den sechziger Jahren bezeichnet eine Umbruchssituation, die allerdings nicht von allen Zeitgenossen Walchs in gleicher Weise wahrgenommen wurde.

Bei Johann Matthias Schröckh begegnen die lehrreichen Beispiele und Muster der Geschichte wieder. Er benutzt den Topos der Geschichte als »Lehrerin der Weisheit und Klugheit« unverändert. »Sie ladet uns zur Nachahmung schöner Muster ein, und läßt uns aus fremden Vergehen, ohne eigene Gefahr, Nutzen ziehen.«[66] Schröckh kann diesen Topos aber nur deswegen fortschreiben, weil er gleichzeitig die Kontinuitätserfahrung wiederherstellt und mit einem der Geschichte inhärenten Zusammenhang begründet. Für die Kirchengeschichte bedeutet dies:

> »Diese Wissenschaft belehrt uns, daß in der Kirche so wenig, als in der ganzen Welt, etwas Neues mehr vorgehe: es treten nur von Zeit zu Zeit andere Personen, unter neuen Umständen auf; aber ihre Unternehmungen an sich, nebst ihrem Ausschlage, sind schon einmal dagewesen... Wer die Kirchengeschichte... um Rath fragt, dem antwortet sie: So haben es die Christen beynahe zu allen Zeiten gemacht.«[67]

Folgerichtig bleibt für Schröckh die Alte Kirche eine Orientierung und die Vollkommenheit und Einfalt der ersten Christen ein Maßstab[68],

[63] Walch, Grundsäze (wie Anm. 50), 38f., §53-55.

[64] Walch, Grundsäze (wie Anm. 50), 38, §53.

[65] Gegen J. Engel (Engel, Die deutschen Universitäten [wie Anm. 36]) hat die Beschäftigung mit der Kirchengeschichte in dieser Zeit nicht mehr eine rein propädeutische Funktion oder eine Aufgabe im Sinne der Hilfswissenschaften. Über das Zusammentreten von historischer und dogmatischer Theologie um die Mitte des 18. Jahrhunderts siehe W. Sparn, Vernünftiges Christentum. Über die geschichtliche Aufgabe der theologischen Aufklärung im 18. Jahrhundert in Deutschland, in: Vierhaus (Hg.), Wissenschaften im Zeitalter der Aufklärung (wie Anm. 7), 18-57, bes. 36-44.

[66] Schröckh, Christliche Kirchengeschichte (wie Anm. 29), 56.

[67] Schröckh, Christliche Kirchengeschichte (wie Anm. 29), 57f.

[68] Vgl. Schröckh, Christliche Kirchengeschichte (wie Anm. 29), 126f.

unter der Vorgabe, daß Vollkommenheit unter den jeweiligen Bedingungen der Zeit eine andere Gestalt annimmt[69]. In Schröckhs Verbindung von traditionellen Strukturen mit zeitgenössischen Überlegungen zur pragmatischen Geschichtsschreibung wird ein neues Thema sichtbar. In der pragmatischen Geschichtsschreibung standen Vielfältiges und Differentes im Mittelpunkt, nicht mehr zahllose Fakten, sondern vielfältige historische Vorstellungen und Begebenheiten sowie deren Ursprung und Beweggründe, wobei die vom Historiker gegebene Erklärung einen Deute- und Erklärungszusammenhang fordert. Der Gedanke, daß der Zusammenhang nicht nur auf der Ebene der Darstellung Aufgabe des Historikers, sondern konstitutiv für den Begriff der Geschichte ist, leitet zu einem geschichtsphilosophischen Thema weiter. Was bei Schröckh zurückgewandt eingebunden in ältere Muster erscheint[70], findet sich bei Nösselt[71], der die Methode von Meiners[72] auf die Kirchengeschichte anwendet, sie in die allgemeine Menschheits- und Religionsgeschichte einordnet und von der Vergleichbarkeit der Phänomene ausgeht. Die Frage nach dem einheitsstiftend Konstitutiven in der Geschichte bei Nösselt und dann bei Planck aber führt jetzt nicht mehr zurück zu einer Begründung kirchengeschichtlicher Arbeit im Sinne der historia magistra vitae.

3. Standortbindung und Vorurteilskritik – zur Person des Historikers

Die Bedeutung Johann Salomo Semlers, und zwar die Bedeutung für die Kirchengeschichtsschreibung, wurde bereits von Zeitgenossen wahrgenommen. In der Allgemeinen deutschen Bibliothek liest man 1768: »In dem Real=Register, das wir uns über unsere kleine Büchersammlung gemacht, haben Arnold und Mosheim in dem Fach Kirchenhistorie bisher dicht nebeneinander gestanden, und nun ist H.D. Semler dazugesetzt worden.«[73] Die Zusammenstellung und damit der Vergleich vor allem mit Mosheim gewannen sehr bald Züge eines historischen Rück-

[69] Schröckh, Christliche Kirchengeschichte (wie Anm. 29), 63f.

[70] Vgl. die Bedeutung der konfessionellen Polemik bei Schröckh, Christliche Kirchengeschichte (wie Anm. 29), 68f.

[71] J.A. Nösselt, Anweisung zur Bildung angehender Theologen, Bde. 1-2, Halle [2]1791.

[72] Z.B. C. Meiners, Grundriß der Geschichte der Menschheit, Lemgo 1785.

[73] Rezension zu J.S. Semler, Historiae ecclesiasticae selecta capita, Tom. I, Halle 1767, Allgemeine deutsche Bibliothek 7, 1. St., 1768, (144-150) 144.

blicks[74], der einen Epochenumbruch reflektiert. Auf Semler soll hier aber weniger wegen seiner allgemeinen Bedeutung eingegangen werden, als vielmehr, weil Semler ein spezifisches Problem der Geschichtsschreibung diskutiert, nämlich die Rolle des Historikers für die Geschichtsschreibung, seine Standortbindung und die Perspektivität der historischen Arbeit. Soweit ich sehe, ist Semler der einzige Kirchenhistoriker in der zweiten Hälfte des 18. Jahrhunderts, der die Frage nach der Rolle des Historikers in der Geschichtsschreibung aufgenommen hat. Dies hat mit seinem Umfeld in Halle zu tun, genauer mit der Diskussion mit Fachkollegen in der philosophischen Fakultät.

Reinhart Koselleck[75] hat auf die Bedeutung von Johann Martin Chladenius für die moderne Historiographie hingewiesen und Semler in einen sachlichen Zusammenhang mit Chladenius gestellt. Es ist das Verdienst von Chladenius, daß er 1752 im Rahmen seiner Lehre von den »Sehepunkten« die grundlegende Unterscheidung zwischen der Geschichte und den Begebenheiten auf der einen Seite und der Vorstellung und der Erzählung von der Geschichte auf der anderen Seite getroffen hat[76]. Jede Erzählung entspricht nun nach Chladenius nicht nur den Begebenheiten, sondern auch dem jeweiligen Erzähler und seiner Sichtweise, die sehr unterschiedlich sein kann und nach Chladenius durch den Stand und den sozialen und historischen Kontext, aber auch durch die persönliche Situation und Stimmung[77] geprägt ist. Entsprechend vielfältig fallen die Darstellungen der Geschichte aus[78]. Sie sind nach Chladenius perspektivisch gebrochen, abhängig von der Perspektive des Betrachters, von der Optik des Zuschauers und Erzählers. Erst mit dieser Unterscheidung zwischen der Geschichte und ihrer Darstel-

[74] »Mosheim fieng an die Geschichte der christlichen Religion mit der ihm natürlichen Beredsamkeit und Mäßigung vorzutragen; zu seiner und bis auf Semlern schien eine freyere gerechtere Vorstellung der Ausbreitung/ der Verfolgungen und Lehrgeschichte den meisten noch ein Attentat gegen das Heiligthum.« Rezension zu J.F. Cotta, Versuch einer ausführlichen Kirchen=Historie (wie Anm. 1), 648.

[75] R. Koselleck, Standortbindung und Zeitlichkeit. Ein Beitrag zur historiographischen Erschließung der geschichtlichen Welt, in: Ders./W.J. Mommsen/J. Rüsen (Hgg.), Objektivität und Parteilichkeit, Theorie der Geschichte 1, München 1977, (17-46) 24-29. Vgl. Reill, Die Geschichtswissenschaft (wie Anm. 7), 171-177.

[76] J.M. Chladenius, Allgemeine Geschichtswissenschaft worinnen der Grund zu einer neuen Einsicht in allen Akten der Gelahrtheit geleget wird, Leipzig 1752, 8.

[77] Chladenius, Allgemeine Geschichtswissenschaft (wie Anm. 76), 99.

[78] »Die irren sehr, die verlangt haben, daß ein Geschichtsschreiber sich wie ein Mensch ohne Religion, ohne Vaterland, ohne Familie anstellen soll; und haben nicht bedacht, daß sie unmögliches fordern.« Chladenius, Allgemeine Geschichtswissenschaft (wie Anm. 76), 166, vgl. 151.

lung ist der Raum geschaffen, in dem die Forderungen der pragmatischen Geschichtsschreibung nach Auswahl, systematischer Ordnung und Interpretation im Rahmen spezifischer Fragestellungen sinnvoll erscheinen. Während das Programm der pragmatischen Geschichtsschreibung weithin akzeptiert war und man sich mit deren Schlagworten in den allgemeinen Konsens stellte, bleiben die Reflexionen über die Person des Historikers und die persönlich bedingte Perspektivität der Geschichte vergleichsweise selten. Wie die beiden Bücher von Chladenius die weitere Diskussion im 18. Jahrhundert beeinflußten, ist noch nicht untersucht worden.

Gatterer macht in einem Text von 1768 exemplarisch an der Figur des Livius und an einem deutschen Professor, der römische Geschichte schreibt, also an seiner eigenen Person, die Bedeutung des Standpunktes für die Geschichtsschreibung deutlich[79]. Es ist vom Standpunkt die Rede, auch vom Gesichtspunkt, aber die Metaphorik des Sehens entfällt, derzufolge bei Chladenius der Historiker als ein Zuschauer, als ein Betrachter der Geschichte erscheint. Bei Gatterer kommen zwar der Historiker und die individuellen Bedingungen seiner Arbeit zur Sprache. Sind aber die historisch bedingten Perspektiven des Historikers ein vermeidbares Übel, das der durchschnittliche Historiker nur nicht überwinden kann und das erst ein Historiker-Genie wie Livius hinter sich läßt, der ein Werk schreibt, das nicht nur für seine Zeitgenossen gültig ist? Die Frage läßt sich in dieser Abhandlung nicht entscheiden; Gatterer argumentiert auf der exemplarischen Ebene, ohne grundsätzlich die Vielfalt der Geschichtsbilder an die Person des Historikers zu binden, und dies ist in seiner Position begründet. Etwa gleichzeitig verfaßt er einen weiteren Text, in dem er sich dem Thema ganz mit der Metapher des Sehens nähert. Der Historiker soll hier nicht nur Kenntnis von den Begebenheiten vermitteln, sondern eine Anschauung der Ereignisse. Das, was er selbst in der Begebenheit sieht und schaut, soll er möglichst anschaulich machen. Er soll die Vergangenheit anschaulich, und das heißt gegenwärtig machen:

> »Wer Begebenheiten anschauend erzählen will, muß so viel historisches Genie haben, daß er das, was er erzählen will, selbst anschauend denken kan: er muß durch die ideale Gegenwart der Begebenheiten zuvor selbst Zuschauer worden seyn, und alsdann kan er, wenn er nur sonst ein geschickter Mensch ist, hoffen, daß er das, was er anschauend erkant hat, auch werde anschauend erzählen, und seine Leser in die Situation von

[79] Gatterer, Vom Standort und Gesichtspunct (wie Anm. 57).

Zuschauern versetzen können. Ein Alexander durchplündert die Welt, ein Catilina will sein Vaterland verderben... Dies sind lauter wichtige Begebenheiten. Der Geschichtsschreiber soll sie erzählen. Sagt er sie mir trocken weg: so weiß ich wol ungefähr, was vorgegangen ist; allein ich will noch mehr haben: ich will gerührt, ich will bis zur Evidenz überzeugt seyn... Cäsar ist mit 23 Wunden im Senate ermordet worden. Wie abscheulich! Aber dis will ich nicht lesen, ich will es sehen....«[80]

Aufgabe des Historikers ist hier in erster Linie das Erzählen, wobei die Anschaulichkeit den Abstand zwischen der Geschichte und ihrer Darstellung zumindest überbrückt. Die Erzählung ahmt in ihrer Anschaulichkeit das vom Historiker Geschaute nach, der Historiker, so Gatterer, »macht das Todte wieder lebendig und das Vergangene gegenwärtig«[81]. Das Motiv des Erzählens und der Anschaulichkeit ist in diesem Zusammenhang neu[82], und Peter Hanns Reill[83] erklärt sicher zu Recht, daß Gatterer hier die Vorstellung von der pragmatischen Geschichtsschreibung verläßt. Obwohl aber Gatterer die Wirkung der historischen Arbeit mit der des Dichters vergleicht und seit den achtziger Jahren das Verhältnis von Dichtung und Geschichtsschreibung in den Zeitschriften diskutiert wird[84], läßt der Prozeß des Nachahmens und Abbildens, den Gatterer hier beschreibt, wenig Raum für die individuell perspektivischen Einsichten des Historikers. Der Begriff des Zuschauers, den Chladenius in die Diskussion einbrachte, um die perspektivische

[80] J.C. Gatterer, Von der Evidenz in der Geschichtskunde, in: D.F.E. Boysen (Hg.), Die Allgemeine Welthistorie die in England durch eine Gesellschaft von Gelehrten ausgefertiget worden, Theil 1, Halle 1767, 16.

[81] Gatterer, Von der Evidenz in der Geschichtskunde (wie Anm. 80), 20. Der Zusammenhang lautet: »Der Wirkung nach sind zwar anschauend gemachte Erzählungen des Dichters und des Geschichtsschreibers einerley... in der Art der Verarbeitung äussert sich eine grosse Verschiedenheit. Der Dichter erschaft ein Ganzes, das unter den Umständen, wie er es zusammensetzet, niemals vorhanden gewesen ist: der Geschichtsschreiber hingegegen bringt durch die Evidenz seiner Erzählung ein Ganzes, das schon einmal da gewesen ist, auf eben die Art, wie es da gewesen ist, nur aufs neue zum Vorschein: er macht gleichsam das Todte wieder lebendig und das Vergangene wieder gegenwärtig, und nähert sich und seine Leser durch eine zwar schwache Nachahmung, die aber dennoch wirkliche Nachahmung ist, auf gewisse Art der Gottheit, in deren Verstande nichts Vergangenes, nichts Zukünftiges, sondern alles gegenwärtig ist, nichts abstractes, sondern alles individuell, alles anschauende Erkenntniß ist.«

[82] Siehe aber auch Muhlack, Klassische Philologie (wie Anm. 8), 93-119, bes. 92-100.

[83] P.H. Reill, History and Hermeneutics in the Aufklärung: The Thought of Johann Christoph Gatterer, in: JMH 45, 1973, 24-51.

[84] Siehe unten Anm. 107.

Gebundenheit des Historikers zu beschreiben, kommt hier in seiner passiven Bedeutung zur Geltung.

Die Ansätze, die Gatterer hier vorträgt, waren auf die Kirchengeschichtsschreibung nicht anwendbar. Hier wurde der Abstand zur Alten Kirche betont, und aus der kritischen Einstellung ergab sich schwerlich die Forderung nach Anschaulichkeit in der Erzählung. Die Rolle des Historikers konnte hier nicht als die eines anschauenden Zuschauers reflektiert werden, vielmehr mußte hier im Rahmen der Kritik, genauer der Vorurteilskritik, der konstruktive Anteil in seiner Arbeit deutlich werden. Und damit komme ich zum späten Semler.

Den Ausgangspunkt der Arbeit Semlers kann man sich deutlich machen an den Äußerungen Siegmund Jacob Baumgartens zur Geschichte in den vierziger Jahren[85]. Sie finden sich in Baumgartens Vorrede zur englischen Weltgeschichte[86] und dem einleitenden Kapitel seiner Kirchengeschichte. Er definiert Kirchengeschichte, ebenso wie auch die Geschichte, als »glaubhafte(n) und zusammenhängende(n) Nachricht von den merckwürdigen Begebenheiten«[87]. Er analysiert die Geschichte auf zwei Ebenen. Auf der Ebene der Darstellung verweist er auf die Notwendigkeit, die Umstände zu erläutern, die erst eine Vorstellung von den Begebenheiten ermöglichen, und auf einen den Begebenheiten entsprechenden Zusammenhang. Zu den Begebenheiten tritt also all das, was eine Erzählung ausmacht, und zur Historie gehören nicht alle Begebenheiten, sondern nur die merkwürdigen, und das sind diejenigen, die in den Zusammenhang eingebunden und verknüpft mit ihren Ursachen erklärt werden. Vor allem aber, und damit ist die zweite Ebene angesprochen, gibt es nach Baumgarten »eine wahre und erweisliche Gewisheit der Geschichte«, die von der Erweislichkeit der Begebenheiten, also von der Zuverlässigkeit der Nachrichten abhängt[88]. Baumgarten nennt Kriterien für die Glaubwürdigkeit der Nachrichten und Quellen, auf denen die Gewißheit der Geschichte beruht[89]. Die

[85] Zur Biographie Semlers siehe: G. Hornig, Johann Salomo Semler. Studien zum Leben und Werk des Hallenser Aufklärungstheologen, Hallesche Beiträge zur Europäischen Aufklärung 2, Tübingen 1996.

[86] S.J. Baumgarten, Übersetzung der Algemeinen Welthistorie, die in Engeland durch eine Geselschaft von Gelehrten ausgefertigt worden, Bd. 1, Halle 1744.

[87] S.J. Baumgarten, Auszug der Kirchengeschichte von der Geburt Jesu an, Bd. 1, Halle 1743, 1.

[88] Baumgarten, Übersetzung der Algemeinen Welthistorie (wie Anm. 86), 19.

[89] Zur Frage historischer Gewißheit bei Baumgarten: M. Schloemann, Siegmund Jacob Baumgarten. System und Geschichte in der Theologie des Übergangs zum Neuprotestantismus, FKDG 26, Göttingen 1973, 135-156.

Gewißheit der Geschichte veraltet nicht, das heißt, sie läßt sich für die alte Geschichte nicht anders erlangen als für die neuere. Beides, die Darstellung und die Prüfung der Quellen, verlangt einen unparteiischen Historiker. »Alle Parteilichkeit und Vorurtheil selbst der Erbaulichkeit (müssen) sorgfältig vermieden werden.«[90]

Semler geht den von Baumgarten vorgezeichneten Weg der Quellenkritik und wird sich lebenslang mit der Prüfung der Authentizität der frühen Quellen beschäftigen. Daneben tritt von Anfang an Semlers Anliegen, vorurteilsbehaftete Zugänge zur Alten Kirche zu identifizieren. Unter Vorurteil versteht Semler vor allem die unreflektierte Wertschätzung der Alten Kirche. Er beobachtet, daß man mit den Institutionen der Alten Kirche »einen guten Inhalt« verbindet, der sich aber gerade nicht als »historisch wahr« erweist[91]. »Man überzeugt sich ganz unwidersprechlich, daß es eine ganz falsche Einbildung ist, von dem grossen Vorzuge der ersten Christen; von der Vollendung aller wahren Kenntnisse schon im ersten Jahrhundert; von der Wichtigkeit der Lehrbestimmungen auf Concilien; von dem grosen Ansehen der so genannten Kirchenväter....«[92] In der hier kritisierten Haltung kommen zwei typische Vorurteile zum Tragen, nämlich erstens das Vorurteil, daß das Alte mit dem Wahren gleichzusetzen ist, und zweitens das Vorurteil, das unreflektiert einer Autorität folgt[93]. Hieraus resultieren nach Semler die vielfältigen Versuche auch auf protestantischer Seite, Vorstellungen der Gegenwart mit Texten der Alten Kirche zu belegen. Sie basieren auf der Zustimmung zu dem Gedanken eines unveränderlichen, in der Alten Kirche formulierten Bestandes von verbindlichen Lehrmeinungen. Gegen diese normative Sicht von der Alten Kirche, die vor allem die freie Entfaltung der Religion verhindert, will Semler in seiner historischen Arbeit aufklären. Die Geschichte der Alten Kirche als das anzusehen, was sie war, befreit aus falschen Bindungen, aber dies bedeutet, »daß man von allem Ansehen dieser oder jener Gotesgelehrten, Bischöfe und Väter... ganz und gar abkomt« (1763). Aber was tritt an die Stelle? Eine distanzierte vorurteilslose Sicht, bei der in Umkehrung der Äuße-

[90] Baumgarten, Übersetzung der Algemeinen Welthistorie (wie Anm. 86), 5.

[91] J.S. Semler, Versuch eines fruchtbaren Auszugs aus der Kirchengeschichte, Erster Band. Bis 1400, Halle 1773, Vorrede.

[92] J.S. Semler, Versuch christlicher Jahrbücher oder ausführlicher Tabellen über die Kirchenhistorie, Bd. 1, Halle 1783, Vorrede.

[93] W. Schneiders, Aufklärung und Vorurteilskritik. Studien zur Geschichte der Vorurteilstheorie, Forschungen und Materialien zur deutschen Aufklärung II/ 2, Stuttgart 1983, bes. 153-231.

rungen von Baumgarten die Gewißheit der Begebenheiten die Verbindlichkeit der altkirchlichen Lehren nicht unterstützt, sondern sie auflöst?

Semler wiederholt immer wieder sein Grundanliegen, das sich gegen die Idee einer unveränderlichen, in der Alten Kirche fixierten, für alle Zeiten verbindlichen Summe von Wahrheiten richtet. Stattdessen entdeckt er vor allem die Vielfalt der Vorstellungen und Interpretationen, und hier verbinden sich Inhalt seiner Arbeit und methodische Reflexionen. Semler formuliert bereits 1762 in der Einleitung zu Baumgartens »Untersuchung Theologischer Streitigkeiten« seine Überzeugung, daß »in historischen Vorstellungen eine Gleichheit nicht möglich« ist[94]. Historische Arbeit deckt die Vielfalt auf, die bestimmte Lehrsätze in verschiedenen Perspektiven und Texte durch unterschiedliche Lektüre annehmen. Semler erläutert dies 1762 durch den Vergleich mit einem physikalischen Körper, der je nach Blickwinkel, Entfernung, Ort und Zeit unterschiedlich wahrgenommen wird. Allgemeine Sätze, aber auch Texte und Institutionen, wurden ebenso perspektivisch betrachtet, als sie je nach historischen Umständen unterschiedlich verstanden wurden[95]. Diese Vielfalt haftet der Beschäftigung mit historischen Gegenständen an und kann nicht überwunden werden. Wenn es dennoch nur eine ursprüngliche Bedeutung eines Textes und nur eine ursprüngliche Absicht des Autors gibt[96], gilt es bei allen Versuchen der Rekonstruktion die Perspektivität der Betrachtung im Blick zu behalten. Semler ermahnt, die von ihrem jeweiligen Standpunkt kohärente Interpretation nicht mit dem Gegenstand der Interpretation zu verwechseln. »So lange sie in einem gewissen Standpunkte gleichsam gegen eine Wahrheit oder Satz von einem Dinge bleiben, und einerley Verstandeskraft, auf einerley Art oder in einerley Grad, darauf wenden: so lange halten sie ihre Vorstellung von dieser Wahrheit oder Satze für übereinstimmig mit dem Dinge selbst, wie es sich Paulus ec. vorgestellet hat oder für wahr.«[97]

In dieser Äußerung von 1762 wird der Abstand zu Baumgartens Gewißheit der Begebenheiten und die Entwicklung der Diskussion deutlich. Sich der Vielfalt historischer Umstände bewußt zu sein, gehört

[94] S.J. Baumgarten, Untersuchung Theologischer Streitigkeiten, Bd. 2, Halle 1763, Vorrede (Semler), 10.

[95] S.J. Baumgarten, Untersuchung Theologischer Streitigkeiten, Bd. 1, Halle 1762, Vorrede (Semler), 15.

[96] Baumgarten, Untersuchung Theologischer Streitigkeiten, Bd. 1 (wie Anm. 95), Vorrede, 18.

[97] Baumgarten, Untersuchung Theologischer Streitigkeiten, Bd. 1 (wie Anm. 95), Vorrede, 17.

zum gedanklichen Instrumentarium des Historikers, um die Vergangenheit zu erfassen. Bei Semler fehlt zunächst aber die Rückbindung auf die individuelle Perspektive des Historikers in seiner Arbeit. Diese findet sich 1788 in den »Neuen Versuchen die Kirchenhistorie der ersten Jahrhunderte mehr aufzuklären.« Es handelt sich um eine zweiteilige Schrift. Im zweiten Teil wird die Authentizität des Plinius-Briefes erörtert, im ersten Teil äußert sich Semler grundsätzlich über die historische Arbeit im Sinne einer Vorbereitung über die Kirchenhistorie der vier ersten Jahrhunderte[98]. In Auseinandersetzung mit Mosheim zitiert Semler dessen Definition von Kirchengeschichte als »Eine deutliche und aufrichtige Erzählung der Begebenheiten, welche die christliche Gesellschaft entweder von aussen angehen, oder die selbst in dieser Gesellschaft wirklich worden.«[99] Semler ergänzt diese Definition, weil bei Mosheim der Historiker nicht vorkommt: »Diese besondre Bestimmung, welche den Urheber betrifft, gehört vornemlich her.«[100] Und zwar deshalb, weil die Verschiedenartigkeit der historischen Darstellungen auf die Ungleichheit ihrer Verfasser zurückgeht. Da die Verfasser historischer Erzählungen nicht Abschreiber sind, müssen die Erzählungen ebenso vielfältig sein, wie ihre Verfasser sich nach Fähigkeiten, Fleiß und äußeren Umständen unterscheiden. Die Historiker setzen unterschiedliche Erzählungen zusammen. Diese Erzählungen sind nach Semler so verschieden, daß er die historischen Nachrichten mit Ziffern vergleichen kann, die je nach Kombination unterschiedliche Zahlen ergeben. Dies bedeutet, daß die Unterschiedlichkeit der historischen Darstellungen sich nicht durch die Parteilichkeit ihrer Verfasser erklären und also nicht durch Unparteilichkeit überwinden läßt, sondern vielmehr unumgänglich ist.

Aber dies ist nicht mehr die Terminologie der siebziger Jahre. Während Semler sein Geschichtsverständnis entwickelt, die Vielfältigkeit historischer Umstände und die herkömmlichen Vorurteile gegenüber der Alten Kirche reflektiert, beantwortet Georg Friedrich Meier, ebenfalls in Halle, die Frage, ob eine vorurteilsfreie Erkenntnis überhaupt möglich und erstrebenswert ist[101]. Nach Meier sind die Urteile der Menschen in den meisten Fällen Vorurteile, d.h. übereilt und auf

[98] Der Titel des ersten Teils lautet: Vorbereitung über die Kirchenhistorie der vier ersten Jahrhunderte. Ueber den wahren Begriff der Kirchenhistorie.

[99] Semler, Neue Versuche (wie Anm. 16), 3.

[100] Semler, Neue Versuche (wie Anm. 16), 3f.

[101] G.F. Meier, Beyträge zu der Lehre von den Vorurtheilen des menschlichen Geschlechts, Halle 1766.

der Grundlage von Gründen getroffen, aus denen sie nicht richtig oder nicht notwendig folgen. Diese Urteile sind nicht notwendig falsch, aber die Gewißheit der Schlußfolgerung, auf welcher sie beruhen, ist falsch. Meier erläutert dies an der Sinneswahrnehmung, und es taucht wieder der physikalische Körper auf, der aus verschiedenen Winkeln unterschiedlich groß erscheint[102]. Er illustriert bei Meier die Gleichsetzung der Wahrnehmung mit der Beschaffenheit des Gegenstandes als ein Vorurteil. Meier nennt es in einer Reihe von grundlegenden Vorurteilen, die schwer zu vermeiden sind. Er stellt damit die weithin wiederholte Forderung nach Überwindung von Vorurteilen und einer freien, eben vorurteilslosen Urteilsbildung in Frage.

Meiers Beitrag zu dieser Diskussion gibt einen Einblick in das Milieu in Halle, in dem Semler im Zusammenhang mit der Geschichte der frühen Alten Kirche den konstruktiven Anteil des Historikers in der historischen Arbeit reflektiert. Aber auch Meier selbst analysiert 1775[103] von dem Ansatz seiner Vorurteilslehre her die zeitgenössischen Versuche, die christliche Religion in ihrer ursprünglichen Gestalt zu rekonstruieren. Meier zeigt, daß diejenigen, die die »väterlichen Vorurtheile« hinter sich lassen und mit der damit gewonnenen Freiheit die Quellen der frühesten Christen untersuchen, zwar eine Art von Vorurteil vermeiden, aber im gleichen Moment nur neue Vorurteile einführen. Im Gegensatz zu dem, was er hier beobachtet, ist sein Bild von der Alten Kirche ähnlich wie bei Semler durch eine notwendige Vielfalt unter den frühen Christen geprägt. Die erste Einfalt hat es nach Meier nicht gegeben, da die ersten Lehrer der christlichen Religion, wie auch die späteren, weder einheitlich dachten noch durch den Vortrag ihrer Lehre in den Hörern und Lesern einheitliche Vorstellungen hervorriefen[104]. Die Einfalt der frühen Kirche ist nach Meier eine Konstruktion, die auf bestimmten Prämissen oder Vorurteilen beruht.

Bei Semler führt die historische Analyse zu einer neuen Beschreibung der pädagogischen Aufgabe. Die Einsicht in die Vielfalt historischer Gegenstände und in die Funktion der Kirchensprache im Rahmen der öffentlichen Religion macht den Lehrer verantwortlich für die Sprache,

[102] Zu berücksichtigen ist in diesem Zusammenhang Meiers Hermeneutik. Er erklärt die Komplexität des Zeichens anhand von Erfahrungen der Sinneswahrnehmung. Siehe: M. Beetz, Georg Friedrich Meiers semiotische Hermeneutik, in: Beetz/Cacciatore (Hgg.), Hermeneutik (wie Anm. 49), 17-30.

[103] G.F. Meier, Betrachtung über das Bemühen der christlichen Religion ihre erste Einfalt und Reinigkeit wieder herzustellen, Halle 1775.

[104] Meier, Betrachtung (wie Anm. 103), 15.

die er in der Vermittlung religiöser Kenntnisse benutzt. Er kann sich nicht mehr an einem Lehrbuch und »gleichsam festen ewigen Redensarten«[105] festhalten, er muß »immer besser, immer anders«[106] in die Religion einführen. Berücksichtigt man diese Äußerungen über den Lehrer, wird klar, daß Semler auch über die Person des Historikers neu nachdenken mußte. Ebenso wie vom Lehrer muß er vom Historiker immer neue Deutezusammenhänge fordern. Hier bahnt sich ein neues Verstehen von Tradition an, die nicht nur in ihren Geltungsansprüchen historisch relativiert, sondern zugleich subjektiviert wird in der Vermittlung durch den Historiker. Die Linien, die sich von hier aus ergeben, sind, betrachtet man das Geschichtsverständnis, bei Semler und Gatterer ähnlich. Es schließt sich hier die Diskussion über die Kunst der Geschichtsschreibung und das Verhältnis von Geschichtsschreibung und Dichtung an, die in den neunziger Jahren in der deutschen Monatsschrift geführt wurde[107]. Es folgte zugleich aber die Korrektur, mit der die Darstellung wieder in den Hintergrund trat und die Bedeutung der Quellenkenntnis und Erforschung betont wurde. In dem programmatischen Aufsatz, den Schlözer 1784 in der Vorrede zu »Abbe Mablys Art die Geschichte zu schreiben oder über die historische Kunst« veröffentlicht[108], wird der Geschichtsmaler, der die historische Arbeit zu einem Drama mit Szenen und Akten gestaltet, nicht mehr gebraucht. Unentbehrlich hingegen ist wiederum der Sammler und Forscher. Der Historiker muß nach Schlözer erstens der Sammler sein, der »alle Facta ohne Ausnahme kennt«, niederschreibt und chronologisch ordnet, zweitens der Forscher, der das Material kritisch aufbereitet, und drittens der Geschichtsschreiber, der aus den ihm zur Verfügung stehenden Nachrichten zum Nutzen der Leser seine Darstellung entwirft. Auch Schlözer legt Wert auf die Darstellung, aber der Geschichtsmaler muß wahre Begebenheiten abbilden, muß sich um die Details kümmern, muß forschen. Damit ist die Entwicklung angezeigt, die über Semlers Überlegungen hinweggehen wird.

[105] J.S. Semler, Ueber historische, geselschaftliche und moralische Religion der Christen, Leipzig 1786, Vorrede.

[106] Semler, Moralische Religion (wie Anm. 105), Vorrede.

[107] J.C.C. Nachtigal, Ueber Geschichtschreiber und Dichter, als Quellen historischer Wahrheit, I. Ueber Geschichtschreiber, in: Deutsche Monatsschrift 1792, Bd. 1, 316-336, vgl. die Fortsetzung in: Deutsche Monatsschrift, Bd. 2, 1792, 6-25, vgl. ders., Beytrag zur historischen Kritik, in: Deutsche Monatsschrift, Bd. 2, 1791, 19-24.

[108] A. Mably, Von der Art die Geschichte zu schreiben, oder über die historische Kunst. Aus dem Französischen mit Anmerkungen von F.R. Salzmann, Strasburg 1784.

Aber noch einmal zurück zu Semler. Mit der Historisierung der historischen Arbeit schließt sich ein Kreis. Ich habe anfangs erwähnt, daß Semler sich den normativen Ansprüchen der Alten Kirche entzieht, indem er Distanz nimmt zum historischen Gegenstand. Diese Distanz verschärft Semler durch die Unterscheidung zwischen moralischer, privater und öffentlicher, äußerlicher Religion. Gegenstand der Geschichte ist nach Semler die öffentliche Religion, wie z.B. die Kanonsfrage, und dies ist aus der Perspektive der privaten Religion ein fremder, äußerlicher, statischer Gegenstand. Also doch die private Religion als ein Refugium, das die Geschichte nicht erreicht[109]? Mit der Historisierung der historischen Arbeit schwindet die Distanz zwischen der Person des Historikers, seinen Überzeugungen und den darzustellenden Gegenständen, er kann seine Position nicht selbst außerhalb der Geschichte einnehmen. Beide Formen des Gegenwartsbezuges spiegeln sich bei Semler in seinen patristischen Arbeiten. Ich möchte am Ende auf ein Beispiel hinweisen.

Semler setzt sich immer wieder mit Mosheim auseinander und führt ihn weiter. Aufschlußreich ist ein Vergleich der Kommentare zu Origenes, Contra Celsum. Mosheim[110] gibt 1745 eine Übersetzung mit Kommentar heraus[111], Semler analysiert 1780 die Fragmente des Celsus aus

[109] Vgl. die Bemerkung J.S. Semlers zu den Kirchenvätern in: J.S. Semler, Neuer Versuch die gemeinnüzige Auslegung und Anwendung des neuen Testaments zu befördern, Halle 1786, S. 2f.: »Es hat nämlich in der moralischen Welt eben so wenig an immer neuen oder immer fortgehenden Entdekungen gefelet, als in der bürgerlichen und häuslichen Geselschaft der Menschen. Auf diese historisch ganz gewisse, von Gott herrürende Uebereinstimmung der Neigung fähigerer Menschen, zu immer bessern moralischen Kentnissen und ihrer freien Anwendung, zur Privatreligion; baueten viele der ältesten Kirchenlehrer ihre besondre damalen schikliche Lehrart, die algemeinere christliche Religion unter sogenanten Heiden, als Privatreligion leichter auszubreiten.«

[110] Zur Darstellung des Origenes durch v. Mosheim in den Institutiones Historiae Ecclesiasticae siehe: E.P. Meijering, Die Geschichte der christlichen Theologie im Urteil J.L. von Mosheims, Amsterdam 1995, 89-95; zur Einordnung v. Mosheims in die Origenesinterpretation des 17. und frühen 18. Jahrhunderts und zu v. Mosheims Beurteilung von Origenes und Celsus als philosophische Eklektiker R. Häfner, Johann Lorenz Mosheim und die Origenes-Rezeption in der ersten Hälfte des 18. Jahrhunderts, in: R. Häfner/M. Mulsow/F. Neumann/H. Zedelmaier (Hgg.), Johann Lorenz Mosheim (1693-1755). Theologie im Spannungsfeld von Philosophie, Philologie und Geschichte, Wolfenbütteler Forschungen 77, Wiesbaden 1997, 229-260.

[111] J.L. Mosheim, Origenes. Vorstehers der christlichen Schule zu Alexandrien und Aeltestens Acht Bücher von der Wahrheit der christlichen Religion wider den Weltweisen Celsus, Hamburg 1745.

den ersten vier Büchern[112]. Beide greifen das Thema der Streitschrift des Celsus und ihrer Widerlegung durch Origenes auf, weil es um Beurteilungen des Christentums und um eine apologetische Situation geht, die einen Bezug zu ihrer eigenen Gegenwart aufzeigt. Mosheim erläutert in der Vorrede, daß er sich dem Text nicht deshalb zuwende, weil er die Argumente des Origenes für besonders gelungen hält[113], sie erweisen sich nach Mosheim vielmehr oft als ungenügend oder verfehlen ihren Gegenstand. Mosheim will unvoreingenommen die Argumente der beiden Seiten abwägen und formuliert seine Aufgabe: »Origenes antwortet zuweilen nichts auf des Celsus Beschuldigungen, weil er sie übersiehet; zuweilen schlecht, weil er sie nicht recht verstehet; zuweilen so sinnreich und künstlich, daß er der Wahrheit verfehlet. Ich vertrete da, wo ihm eines von diesen begegnet, seine Stelle, und zeige den heutigen Nachfolgern des Celsus, daß ihr Bruder deswegen nicht gewonnen habe, weil sein Widersacher zuweilen in die Luft streichet.«[114] Der Zusammenhang zwischen Beurteilung und Aneignung des historischen Textes ist zwischen Semler und Mosheim strittig. Obwohl sich auch bei Semler ähnliche Bemerkungen der Kritik finden[115], ist für ihn ein zurückhaltenderes Urteil mit dem Hinweis auf den jeweiligen historischen Kontext kennzeichnend[116]. Aus der historischen Distanz und einer veränderten Einstellung gegenüber den historischen Texten setzt sich Semler mit dem Urteil Mosheims auseinander und zieht die Aktualität des Textes hinüber in seine eigene gegenwärtige theologische Diskussion. In dem Kommentar zu Contra Celsum wird dies an Themen besonders deutlich, in denen Semler die Unterscheidung von öffentlicher und privater Religion zur Beurteilung der historischen Situation heranzieht.

Mosheim und Semler kommentieren die Stelle, an der Celsus erklärt, daß die Versammlungen der Christen verboten waren und deshalb geheim geschahen, und Origenes nicht widerspricht[117]. Nach Mosheim hätten die Christen durchaus beanspruchen können, daß ihre Versamm-

[112] J.S. Semler, Einwürfe des Celsus wider das Christentum, Magazin für die Religion 2, Halle 1780, 171-398; J.S. Semler, Einwürfe des Celsus und Anworten des Origenes, Magazin für die Religion 3, Halle 1781, 279-380.

[113] Mosheim, Origenes (wie Anm. 111), Vorrede, 12f.

[114] Mosheim, Origenes (wie Anm. 111), Vorrede, 61.

[115] Z.B. über Celsus bzw. Origenes: Semler, Einwürfe, 1780 (wie Anm. 112), 228, 247, 249, 250, 255, 256, 272, 276, 285, 305, 308, 337, 351, 371, 373 und Semler, Einwürfe, 1781 (wie Anm. 112), 287, 292, 297.

[116] »Die Antwort des Origenis ist blos und gänzlich local, in dem Geschmack seiner Zeit.« Semler, Einwürfe, 1781 (wie Anm. 112), 304.

[117] Or., Cels. I 1 (GCS Origenes I, 56 Koetschau).

lungen zu Recht stattfinden, und Origenes hätte sie nach Mosheim hierin verteidigen müssen[118]. Aber ist es die Aufgabe des Historikers, diese Versammlungen zu verteidigen? Semler interessiert der historische Beleg, die Bemerkung, daß die Versammlungen verboten waren. Er ordnet sie in die Situation des frühen Christentums ein, für die er eben auch die Christen verantwortlich macht, und dies entspricht der Diskussion um die römische Religionspolitik zur Zeit Semlers. Sein Interesse bedeutet nicht, daß er die Begebenheiten nicht beurteilt, aber die Frage lautet für Semler, hatten die Christen recht, daß sie sich trotz des Verbotes heimlich trafen? Semler antwortet mit seinen Überlegungen zur privaten und öffentlichen Religion. Die Christen hatten nach Semler ein Recht auf ihre privaten Überzeugungen, überschätzten aber die Bedeutung der äußerlichen Versammlung und hatten daher keinen Grund, die Gesetze zu übertreten[119].

Ein anderer Punkt, an dem sich Semler wiederum mit Mosheim auseinandersetzt, betrifft Origenes' Unterscheidung zwischen Anfängern und Fortgeschrittenen im Christentum, die es ihm erlaubt, bestimmte Vorstellungen als schwächere Formen der Religion zu identifizieren. Für Semler handelt es sich nicht um einen schädlichen Irrtum, da Origenes hiermit nicht das Christentum als solches für unvollkommen erklärt. Semler führt den Gedanken weiter zu der Frage der Einheitlichkeit der Religion[120]. In der Beschäftigung mit Contra Celsum gibt es Anknüpfungspunkte an die zeitgenössische Diskussion, und ohne diese Gegenwartsbezüge läßt sich das Interesse des späten 18. Jahrhunderts an der Geschichte nicht erklären.

[118] Mosheim, Origenes (wie Anm. 111), 16f.
[119] Semler, Einwürfe, 1780 (wie Anm. 112), 177-179.
[120] Semler, Einwürfe, 1780 (wie Anm. 112), 383-389.

Patristik in der konfessionellen Theologie des 19. Jahrhunderts

HANNS CHRISTOF BRENNECKE

I.

Nach fünfzig Jahren außerordentlich erfolgreicher und an Teilnehmern ständig wachsender Treffen der „International Conference on Patristic Studies« in Oxford[1] scheint es angebracht und auch an der Zeit, nach der Relevanz der Patristik in der protestantischen Theologie in Vergangenheit und Gegenwart zu fragen. Die »Studia Patristica«[2] sind schon rein quantitativ ein stolzer Beleg für die inter- und überkonfessionelle patristische Arbeit des letzten halben Jahrhunderts. Aber auch wenn die Teilnehmerzahl der im wesentlichen auf den deutschsprachigen Raum begrenzten und hier das protestantische Erbe vertretenden »Patristischen Arbeitsgemeinschaft«[3] bei jeder der alle zwei Jahre Anfang Januar stattfindenden Tagungen größer und das international die patristische Forschung repräsentierende Bulletin der »Association Internationale d'études patristiques« jährlich dicker wird, ist festzustellen, daß in unserem gegenwärtigen akademischen Theologiebetrieb die Patristik wie überhaupt die Beschäftigung mit dem antiken Christentum und der Alten Kirche kaum Relevanz hat und von der Theologie im Ganzen wenig zur Kenntnis genommen wird. Das zeigt sich unübersehbar in der

[1] Die »International Conference on Patristic Studies« wurde 1951 wesentlich von F.L. Cross begründet und findet seither alle vier Jahre in Oxford statt; vom 16.-21.8.1999 tagte die »Thirteenth International Conference on Patristic Studies« in Oxford.

[2] Als K. Aland/F.L. Cross (Hgg.), Studia Patristica I und II, TU 63/64, Berlin 1957, erschienen die Vorträge der »Second International Conference on Patristic Studies« von 1955; die der »Thirteenth International Conference on Patristic Studies« vom Sommer 1999 füllen fünf umfangreiche Bände mit mehr als 2500 Seiten: M.F. Wiles/E.J. Yarnold, Studia Patristica XXXIV-XXXVIII, Leuven 2001.

[3] Die erste Tagung der Patristischen Arbeitsgemeinschaft fand vom 5.-7. Januar 1957 in Heidelberg mit nicht einmal zwanzig Teilnehmern zum Thema: »Bedeutung der patristischen Wissenschaft für die evangelische Theologie« statt. Angesichts der scheinbaren Marginalisierung der protestantischen Patristik auf den Oxforder Konferenzen sollte es hier bewußt um die Rolle einer evangelischen Patristik in der Situation der evangelischen Theologie nach dem Zweiten Weltkrieg gehen.

Tendenz, Lehrstühle mit einem patristischen Schwerpunkt einzusparen oder zumindest herunterzustufen. Bei kirchengeschichtlichen Professuren in der Lehrerausbildung, die es nicht überall gibt[4], haben Bewerber mit einem patristischen Forschungsschwerpunkt allgemein schlechte bis gar keine Chancen. Wenn überhaupt eine Professur für Kirchengeschichte vorhanden ist, wird sie normalerweise mit einem Historiker der Reformation oder der Neuzeit besetzt[5]. Es erscheint gerade am Beispiel der bayerischen Verhältnisse evident, daß dahinter mehr oder weniger bewußte Konzepte von evangelischer Theologie stehen, die u.U. sogar auf Kirchengeschichte ganz verzichten können, offensichtlich aber eine Patristik, die die christliche Überlieferung der ersten sechs Jahrhunderte thematisiert, nicht brauchen. Ein genuin theologisches Fach, das noch vor einem Jahrhundert für das Selbstverständnis protestantischer Theologie unverzichtbar war und nicht unwesentlich zum Ruhm der deutschen protestantischen Theologie beitragen konnte, gilt in Teilen unseres Theologiebetriebes inzwischen als theologisch mehr oder weniger irrelevant. Von daher erscheint es sinnvoll, nun einmal nicht in erster Linie nach den Ursachen dieses Bedeutungswandels oder Bedeutungsverlustes, sondern überhaupt nach der Funktion von Patristik bzw. der Beschäftigung mit der Alten Kirche in verschiedenen protestantischen Entwürfen von Theologie zunächst im 19. Jahrhundert zu fragen. Denn – und auch darüber besteht bei uns kein Zweifel – das Konzept protestantischer Theologie vor allem im deutschen Protestantismus, das etwa zwischen 1870 und 1914, also zwischen Reichsgründung und Ende des Bismarckschen Reichs, der Patristik nicht nur einen ungeheuren Auf-

[4] Ein besonderes Beispiel bietet hier der Freistaat Bayern, in dem nicht nur mit Billigung, sondern durchaus auch auf Initiative der Bayerischen Lutherischen Landeskirche das Fach Kirchengeschichte in der Lehrerausbildung nur durch noch nicht einmal regelmäßig erteilte Lehraufträge wahrgenommen wird; eigene Professuren oder gar Lehrstühle sind nach dem Staatskirchenvertrag hierfür nicht vorgesehen. Selbst wo außerhalb einer Theologischen Fakultät Studierende für das Lehramt an Gymnasien ausgebildet werden, gibt es keinerlei Stellen für das Fach Kirchengeschichte.

[5] Vgl. dagegen aber Adolf Harnacks Gutachten für Althoff zur Besetzung seines Marburger Lehrstuhls nach seinem Weggang nach Berlin (sein Nachfolger wurde dann Adolf Jülicher) vom 27.9.1888 (nach A.v. Zahn-Harnack, Adolf von Harnack, Berlin 1936, 174): »Der Schwerpunkt des Faches Kirchengeschichte liegt in der Kirchen- und Dogmengeschichte der ersten sechs Jahrhunderte. Ich rede hier nicht pro domo; es wird hoffentlich bald zur allgemeinen Anerkennung kommen, daß man ohne gründliche Kenntnisse der alten Kirchengeschichte so wenig wirklicher Kirchenhistoriker ist, wie ohne Kenntnis des goldenen Zeitalters der griechischen und römischen Literatur ein klassischer Philologe….«

schwung, sondern ihr vielleicht für diese Epoche sogar eine Vorrangstellung innerhalb der Theologie des deutschen Protestantismus gebracht hatte, entspricht sicher ebenfalls nicht unseren durchaus sehr unterschiedlichen Vorstellungen von Theologie und ist trotz mancher Versuche in dieser Richtung wohl kaum wiederzubeleben[6]. Dieser Theologieentwurf, der für die Patristik in ihrer besonderen Zuspitzung auf die Dogmengeschichte in erster Linie mit den Namen Albrecht Ritschl[7] und Adolf (von) Harnack[8] verbunden ist und für den die beliebten Schubladen mit den Bezeichnungen »Neu«- oder »Kulturprotestantismus« sicher nicht ausreichen, war auch seinerzeit umstritten, wie die heftigen theologischen und kirchenpolitischen Kämpfe im Protestantismus des geeinten und sich in besonderer Weise als protestantisch verstehenden Reiches zeigen. Die Auseinandersetzungen um Harnacks Berufung nach Berlin[9] und der Apostolikumsstreit[10], um nur diese beiden Bereiche zu nennen, können auf den ersten Blick und oberflächlich fast

[6] Vgl. F.W. Graf, Art. Kulturprotestantismus, TRE 20, Berlin/New York 1990, 230-243; ders., Protestantische Theologie in der Gesellschaft des Kaiserreichs, in: F.W. Graf (Hg.), Profile des neuzeitlichen Protestantismus II, 1: Kaiserreich, Gütersloh 1992, 12-117; V. Drehsen, Art. Neuprotestantismus, TRE 24, Berlin/New York 1994, 363-383; G. Hübinger, Kulturprotestantismus und Politik. Zum Verhältnis von Liberalismus und Protestantismus im wilhelminischen Deutschland, Tübingen 1994; F.W. Graf/H.M. Müller (Hgg.), Der deutsche Protestantismus um 1900, VWGTh 9, Gütersloh 1996; H. Fischer/F.W. Graf, Art. Protestantismus, TRE 27, Berlin/New York 1997, 542-580.

[7] R. Schäfer, Art. Ritschl, Albrecht (1822-1889)/Ritschlsche Schule, TRE 29, Berlin/New York 1998, 200-238.

[8] Zur seit einigen Jahren wieder intensiven Beschäftigung mit Harnack vgl. W. Kinzig, Harnack heute. Neuere Forschungen zu seiner Biographie und dem »Wesen des Christentums«. Zu Harnacks 150. Geburtstag am 7. Mai 2001, ThLZ 126, 2001, 473-500.

[9] S. Rebenich, Theodor Mommsen und Adolf Harnack. Wissenschaft und Politik im Berlin des ausgehenden 19. Jahrhunderts. Mit einem Anhang: Edition und Kommentierung des Briefwechsels, Berlin 1997, 116-120 (dort die ältere Literatur). Erstaunlicherweise ist dieser Konflikt zwischen Kirche und Ministerialbürokratie im 2. Band des von J.F.G. Goeters und J. Rogge im Auftrag der Evangelischen Kirche der Union herausgegebenen Werkes »Die Geschichte der Evangelischen Kirche der Union«, Leipzig 1994, nicht eigens thematisiert.

[10] A.v. Zahn-Harnack, Der Apostolikumsstreit des Jahres 1892 und seine Bedeutung für die Gegenwart, Marburg 1950; E.R. Huber/W. Huber, Staat und Kirche im 19. und 20. Jahrhundert III, Berlin 1983, 645-690.759-799; A. Kasparick, Apostolikumstreit und Agendenreform (1892-1895), in: J.F.G. Goeters/J. Rogge (Hgg.), Die Geschichte der Evangelischen Kirche der Union. Ein Handbuch, Bd. 2: Die Verselbständigung der Kirche unter dem königlichen Summepiskopat (1850-1918), Leipzig 1994, 318-331.

als Konflikte zwischen einem konservativen Luthertum und einer Patristik, die sich als der genuine Ausdruck eines Neuprotestantismus versteht oder von außen so gesehen wird, erscheinen. Es handelt sich aber, wie bekannt, um grundsätzliche theologische Auseinandersetzungen, die ein Konfliktpotential gerade zwischen einer dem Historismus und dem theologischen Liberalismus verpflichteten Patristik und einem konfessionellen Luthertum deutlich machen.

II.

Wenn ich als Erlanger Kirchenhistoriker hier der Frage nach der Patristik in der konfessionellen Theologie des 19. Jahrhunderts, genauer: im konfessionellen Luthertum nachgehen will, also dem, was wir heute »Neuluthertum«[11] nennen und was natürlich keine Selbstbezeichnung ist, bedarf das einer Begründung.

In den letzten zehn Jahren war es für mich immer wieder notwendig, mich mit der mir ja bisher eher fremden Tradition meiner Erlanger Fakultät und der Geschichte der zu Beginn des 19. Jahrhunderts neu entstandenen Bayerischen Landeskirche auseinanderzusetzen.

Seit den dreißiger Jahren des 19. Jahrhunderts hatte das aus der spezifisch fränkischen Erweckungsbewegung kommende Neuluthertum in einer ganz charakteristischen Form und in imponierender, manchmal geradezu beängstigender Geschlossenheit die Erlanger Theologische Fakultät nach durchaus heftigen Auseinandersetzungen geprägt und das ältere, die Fakultät mehr als ein halbes Jahrhundert bestimmende Erbe der Aufklärung verdrängt[12]

Der interpretationsbedürftige Befund hinsichtlich der Rolle der Patristik in Erlangen und in der dezidiert lutherischen Erlanger Schule stellt

[11] F.-W. Kantzenbach/J. Mehlhausen, Art. Neuluthertum, TRE 24, Berlin/New York 1994, 327-341.

[12] F.-W. Kantzenbach, Die Erlanger Theologie, München 1960; M. Hein, Lutherisches Bekenntnis und Erlanger Theologie im 19. Jahrhundert, LKGG 7, Gütersloh 1984; ders., Art. Erlangen, TRE 10, Berlin/New York 1982, 159-164; K. Beyschlag, Die Erlanger Theologie, Erlangen 1993; N. Slenczka, Der Glaube und sein Grund. Studien zur Erlanger Theologie I, FSÖTh 85, Göttingen 1998; H.C. Brennecke, Art. Erlangen, RGG^4 II, Tübingen 1999, 1418-1420; ders., Art. Erlanger Schule 1, RGG^4 II, Tübingen 1999, 1420. Zum Fach Kirchengeschichte in Erlangen vgl. H.C. Brennecke, Zwischen Luthertum und Nationalismus. Kirchengeschichte in Erlangen, in: H. Neuhaus (Hg.), Geschichtswissenschaft in Erlangen, Erlanger Studien zur Geschichte 6, Erlangen/Jena 2000, 227-268.

sich folgendermaßen dar: Die Universität Erlangen ist 1743, also nur wenige Jahre nach Göttingen, als eine Art verkleinerte Kopie Göttingens gegründet worden[13]. Bis in die dreißiger Jahre des 19. Jahrhunderts fehlen noch fachlich definierte Nominalprofessuren[14]; Kirchengeschichte wird von Anfang an vornehmlich in der Theologischen Fakultät, aber nicht nur dort meist nach Göttinger Lehrbüchern[15] gelesen. Als eigenes Fach beginnt die Kirchengeschichte in Erlangen nun aber mit einem dezidierten Patristiker: Johann Georg Veit Engelhardt (1791-1855)[16], der sich 1820 mit einer Arbeit über Ps. Dionys als Neuplatoniker des fünften Jahrhunderts habilitiert hatte und dessen Veröffentlichungen in allererster Linie den Bereich der Patristik betrafen, vor allem Pseudo Dionys und den heidnischen und christlichen Neuplatonismus[17]. 1823 erschien ein »Leitfaden zur Vorlesung über die Patristik«, die als Literaturgeschichte verstanden wird[18]. Auf ihn geht auch 1826 die Gründung eines wissenschaftlichen kirchengeschichtlichen Seminars in Erlangen zurück[19]. Bei der inhaltlichen und personellen Umstrukturierung der Erlanger Fakultät im Sinne eines aus der Erweckungsbewegung herkommenden konfessionellen Luthertums, die Adolf von Harleß und Johann Friedrich Wilhelm Höfling gemeinsam mit Ministerium und Oberkonsistorium in München ziemlich rücksichtslos und zunächst gegen den Widerstand der Fakultät, dafür mit wachsendem Erfolg besonders in der Berufungspolitik durchsetzten[20], geriet Engelhardt, der bestimmt kein »Rationalist« im Sinne des damals als Schimpfwort benutzten Begriffes war, immer mehr in den Hintergrund[21].

[13] A. Wendehorst, Geschichte der Friedrich-Alexander-Universität Erlangen-Nürnberg 1743-1993, München 1993, 11-70.

[14] Brennecke, Zwischen Luthertum und Nationalismus (wie Anm. 12), 232.

[15] Ebd. (wie Anm. 12), 229-233.

[16] Ebd. (wie Anm. 12), 233-236 (dort auch die Literatur über Engelhardt).

[17] J.G.V. Engelhardt, Dissertatio de Dionysio plotizante, Erlangen 1820; ders., De origine scriptorum Areopagitorum, Erlangen 1823. Besonders interessant ist, daß Engelhardt auch deutsche Übersetzungen zu Plotin und wohl überhaupt die erste deutsche Übersetzung des Pseudo Dionys vorgelegt hat: ders., Plotins Enneaden, übersetzt und mit Anmerkungen begleitet. I. Abteilung, Erlangen 1823 (nur dieser Teil ist erschienen); ders., Die angeblichen Schriften des Areopagiten Dionysius, übersetzt und mit Abhandlungen begleitet. Zwei Teile, Sulzbach 1823.

[18] J.G.V. Engelhardt, Literarischer Leitfaden zur Vorlesung über die Patristik, Erlangen 1823.

[19] Brennecke, Zwischen Luthertum und Nationalismus (wie Anm. 12), 235.

[20] Ebd. (wie Anm. 12), 236.

[21] Ebd. (wie Anm. 12), 235f.

Der erste Kirchengeschichtler des neuen Erlanger Luthertums wurde seit 1852 zunächst neben Engelhardt, dann ab 1855 als sein Nachfolger, Heinrich Schmid (1811-1885)[22], der thematisch ganz auf die Lehrbildung der Reformation konzentriert war. Auf durchaus hohem Niveau und mit bewunderungswürdigem Fleiß wurde Kirchengeschichte in Erlangen von nun an für Jahrzehnte in erster Linie zur Apologie der lutherischen Bekenntnisse, im Grunde wieder wie vor der Aufklärung zur Hilfsdisziplin der Dogmatik, der sie die Belege zu liefern hatte. Und das blieb so auch bei dem zweiten Kirchenhistoriker des Erlanger Luthertums, bei Gustav Leopold Plitt (1836-1880)[23]. Bis zur Berufung Theodor Zahns im Jahre 1878[24] hat es während der theologisch durchaus vielfältigen und auch spannenden Phase der eigentlichen Erlanger Schule, die Karlmann Beyschlag auf seine sehr persönliche Weise eindrucksvoll dargestellt hat[25], keine Patristik im eigentlichen Sinne als eigenständige Forschung mehr gegeben. Und nach meinem Eindruck hat sie damals auch niemand vermißt, auch die in letzter Zeit sich häufenden Untersuchungen zur Erlanger Theologie haben das, soweit ich jedenfalls erkennen konnte, nicht thematisiert[26]. Die Berufung Theodor Zahns, die diesem Mangel nicht nur qualitativ, sondern angesichts der ungeheuren Menge seiner literarischen Produktion auch quantitativ abgeholfen hat, markiert aber um 1880 schon das Ende der eigentlichen Erlanger Theologie in ihrer konfessionellen Geschlossenheit[27], wie dann nach dem frühen Tod Plitts die Berufung Theodor Koldes als Kirchenhistoriker zeigt[28]. Die neulutherische Erlanger Theologie jedenfalls konnte ohne einen Beitrag der Patristik auskommen, obwohl die Konzentration auf Ekklesiologie und Sakramentenlehre, verbunden mit dem

[22] F. Wiegand, Art. Schmid, Heinrich Friedrich Ferdinand, ADB 54, Leipzig 1888, 83-85; F. Frank, Art. Schmid, Heinrich Friedrich Ferdinand, RE 17, Leipzig ³1906, 647-649; Beyschlag, Die Erlanger Theologie (wie Anm. 12), 106-108; Brennecke, Zwischen Luthertum und Nationalismus (wie Anm. 12), 236-240.

[23] F. Frank, Art. Plitt, Gustav Leopold, RE 15, Leipzig ³1904, 486-489 (= RE 12, Leipzig ²1883, 69-72); A. Hauck, Art. Plitt, Gustav Leopold, ADB 26, Leipzig 1888, 304-307; Beyschlag, Die Erlanger Theologie (wie Anm. 12), 108-111; Brennecke, Zwischen Luthertum und Nationalismus (wie Anm. 12), 240-245.

[24] Beyschlag, Die Erlanger Theologie (wie Anm. 12), 122-132.

[25] Beyschlag, Die Erlanger Theologie (wie Anm. 12).

[26] Vgl. die unter Anm. 12 genannten monographischen Untersuchungen von K. Beyschlag, F.-W. Kantzenbach und M. Hein.

[27] Beyschlag, Die Erlanger Theologie (wie Anm. 12), 118-121.

[28] H. Jordan, Theodor Kolde – ein deutscher Kirchenhistoriker, Leipzig 1914; G. Seebaß, Art. Kolde, Theodor, NDB 12, Berlin 1980, 457f.; Brennecke, Zwischen Luthertum und Nationalismus (wie Anm. 12), 246-252.

für Erlangen typischen Organismusgedanken, einen Beitrag der Patristik zur Erlanger Theologie auf den ersten Blick hätte nahelegen, ja verlangen können.

Dieser Erlanger Befund, gegen den die dogmengeschichtlichen Arbeiten von Thomasius nur scheinbar sprechen[29], stellt nun die Frage, ob es überhaupt im Neuluthertum, das aus der Erweckungsbewegung als Protest gegen die theologische Aufklärung und die Unionsbildungen der nachnapoleonischen Zeit entstanden war und nicht nur im deutschen Protestantismus eine ungeheuer große Wirkung durch das ganze 19. Jahrhundert hindurch entfalten konnte, sondern auch eine ganze Reihe von Landeskirchen und ihre Theologischen Fakultäten prägen konnte, eine Patristik gegeben hat, und wenn, welche Funktion sie theologisch hatte.

Zur Definition des sogenannten »Neuluthertums« und seiner Geschichte liegen inzwischen so viele Untersuchungen vor, daß hier auf weitere Erklärungen verzichtet werden kann[30]. Zu erinnern ist hier nur daran, daß das Neuluthertum keine geschlossene Größe war, sondern in großer Vielfalt und teilweise im harschen gegenseitigen Widerspruch zueinander stand. Am einfachsten und sinnvollsten, auch wenn klar ist, daß das so nur eine Hilfslösung sein kann, erscheint es, das deutsche Neuluthertum nach seinen geographischen und vor allem je sehr typischen landeskirchlichen Ausprägungen zu gliedern. Den Schwerpunkten im Baltikum[31], also außerhalb des Reiches, in Franken[32], Sachsen[33], Hannover[34] und Mecklenburg[35] entsprachen dann auch die zuständigen Theologischen Fakultäten in Dorpat[36], Erlangen[37], Leipzig[38] und

[29] Beyschlag, Die Erlanger Theologie (wie Anm. 12), 93-98.

[30] Siehe oben Anm. 11.

[31] R. Wittram (Hg.), Baltische Kirchengeschichte, Göttingen 1956.

[32] C.-J. Roepke, Die Protestanten in Bayern, München 1972; G. Pfeiffer, Art. Bayern 3/4, TRE 5, Berlin/New York 1980, 369-379; G. Müller (Hg.), Handbuch der Geschichte der Evangelischen Kirche in Bayern I/II, St. Ottilien 2000.

[33] G. Wartenberg, Sachsen II, 7: Erweckungsbewegung, Konfessionsluthertum, Selbstbesinnung der Kirche, TRE 29, Berlin/New York 1998, 572f.579f.

[34] G. Uhlhorn, Hannoversche Kirchengeschichte, Stuttgart 1902; I. Mager, Hannover I, 6, TRE 14, Berlin/New York 1985, 433f.; H.W. Krumwiede, Kirchengeschichte Niedersachsens, Göttingen 1996.

[35] K. Schmaltz, Kirchengeschichte Mecklenburgs, Berlin 1935-1952; G. Haendler, Mecklenburg 5, TRE 22, Berlin/New York 1992, 314-316.

[36] J. Frey, Die theologische Fakultät der kaiserlichen Universität Dorpat-Jurjew 1802-1902, Reval 1905; R.v. Engelhardt, Die deutsche Universität Dorpat in ihrer geistesgeschichtlichen Bedeutung, Hannover 1969 (=Reval 1933); P. Hauptmann, Art. Dorpat 2/3, TRE 9, Berlin/New York 1982, 158-161.

Rostock[39] mit ihren je eigenen für die Zeit ungeheuer wirksamen publizistischen Organen[40]. Nur die Göttinger Fakultät hat die Hinwendung der eigenen hannoverschen Landeskirche zum Neuluthertum so nicht mitvollzogen[41].

III.

Ohne irgendeinen Anspruch auf Vollständigkeit, schon weil einerseits die Zugehörigkeit einzelner Personen zum Neuluthertum nicht immer ganz eindeutig ist und auch eine Klassifizierung einzelner Neutestamentler oder Kirchengeschichtler als Patristiker angesichts der erst beginnenden Spezialisierung nicht ganz leicht ist, soll hier mit Theodor Kliefoth (1810-1895)[42] begonnen werden, der vor allem als extrem konservativer, ja reaktionärer neulutherischer Kirchenführer Mecklenburgs durch viele Jahrzehnte bekannt ist, der seine mecklenburgische Landeskirche nicht nur mit eiserner Hand regierte, sondern auch im Sinne eines spezifischen konfessionellen Luthertums, das sich in vieler Hinsicht von der Erlanger Schule sehr unterschied, einheitlich zu gestalten wußte[43]. Auch wenn Kliefoth nicht eigentlich als Patristiker gelten kann, so soll er hier wegen seiner 1839 erschienenen »Einleitung in die Dogmengeschichte«[44], die in mancher Hinsicht dann für das Neuluthertum schulbildend geworden ist, doch am Anfang stehen. Durch sein Studium in Berlin war er zunächst von Schleiermacher und Neander,

37 Siehe oben Anm. 12.

38 G. Wartenberg, Art. Leipzig. Universität 2, TRE 20, Berlin/New York 1990, 727.

39 G. Haendler, Art. Rostock. Universität 3, TRE 29, Berlin/New York 1998, 429.

40 Das von 1825-1838 erschienene »Homiletisch-Liturgische Correspondenzblatt« kann z.B. als das erste publizistische Organ des aus der Erweckungsbewegung hervorgegangenen Erlanger Luthertums gelten. Das eigentliche Organ der Erlanger Schule war die von 1838-1876 erschienene »Zeitschrift für Protestantismus und Kirche«, die 1890-1933 von der »Neuen Kirchlichen Zeitschrift« fortgesetzt wurde.

41 J. Meyer, Geschichte der Göttinger Theologischen Fakultät, ZGNKG 42, 1937, 7-107; R. Smend, Art. Göttingen. Universität 2, TRE 13, Berlin/New York 1984, 560-563; B. Moeller (Hg.), Theologie in Göttingen, Göttinger Universitätsschriften A1, Göttingen 1987.

42 F.-W. Kantzenbach, Art. Kliefoth, Theodor (1810-1895), TRE 19, Berlin/New York 1990, 268-271.

43 Kantzenbach, Art. Kliefoth (wie Anm. 42).

44 Th. Kliefoth, Einleitung in die Dogmengeschichte, Parchim/Ludwigslust 1839, dazu M. Ohst, Theodor Kliefoths »Einleitung in die Dogmengeschichte«, KuD 38, 1992, 47-70.

also gerade nicht im Sinn eines konfessionellen Luthertums, geprägt worden. Sein Anliegen war, gegen Ferdinand Christian Baur die einheitliche Entwicklung eines christlichen Lehrbegriffs in der Vielfalt der Gestalten und Ordnungen sowie in allen Veränderungen die bleibenden Gesetze der christlichen Lehrentfaltung deutlich zu machen[45]. Er wollte das christliche Dogma in seiner Entwicklung vor allem auch rechtfertigen, indem er die Gesetze der geschichtlichen Entwicklung, wie sie sich ihm darstellten, deutlich machte[46]. Das Dogma in seiner geschichtlichen Entwicklung erscheint ihm so als Abfolge von verschiedenen Bewußtheitsstufen, wobei es implizit schon immer vollständig da war[47]. In vier Kreisen oder Bewußtseinsstufen sah er das christliche Dogma sich entfalten: in der griechischen Kirche Gotteslehre und Christologie, in der lateinischen die Anthropologie und als Höhepunkt in der Kirche der Reformation die Soteriologie, wobei dieser Stufe eine besondere germanische Innerlichkeit entspricht[48]. Hier folgt Kliefoth einer bestimmten und nicht unproblematischen Form des romantischen Zeitgeistes. In der Wiedergeburt der Reformation erfolgt für ihn die letzte, noch zukünftige dogmatische Bewußtseinsstufe des Christentums, nun ganz auf die Kirche und die letzten Dinge bezogen. Es scheint deutlich, daß hier die Wiederentdeckung des Luthertums mit der Konzentration auf die Kirche und ihre Bekenntnisse in seiner Gegenwart gemeint ist[49]. Auf diese Weise kann der Prozeß der Dogmenbildung, dem auf der anderen Seite nach Kliefoth auch ein Prozeß der Dogmenzersetzung entspricht[50], als organisches Wachstum verstanden werden. Die Reformation wird somit nicht mehr als Bruch gesehen, sondern zum wahren und eigentlich einzigen Erben der kirchlichen Lehrentwicklung seit der Alten Kirche, im Grunde seit den Schriften des Neuen Testaments erklärt, was die Übernahme als wahr erkannter Institutionen der vorreformatorischen Zeit nicht nur rechtfertigt, sondern geradezu fordert[51]. Hier

45 Kantzenbach, Art. Kliefoth (wie Anm. 42); Ohst, Theodor Kliefoths »Einleitung« (wie Anm. 44), 51f.

46 Ohst, Theodor Kliefoths »Einleitung« (wie Anm. 44), 51-58.

47 Ohst, Theodor Kliefoths »Einleitung« (wie Anm. 44), 53-55.

48 Ohst, Theodor Kliefoths »Einleitung« (wie Anm. 44), 54f.

49 Ohst, Theodor Kliefoths »Einleitung« (wie Anm. 44), 58-64.

50 Ohst, Theodor Kliefoths »Einleitung« (wie Anm. 44), 56f.

51 Kliefoth, Einleitung (wie Anm. 44), § 46, 132-136; Ohst, Theodor Kliefoths »Einleitung« (wie Anm. 44), 59f. In diesem Zusammenhang ist auch die Diskussion um die Gotik als dem der lutherischen Kirche eigentlich allein angemessenen, weil die Tradition repräsentierenden, Kirchenbaustil zu sehen, wie sie dann seit 1858 in dem in Stuttgart erscheinenden »Christlichen Kunstblatt für Kirche, Schule und Haus«

scheint mir Kliefoths späteres Amtsverständnis seine Begründung zu haben[52]. Martin Ohst hat jüngst die Frage gestellt, ob Kliefoths »Einleitung in die Dogmengeschichte« mit ihren Anlehnungen an Schleiermacher und Neander überhaupt als neulutherisch angesehen werden kann. Für ihn gilt Kliefoths »Einleitung in die Dogmengeschichte« vielmehr als »Scharnierstück zwischen Vermittlungstheologie und Neuluthertum«[53]. Ich bin der Auffassung, daß hier eben eine bezeichnende Veränderung des von Schleiermacher und Neander übernommenen Erbes deutlich wird, so daß man in der Tat von »Neuluthertum« nicht nur sprechen kann, sondern muß. Auf der anderen Seite wird dabei aber auch deutlich, darin ist Martin Ohst zuzustimmen, wie sehr dieses »Luthertum« – im Gegensatz zu seiner Selbstwahrnehmung und vielfältigen Selbstbehauptung – von Schleiermacher, Neander und e contrario auch von den Fragestellungen Baurs geprägt ist[54].

Der erste wirkliche Patristiker des Neuluthertums war eigentlich Alttestamentler. Carl Paul Caspari (1814-1892)[55] ist in den neueren theologischen Lexika keines Artikels mehr für wert befunden worden[56]. Er wurde im Jahre 1814 in einer jüdischen Kaufmannsfamilie in Dessau, der Stadt, aus der auch Moses Mendelssohn stammte, geboren, hatte in Leipzig mit dem Studium der Orientalistik begonnen und ist dort, zwar eine Generation nach Neander[57], aber ebenfalls von der Erweckungsbe-

geführt wurde. Das sogenannte »Eisenacher Programm« von 1861, das im Grunde nur in den lutherischen Kirchen galt, hat die Rezeption der Gotik, die sog. Neogotik, dann für den lutherischen Kirchenbau verbindlich festgeschrieben; vgl. H.C. Brennecke, Zwischen Tradition und Moderne. Protestantischer Kirchenbau an der Wende zum 20. Jahrhundert, in: Graf/Müller (Hgg.), Der deutsche Protestantismus (wie Anm. 6).

52 Kantzenbach, Art. Kliefoth (wie Anm. 42); H. Stoll, Theodor Kliefoth als Kirchenführer, Göttingen 1936 (dazu kritisch Ohst, Theodor Kliefoths »Einleitung« [wie Anm. 44], 49 Anm. 10); G. Kehnscherper, Das Wesen der Kirche nach Kliefoth, Diss. theol. Leipzig 1953 (dactyl.).

53 Ohst, Theodor Kliefoths »Einleitung« (wie Anm. 44), 69.

54 Vgl. auch E. Hirsch, Geschichte der neuern evangelischen Theologie 5, Münster 1984 (= Gütersloh [3]1964), 364-430: ‚Vermittlungstheologie und Konfessionalismus unter der Einwirkung Hegels und Schleiermachers'.

55 J. Belsheim, Art. Caspari, Carl Paul, RE 3, Leipzig [3]1897, 737-742.

56 Vgl. die TRE und die 3. und 4. Auflage der RGG.

57 Zur Konversion Neanders zum Christentum vgl. K.-V. Selge, August Neander, ein getaufter Hamburger Jude der Emanzipations- und Restaurationszeit als erster Berliner Kirchenhistoriker (1813-1850), in: G. Besier/C. Gestrich (Hgg.), 450 Jahre Evangelische Theologie in Berlin, Göttingen 1989, 233-276, bes. den Exkurs 265-268; J. Mehlhausen, Art. Neander, Johann August Wilhelm (1789-1850), TRE 24, Berlin/New York 1994, 238-242.

wegung beeinflußt, durch seinen Freund Franz Delitzsch[58] 1838 Christ geworden. Charakteristisch erscheint mir aber der Unterschied zur Situation Neanders dreißig Jahre früher. Caspari wird ein strenger lutherischer Konfessionalist, der sich bei seinem nun beginnenden Theologiestudium ganz an dem konservativen Berliner Alttestamentler Ernst Wilhelm Hengstenberg[59] orientiert. Ob Caspari auch von Neander in seiner Berliner Zeit beeinflußt wurde, ist so nicht ohne weiteres feststellbar. Obwohl ihm Hengstenberg sehr zuredet, schlägt Caspari einen Ruf nach Königsberg aus, um nicht unter die Herrschaft der preußischen Union mit den sich daraus ergebenden Verpflichtungen für einen Theologieprofessor zu kommen[60]. Im Jahre 1847 bekommt er dann einen Ruf nach Christiania, dem damals noch unter schwedischer Herrschaft stehenden heutigen Oslo, dessen theologische Fakultät gerade ebenfalls eine entschlossene Hinwendung zum Luthertum vollzogen hatte[61]. Bis zu seinem Tod im Jahr 1892 ist er trotz verschiedener verlockender Rufe an die wichtigsten Fakultäten des deutschen und baltischen Luthertums[62] in Christiania geblieben und hat in den mehr als vierzig Jahren seiner Tätigkeit dort die Osloer Theologische Fakultät und die norwegische lutherische Kirche prägen können. Als Alttestamentler vertrat Caspari kompromißlos im Sinne seines Lehrers Hengstenberg die Echtheit und Integrität aller alttestamentlichen Schriften. Mit Sorge und Betroffenheit nahm er die Öffnung seines Freundes Franz Delitzsch zur historischen Kritik wahr[63]. Erstaunlich ist nun, daß der größte Teil seines umfangreichen literarischen Werkes patristischen Fragen gewidmet ist[64], wobei die Hin-

[58] Zu dem von Franz Delitzsch (1813-1890), der von der Erlanger heilsgeschichtlichen Theologie Hofmanns geprägt war, 1886 gegründeten »Institutum Iudaicum« in Leipzig (heute »Institutum Delitzschianum« in Münster), dessen wissenschaftliche Beschäftigung mit dem Judentum in erster Linie die Judenmission zum Ziele hatte, siehe S. Wagner, Franz Delitzsch. Leben und Werk, BEvTh 80, München 1978.

[59] F.W. Graf, »Restaurationstheologie« oder neulutherische Modernisierung des Protestantismus, in: W.-D. Hauschild (Hg.), Das deutsche Luthertum und die Unionsproblematik des 19. Jahrhunderts, Gütersloh 1991, 64-109; ders., Art. Hengstenberg, Ernst Wilhelm, RGG[4] 3, Tübingen 2000, 1624f.

[60] Belsheim, Art. Caspari (wie Anm. 55), 739.

[61] Belsheim, Art. Caspari (wie Anm. 55); N.E. Bloch-Hoell, Art. Oslo. Theologische Fakultät, TRE 25, Berlin/New York 1995, 516f. An der Osloer theologischen Fakultät in der Mitte des 19. Jahrhunderts läßt sich der Einfluß Schleiermachers auf das Neuluthertum besonders in der Person G. Johnsons deutlich machen, der Caspari für Oslo gewonnen hatte.

[62] Caspari bekam schon 1850 einen Ruf nach Rostock, 1856 nach Dorpat und 1857 und 1867 nach Erlangen; Belsheim, Art. Caspari (wie Anm. 55), vgl. 739.

[63] Belsheim, Art. Caspari (wie Anm. 55), 740f.

wendung zur Patristik direkt und durch eigene Aussagen nachprüfbar in seinem neulutherischen theologischen Ansatz begründet ist, nämlich aus einem Konflikt des bekenntnisgebundenen dänischen und norwegischen Luthertums mit den aus der Erweckungsbewegung hervorgegangenen Grundtvigianern, die Taufsymbol und Abendmahlsworte als unmittelbare Herrenworte über die Schrift stellten[65]. Die Lutheraner sahen hier einen gefährlichen Angriff auf das Schriftprinzip. So hat Caspari immer wieder darauf hingewiesen, daß seine Hinwendung zur Patristik ausschließlich aus praktischem kirchlichen Interesse erfolgt sei[66]. Von dieser Motivation her ist es auch nicht erstaunlich, daß die Geschichte der Taufsymbole eigentlich über Jahrzehnte sein im Grunde einziges patristisches Thema geblieben ist. Es ging ihm darum, durchaus ihre apostolische Autorität, aber ebenso ihre Unterordnung unter die Schrift nachzuweisen. Vier voluminöse Bände mit Untersuchungen zur Geschichte des Taufsymbols und vor allem seiner Überlieferung sind allein auf deutsch erschienen[67]. Vor allem hat Caspari auf vielen Bibliotheksreisen Handschriften ausgegraben und die bis dahin unbekannten Texte soweit als möglich kritisch ediert und auch kommentiert[68]. Im Grunde handelt es sich bei seinen patristischen Untersuchungen um eine monumentale Korrektur, Ergänzung und Weiterführung der 1842 erstmals erschienenen *Bibliothek der Symbole und Glaubensregeln der Alten Kirche* von August Hahn, dessen Hinwendung zum Luthertum im übrigen interes-

[64] Belsheim, Art. Caspari (wie Anm. 55), 741.

[65] Belsheim, Art. Caspari (wie Anm. 55), 740f.; vgl. auch C. Thodberg, Art. Grundtvig, Nikolaj Frederik Severin (1783-1872), TRE 14, Berlin/New York 1985, 284-289; A.M. Allchin, Nikolai Frederich Grundtvig. An Introduction to his Life and Work, London 1998.

[66] C.P. Caspari, Ungedruckte, unbeachtete und wenig beachtete Quellen zur Geschichte des Taufsymbols und der Glaubensregel, herausgegeben und in Abhandlungen erläutert I, Brüssel 1964 (= Christiania 1866), IIIf.

[67] C.P. Caspari, Ungedruckte, unbeachtete und wenig beachtete Quellen zur Geschichte des Taufsymbols und der Glaubensregel, herausgegeben und in Abhandlungen erläutert I-III (Universitätsprogramme), Brüssel 1964 (= Christiania 1866-1875); ders., Alte und neue Quellen zur Geschichte des Taufsymbols und der Glaubensregel, Brüssel 1964 (= Christiania 1879).

[68] C.P. Caspari, Kirchenhistorische Anecdota nebst neuen Ausgaben patristischer und kirchlich-mittelalterlicher Schriften I (Universitätsprogramm zur vierten Säcularfeier der Geburt Luthers), Brüssel 1964 (= Christiania 1883); ders., Briefe, Abhandlungen und Predigten aus den letzten zwei Jahrhunderten des kirchlichen Alterthums und dem Anfang des Mittelalters. Theils zum ersten, theils zum zweiten Male herausgegeben und mit Anmerkungen und Abhandlungen begleitet (Universitätsprogramm), Brüssel 1964 (= Christiania 1890).

sant ist, der aber hier als in erster Linie doch kirchenleitend tätig übergangen werden soll[69].

Ein Blick in die Inhaltsverzeichnisse der Arbeiten von Caspari läßt einen an der rein praktisch kirchlichen Motivation eher etwas zweifeln (heutige Vertreter der Praktischen Theologie hätten vermutlich Mühe, seine Arbeiten als aus rein praktisch-theologischer Motivation zu begreifen). Offensichtlich ist sein wissenschaftlicher, vor allem philologischer Eros hier weit über das ursprünglich Geplante hinausgegangen, aber in zahllosen meist norwegischen Veröffentlichungen und populären Vorträgen hat er sein eigentliches Ziel nie aus dem Auge verloren[70]. Die Gelehrsamkeit dieser Materialsammlungen ist bewundernswert, allerdings fehlt irgendeine Synthese. Diese Aufhäufung ungemein gelehrten Materials in erster Linie aus apologetischer Motivation erscheint in mancher Hinsicht wie ein Vorspiel zum patristischen Werk Theodor Zahns. Trotz der zwischen 1860 und 1890 auf deutsch erschienenen viel beachteten Untersuchungen Casparis zur Geschichte des Taufsymbols ist er, wenn der Schein nicht trügt, im deutschen Luthertum nicht eigentlich schulbildend geworden, sondern sind seine gelehrten Untersuchungen eher als Materialsammlungen rezipiert worden.

V.

Ganz anders verhält es sich nun dagegen mit dem neben Erlangen bedeutendsten akademischen Zentrum des Neuluthertums in der zweiten Hälfte des 19. Jahrhunderts, Dorpat. Die vielfältigen Bezüge und personellen Austausche zwischen Erlangen und Dorpat durch die ganze zweite Hälfte des 19. Jahrhunderts sind schon aus Adolf Harnacks Vita bekannt und müssen hier nicht wiederholt werden[71]. Im Unterschied zur Erlanger Theologie spielt nun – eigentlich überraschend angesichts

[69] A. Hahn, Bibliothek der Symbole und Glaubensregeln der Alten Kirche, Breslau 1842 ([2]1877, die 3. völlig überarbeitete Auflage mit einem Anhang von A. Harnack erschien Breslau 1897, Neudr. Hildesheim 1962, hrsg. von G.L. Hahn, dem Sohn des 1863 verstorbenen Herausgebers). Zu August Hahn vgl. J. Köstlin, Art. Hahn, August, RE 7, Leipzig [3]1899, 340-343.

[70] Belsheim, Art. Caspari (wie Anm. 55), 740f. Die meisten seiner eher populären apologetischen Schriften erschienen in »Lutherske Kirketidende«, »Luthersk Ugeskrift«, vor allem aber in »Theologisk Tidskrift for den evangelisk-lutherske Kirke i Norge«, die Caspari 1857 zusammen mit seinem Freund G. Johnson gegründet hatte.

[71] Vgl. Zahn-Harnack, Adolf von Harnack (wie Anm. 5), 11-52.

der engen Beziehungen zwischen beiden Fakultäten – im Neuluthertum Dorpater Prägung die Patristik eine durchaus wichtige Rolle; hier werden dann in der Person des jungen Adolf Harnack aber auch einige Aporien einer Patristik im Neuluthertum deutlich.

Die Wende von der Erweckungsbewegung zu einem bewußt konfessionellen Luthertum war in Dorpat etwas früher als in Erlangen, schon zu Beginn der zwanziger Jahre des 19. Jahrhunderts[72] und im russischen Reich auch ohne staatlichen Druck erfolgt.

Wichtig für die Frage nach einer konfessionellen lutherischen Patristik in Dorpat ist zunächst der nur von 1842-1851 dort wirkende Friedrich Adolf Philippi (1809-1882), der 1809 in Berlin in einer jüdischen Familie geboren wurde[73]. Unter dem Eindruck der späten, immer mehr zum lutherischen Konfessionalismus neigenden Erweckungsbewegung hatte er sich, wie einige Jahre später dann auch Caspari, im Jahr 1829 in Leipzig taufen lassen (von demselben Pfarrer, der dann 1838 auch Caspari taufte). Auch Philippi vertrat seitdem ein konsequentes und kompromißloses Luthertum in enger Verbindung mit Hengstenberg und Friedrich Julius Stahl (1802-1861), der bekanntlich aus einer Münchener jüdischen Kaufmannsfamilie stammte und sich 1819 ebenfalls unter dem Eindruck der Erweckungsbewegung hatte taufen lassen[74]. Philippi hat vornehmlich über Kelsos gearbeitet, den er als Eklektiker mit epikuräischen Tendenzen ansah[75]. Daß neben Johann August Wilhelm Neander (1789-1850)[76], der nun zwar nicht zum Neuluthertum gerechnet werden kann, aber es doch in vieler Hinsicht beeinflußt hat, mit Carl Paul Caspari und Friedrich Adolph Philippi zwei unter dem Einfluß der inzwischen sich konfessionalisierenden Erweckungsbewegung als Studenten getaufte Juden am Beginn einer lutherischen konfessionellen Patristik stehen, ist zumindest bemerkenswert[77].

72 Vgl. Hauptmann, Art. Dorpat 3. (wie Anm. 36), 160f.

73 F. Philippi, Art. Philippi, Friedrich Adolph, RE 15, Leipzig ^{3}1904, 316-319; Frey, Die theologische Fakultät (wie Anm. 36), 185-188.

74 T. Jähnichen, Art. Stahl, Friedrich Julius (1802-1861), TRE 32, Berlin/New York 2000, 107-110 (Lit.!).

75 F.A. Philippi, De Celsi adversarii Christianorum philosophandi genere, Berlin 1836.

76 Neander wurde am 17. Januar 1789 als David Mendel in Göttingen in einer Kaufmannsfamilie geboren; vgl. oben Anm. 57.

77 Die in verschiedenen Vereinen organisierte Judenmission hatte durch die Erweckungsbewegung in Deutschland seit der Wende vom 18. zum 19. Jh. einen deutlichen Motivationsschub bekommen, der aber auch im Zusammenhang mit den jüdischen Emanzipationsbestrebungen zu sehen ist. So war 1822 in Berlin (zwei Jahre vor der Gründung der Berliner Missionsgesellschaft für die Heidenmission!) eine »Gesell-

Philippi hat selbst nur wenige patristische Untersuchungen verfaßt, wichtig geworden ist er als der akademische Lehrer Moritz von Engelhardts (1826-81)[78], der bis zu seinen frühen Tod der akademische Lehrer und väterliche Freund Adolf Harnacks war. Schon 1851 ging Philippi nach Rostock, das inzwischen ebenfalls zu einer Hochburg des Neuluthertums mecklenburgischer Prägung in der Tradition Kliefoths geworden war.

Nach dem Studium in Dorpat hatte Engelhardt seine akademische Ausbildung vor allem in Erlangen, aber auch in Bonn und Berlin, also durchaus auch an Fakultäten, die von der Union geprägt waren, fortgesetzt[79], ein interessantes Indiz für die theologische Weite dieses Dorpater Luthertums, zumindest für die Offenheit des jungen Engelhardt. Seine 1853 erschienene Arbeit über Valentin Ernst Löscher, der als Vorkämpfer des neuen Luthertums erscheint, zeigt ihn als strikten Vertreter des Neuluthertums, ebenso einige neutestamentliche Untersuchungen[80].

Seit 1849 hatte Johann Heinrich Kurtz (1809-1890) als Kirchengeschichtler in Dorpat gewirkt[81], der für die Patristik keine Rolle gespielt hat, durch ein immer wieder aufgelegtes Lehrbuch der Kirchengeschichte aber einen hohen Bekanntheitsgrad hatte[82]. Allerdings ist er ein durchaus interessantes Beispiel für eine Entwicklung von einem Vertreter der theologischen Aufklärung zum Neuluthertum[83]. Als er in Dorpat 1859 auf die Professur für Altes Testament wechselte[84], wurde Engelhardt sein

schaft zur Beförderung des Christentums unter den Juden« gegründet worden; vgl. P.G. Aring, Art. Judenmission 4. Judenmission in der Neuzeit, TRE 17, Berlin/New York 1988, 328f.; die Sicht des Neuluthertums bei K.F. Heman, Art. Mission unter den Juden II: Geschichte der Judenmission in der evangelischen Kirche, RE 13, Leipzig ^{3}1905, 177-192.

[78] N. Bonwetsch, Art. Engelhardt, Gustav Moritz Konstantin, RE 5, Leipzig ^{3}1898, 374-379; ders., Art. Engelhardt, Gustav Moritz Constantin, ADB 48, Leipzig 1904, 371-376; J. Frey, Die theologische Fakultät (wie Anm. 36), 159-163.

[79] 1850 ging er nach Erlangen, wo Hofmann, Delitzsch, Nägelsbach und Thomasius auf ihn einwirkten; 1851 nach Bonn, wo Rothe und Dorner ihn nach Bonwetsch, Art. Engelhardt (wie Anm. 78), 375, wenig fesselten.

[80] M.v. Engelhardt, Valentin Ernst Löscher nach seinem Leben und Wirken dargestellt, Dorpat 1853; zu seinen neutestamentlichen Arbeiten vgl. Bonwetsch, Art. Engelhardt (wie Anm. 78).

[81] N. Bonwetsch, Art. Kurtz, Johann Heinrich, RE 11, Leipzig ^{3}1902, 187-190; Frey, Die theologische Fakultät (wie Anm. 36), 154-159.

[82] J.H. Kurtz, Handbuch der allgemeinen Kirchengeschichte, Mitrau 1853ff. (unvollendet); vgl. Bonwetsch, Art. Kurtz (wie Anm. 81), 189f.

[83] Nach Bonwetsch, Art. Kurtz (wie Anm. 81), 187, vollzog sich diese Wende bei Kurtz unter dem Einfluß Tholucks in Halle, wo Kurtz 1830/31 studierte.

[84] Bonwetsch, Art. Kurtz (wie Anm. 81), 188.

Nachfolger. Wie sein Lehrer Philippi hat Engelhardt sich auch mit dem nur durch die bei Origenes überlieferten Zitate bekannten Mittelplatoniker Kelsos befaßt[85]. Nach dem Zeugnis Adolf Harnacks muß die Patristik in der theologischen Ausbildung an der Dorpater Fakultät bei Engelhardt einen wichtigen Platz gehabt haben[86]. Seine wohl bedeutendste patristische Arbeit erschien aber erst 1878, drei Jahre vor seinem Tod: *Das Christentum des Märtyrers Justin. Eine Untersuchung über die Anfänge katholischer Glaubenslehre*[87]. Damals war sein ehemaliger Schüler und inzwischen Freund Adolf Harnack bereits zum Kollegen geworden. Durchaus in Kritik zum neulutherischen Traditionsverständnis sah Engelhardt Justin nicht einfach als Fortsetzer der apostolischen Tradition, sondern als typischen Repräsentanten des Christentums des zweiten Jahrhunderts[88]. Vermutlich eher unfreiwillig bezeugt Engelhardts Justinbuch eine gewisse Distanz vor allem zum neulutherischen Traditionsverständnis. Schon einige Zeitgenossen haben gewisse Einflüsse von Ritschl bemerkt[89]. Zweifellos will Engelhardt ganz und gar Lutheraner sein, aber in den siebziger Jahren wird bei ihm doch eine gewisse Resignation hinsichtlich der Vereinbarkeit von kritischer theologischer Wissenschaft und dem konservativen Luthertum Dorpater Prägung deutlich[90]. Neuluthertum und wirkliche historische Forschung scheinen sich ihm immer mehr zu widersprechen. Seine große Hoffnung auf ein wirklich geschichtliches

[85] M.v. Engelhardt, Celsus oder die älteste Kritik biblischer Geschichten und christlicher Lehre vom Standpunkt des Heidentums, DZTK 11, 1869.

[86] Vgl. die von K.H. Neufeld aus der Harnack-Biographie von A.v. Zahn-Harnack zusammengestellten, im Zweiten Weltkrieg verlorengegangenen Briefe: K.H. Neufeld, Adolf von Harnacks Konflikt mit der Kirche. Weg-Stationen zum »Wesen des Christentums«, IThS 4, Innsbruck/München/Wien 1979, 184-194; bes. den Brief vom Januar 1874 (nach Abgabe der Habilitation), ebd. 190.

[87] M.v. Engelhardt, Das Christentum des Märtyrers Justin. Eine Untersuchung über die Anfänge katholischer Glaubenslehre, Erlangen 1878.

[88] Vgl. dazu die Rezension von A. Harnack: A. Harnack, Rez. zu: M.v. Engelhardt, Das Christentum Justins des Märtyrers, Erlangen 1878, in: ThLZ 3, 1878, 632-637 (wieder abgedruckt bei Neufeld, Adolf v. Harnacks Konflikt [wie Anm. 86], 194-199).

[89] Vgl. Bonwetsch, Art. Engelhardt (wie Anm. 78), 377, der allerdings auch nur die Möglichkeit von Einflüssen von Ritschl als Dogmatiker auf Engelhardt strikt ablehnt, allerdings berichtet, daß Engelhardt sich selbst darüber gewundert hatte, in vielen Einzelheiten mit Ritschl übereinzustimmen; vgl. A. Harnack, Rez. zu: Die deutsche Universität Dorpat im Lichte der Geschichte und der Gegenwart, Leipzig, 1882, in: ThLZ 8, 1883, 90 (wieder abgedruckt bei K.H. Neufeld, Adolf v. Harnacks Konflikt [wie Anm. 86], 200); Neufeld, Adolf v. Harnacks Konflikt (wie Anm. 86), 78-84.

[90] Neufeld, Adolf v. Harnacks Konflikt (wie Anm. 86), 75-84.

Verständnis des Christentums im Rahmen des Luthertums ist deshalb sein Schüler und junger Freund Adolf Harnack[91]. Den endgültigen Bruch Harnacks mit dem Neuluthertum, wie es sein Vater Theodosius Harnack[92] lebte und lehrte, hat der schon 1881 erst fünfundfünfzigjährig verstorbene Engelhardt dann wohl nicht mehr erlebt.

Für das Neuluthertum wichtig geworden und ihm bis an sein Lebensende treu geblieben ist allerdings ein anderer Schüler Engelhardts, Nathanael Bonwetsch (1848-1925)[93], der 1881 auch sein Nachfolger in Dorpat wurde. Bonwetsch, der dann schon 1891 nach Göttingen ging, ist nun wirklich der Patristiker des Dorpater Luthertums, der dann neben Theodor von Zahn seit seiner Göttinger Wirksamkeit wohl überhaupt der Patristiker des konfessionellen Luthertums am Ausgang des 19. und zu Beginn des 20. Jahrhunderts geworden ist. Die zu seinem siebzigsten Geburtstag 1918 von seinem Sohn erstellte Bibliographie[94] weist ihn in erster Linie als Patristiker, hier vor allem auch als Editor der altslawischen Übersetzungen des Methodius und Hippolyts aus[95]. Bis

[91] Vgl. den undatierten Brief Engelhardts an A. Harnack aus dem Jahre 1873 (es handelt sich um die Reaktion Engelhardts auf die Promotion seines Schülers in Leipzig), Neufeld, Adolf v. Harnacks Konflikt (wie Anm. 86), 187: »Ich danke Gott dem Herrn dafür, daß er unter den gläubigen Theologen Männer erweckt, die Lust und Kraft haben, es in der dürrsten und mühsamsten Arbeit den Feinden seines Reiches zuvor zu tun.« Daß auch Harnack selbst sich zu dieser Zeit noch ganz als Vertreter des konservativen Luthertums sah, geht aus den Briefen desselben Jahres an Engelhardt hervor; Neufeld, Adolf v. Harnacks Konflikt (wie Anm. 86), 75-84.188.

[92] Neufeld, Adolf v. Harnacks Konflikt (wie Anm. 86), 60-88. Zu Theodosius Harnack vgl. V. Drehsen, Konfessionalistische Kirchentheologie. Theodosius Harnack (1816-1889), in: Graf (Hg.), Profile des neuzeitlichen Protestantismus (wie Anm. 6), 146-181; B. Schröder, Die Wissenschaft der sich selbst erbauenden Kirche: Theodosius Harnack, in: C. Grethlein/M. Meyer-Blank (Hgg.), Geschichte der praktischen Theologie, APrTh 12, Leipzig 1999, 151-206.

[93] Frey, Die theologische Fakultät (wie Anm. 36), 163-165; E. Wolf, Art. Bonwetsch, Gottlieb Nathanael, NDB 2, Berlin 1971 (= Berlin 1955), 451; E. Mühlenberg, Nathanael Bonwetsch, 1848-1925, in: K. Arnd/G. Gottschalk/R. Smend (Hgg.), Göttinger Gelehrte. Die Akademie der Wissenschaft zu Göttingen in Bildnissen und Würdigungen, Göttingen 2001, 280f.

[94] G. Bonwetsch, G. Nathanael Bonwetschs literarische Wirksamkeit, in: Theologische Festschrift für Nathanael Bonwetsch zu seinem 70. Geburtstage (17. Februar 1918), Leipzig 1918, 148-154.

[95] G.N. Bonwetsch/H. Achelis (Hgg.), Hippolytus Werke I, Commentarius in Danielem et al., GCS 1, Leipzig 1897; G.N. Bonwetsch (Hg.), Methodius von Olympus, I. Schriften (Text, Kommentar, Übersetzung), Erlangen/Leipzig 1891; G.N. Bonwetsch (Hg.), Methodius Olympus, Werke, GCS 29, Leipzig 1917. Zu Einzeluntersuchungen über Methodius und Hippolyt vgl. die Bibliographie, 149.

heute bekannt sind außer den Studien zu Hippolyt und Methodius vor allem seine Untersuchungen über den Montanismus[96]. Seine Arbeiten zur Geschichte der Reformation und vor allem zur Kirchengeschichte des 19. Jahrhunderts zeigen ihn als konsequenten Vertreter des Neuluthertums[97], der sich in theologischen bzw. konfessionellen Kontroversen im übrigen faktisch immer dem um zehn Jahre älteren Theodor Zahn anschloß, obwohl er ganz anders als Zahn offenbar eine eher irenische Natur war. Die Frage ist, besonders auch angesichts der editorischen Tätigkeit Bonwetschs, wo er in seinen patristischen Arbeiten als theologischer Vertreter des Neuluthertums deutlich und erkennbar wird? Vielleicht kann dabei seine 1925 unmittelbar nach seinem Tod postum erschienene *Theologie des Irenäus*[98] helfen, die geradezu als sein Vermächtnis bezeichnet wurde[99]. Irenäus ist für ihn der Bibeltheologe schlechthin und vor allem Theologe der Kirche, wobei Bonwetsch verschiedentlich Irenäus mit Luther vergleichen kann[100]. Irenäus steht für ihn in unmittelbarer Kontinuität zur apostolischen Kirche und wird auf diese Weise geradezu zum Zeugen einer neulutherischen Ekklesiologie[101]. Auch bei Bonwetsch ist ein apologetischer Zug unverkennbar. Sein 1909 erschienener *Grundriß der Dogmengeschichte*[102] ist ganz für den akademischen Unterricht konzipiert und ganz offensichtlich in vieler Hinsicht von Gottfried Thomasius abhängig, dessen Dogmengeschichte er 1886 zusammen mit Reinhold Seeberg überarbeitet hatte[103]. Die christliche Lehrentwicklung hat auch für ihn in der Konkordienformel ihren Höhepunkt und ihr Ende erreicht[104], die reformierte Entwicklung wird in einem in mancher Hinsicht seltsam nachklappenden

[96] N. Bonwetsch, Die Geschichte des Montanismus, Erlangen 1881; ders., Texte zur Geschichte des Montanismus, KIT 129, Bonn 1914; ders., Art. Montanismus, RE 13, Leipzig ³1903, 417-426.

[97] Vgl. N. Bonwetsch, Art. Kirchengeschichte, RE 10, Leipzig ³1901, 376-383; ders. (Hg.), Aus vierzig Jahren deutscher Kirchengeschichte. Briefe an E.W. Hengstenberg. 1. Folge, BFChTh 22/1, Gütersloh 1917; vgl. auch die Bibliographie.

[98] N. Bonwetsch, Die Theologie des Irenäus, BFChTh II, 9, Gütersloh 1925.

[99] Vgl. das Nachwort seines Sohnes G. Bonwetsch.

[100] Besonders in Kapitel I, 2: »Die Schrift als Quelle der Wahrheitserkenntnis« (S. 33-44) wird Irenäus fast als Vertreter des lutherischen Schriftprinzips gezeichnet.

[101] Vgl. auch Kapitel V »Die Kirche« (S.114-132). Gerade in diesem Punkt erscheint die Justin-Monographie seines Lehrers Engelhardt moderner.

[102] N. Bonwetsch, Grundriß der Dogmengeschichte, München 1909.

[103] G. Thomasius, Die christliche Dogmengeschichte als Entwicklungsgeschichte des kirchlichen Lehrbegriffs, Erlangen ²1886-1889.

[104] Bonwetsch, Grundriß (wie Anm. 102).

Kapitel im Grunde als Abfall von Luther und damit eigentlich als Abfall von der Reformation behandelt[105].

Auch der nur wenig jüngere Johannes Haussleiter (1851-1928)[106], nach Bonwetschs Wechsel nach Göttingen sein Nachfolger in Dorpat, der dann aber nur zwei Jahren später 1893 nach Greifswald ging, war Schüler Engelhardts und ein bewußt lutherischer Patristiker. Bei ihm wird mit der Zeit eine zunehmende Distanz zu seiner neulutherischen Herkunft sichtbar, die dann bei seinem Schüler Hermann Jordan (1878-1922) nach meinem Eindruck in einer eigentlich erschütternden Aporie enden sollte. Aber es ist deutlich, daß im Unterschied zu Erlangen im Dorpater Luthertum während der ganzen zweiten Hälfte des 19. Jahrhunderts seit der Wirksamkeit von Philippi die Patristik theologisch eine wichtige Rolle gespielt hat, wie übrigens auch die patristischen Arbeiten von dann führenden Vertretern der baltischen Kirche wie Alfred Seeberg (1863-1915)[107] oder Traugott Hahn (1875-1919)[108] zeigen. Allerdings werden in der Dorpater Patristik schon bei Engelhardt Anfragen an die Möglichkeit einer in dieser Weise konfessionell geprägten Patristik deutlich, die bei seinem Schüler Adolf Harnack dann zum Bruch mit der lutherischen Überlieferung führen sollten, was ja auch einen von beiden Seiten als sehr schmerzhaft empfundenen Bruch mit dem Vater bedeutete.

Angesichts der bekannten sehr engen inhaltlichen und personalen Beziehungen zwischen den Theologischen Fakultäten in Dorpat und Erlangen fällt es schwer, den frappierenden Unterschied zwischen der

[105] Bonwetsch, Grundriß (wie Anm. 102), 195: »Die Reformation Zwinglis war nicht wie die Luthers in originaler Weise aus dem Ringen um das Heil der Seele herausgeboren...« Die gesamte reformierte Entwicklung klappt als ein Anhang von nur sechs Seiten der immerhin 70 Seiten umfassenden Darstellung der Reformation eigentümlich nach.

[106] Frey, Die theologische Fakultät (wie Anm. 36), 165-168; E. Kähler, Art. Haußleiter, Johannes, NDB 8, Berlin 1969, 129f.

[107] A. Seeberg, Der Katechismus der Urchristenheit, München 1966 (= Leipzig 1903); ders., Die Didache des Judentums und der Urchristenheit, Leipzig 1908; über A. Seeberg vgl. das von seinem Bruder verfaßte Lebensbild: R. Seeberg, Doktor Alfred Seeberg, Leipzig 1916; Frey, Die theologische Fakultät (wie Anm. 36), 123-125; K.-G. Wesseling, Art. Seeberg, Oskar Theodor Alfred, BBKL 9, Herzberg 1995, 1304-1307.

[108] Frey, Die theologische Fakultät (wie Anm. 36), 175f.; W. Hahn, Art. Hahn, Traugott, RGG[3] 3, Tübingen 1959, 30. Von 1908 bis zu seiner Ermordung im Jahre 1919 war Hahn Professor für praktische Theologie in Dorpat. Seine wissenschaftliche Laufbahn hatte bei Haussleiter mit Untersuchungen zu Tyconius begonnen: T. Hahn, Tyconiusstudien, Aalen 1971 (= Leipzig 1900).

Situation in den beiden lutherischen Fakultäten zu deuten. In jedem Fall war das Dorpater Neuluthertum im Ganzen stärker historisch auch auf die Alte Kirche ausgerichtet als die eigentliche Erlanger Schule. Das Dorpater Beispiel wie auch die Wirksamkeit Casparis in Christiania/Oslo zeigen zumindest, daß es den Versuch einer strikt konfessionellen Patristik im Neuluthertum gegeben hat und daß die konsequent apologetische Grundhaltung dieser Patristik in Aporien führte, die bei Harnack dann zum Bruch werden.

VI.

Trotz seiner für das Luthertum wichtigen Dogmengeschichte[109] soll Gottfried Thomasius (1802-1875, seit 1842 in Erlangen)[110] hier ganz bewußt übergangen werden, da man ihn überhaupt oder in erster Linie nicht als Patristiker ansehen kann. Allerdings macht seine Dogmengeschichte vielleicht deutlich, daß für die ältere Erlanger Schule Patristik ausschließlich im Sinne der alten Definition der lutherischen Orthodoxie[111] eben als Dogmengeschichte vorstellbar war. Der erste Band seiner *Christlichen Dogmengeschichte als Entwicklungsgeschichte des kirchlichen Lehrbegriffs* erschien 1874 in Erlangen, den zweiten gab dann 1876 Gustav Leopold Plitt postum heraus, eine zweite Auflage besorgten 1886 Nathanael Bonwetsch und Reinhold Seeberg. Thomasius' Dogmengeschichte erscheint im Grunde als ein imponierender Versuch, Theodor Kliefoths dogmengeschichtliches Programm strikt gegen Ferdinand Christian Baur zu realisieren. Im Grunde findet die gesamte christliche Lehrentwicklung ihren Höhepunkt und ihre Erfüllung in der Konkordienformel von 1577 beziehungsweise im Konkordienbuch von 1580, wobei die reformierte Lehrentwicklung gar nicht mehr selbständig thematisiert und als eigenständige Entwicklung eigentlich überhaupt nicht wahrgenommen wird. Angesichts der Konkordienformel

[109] G. Thomasius, Die christliche Dogmengeschichte als Entwicklungsgeschichte des kirchlichen Lehrbegriffs I/II, Erlangen 1874-76; vgl. ders., Origenes. Ein Beytrag zur Dogmengeschichte des dritten Jahrhunderts, Nürnberg 1837; ders., Die Genesis des kirchlichen Lehrbegriffs, ZPK 9, 1846, 1-41.

[110] Beyschlag, Die Erlanger Theologie (wie Anm. 12), 93-98; A. Beutel, Art. Thomasius, Gottfried (1802-1875), TRE 33, Berlin/New York 2001, 488-492.

[111] J. Wagenmann, Art. Patristik/Patrologie, RE 11, Leipzig ^{2}1883, 300-309; G. Krüger, Art. Patristik, RE 15, Leipzig ^{3}1904, 1-13; E. Mühlenberg, Art. Patristik, TRE 26, Berlin/New York 1996, 97-106.

und dann des Konkordienbuches als Höhe- und Endpunkt aller christlichen Lehrentwicklung wird man fragen müssen, ob auf der Grundlage dieser für das Neuluthertum offenbar existenziellen Voraussetzung eine eigentliche Patristik zumindest im Erlanger Luthertum überhaupt möglich war. Karlmann Beyschlag hat bei aller echten Bewunderung für Thomasius gezeigt, daß und wie durch Harnack nur zehn Jahre später das Konzept einer konsequent konfessionellen Dogmengeschichte gescheitert ist und im Grunde scheitern mußte[112]. Obwohl Reinhold Seeberg (1859-1935, von 1889-1898 in Erlangen), aus Dorpat nach Erlangen kommend, hier 1889-1894 offiziell einen Lehrstuhl für Theologische Enzyklopädie, Neutestamentliche Zeitgeschichte und Patristik innehatte[113] und trotz seines monumentalen Entwurfes einer Dogmengeschichte, der allerdings nicht mehr in Erlangen zur Ausführung kam[114], soll auch er hier ausgeklammert werden, da man ihn nicht als Patristiker bezeichnen kann. Auch ihn als Neulutheraner zu bezeichnen, erscheint trotz seiner theologischen Herkunft aus dem Dorpater Neuluthertum und seiner Erlanger Zeit mehr als problematisch.

Als der Patristiker der Erlanger Schule gilt allgemein Theodor Zahn (1838-1933)[115]. Uwe Swarat hat in einer etwas umständlichen, aber sehr gründlichen Arbeit Zahn als Patristiker gezeichnet[116]. An der aus Freundschaft zu Entfremdung und dann nicht nur Gegner-, sondern fast schon Feindschaft gewordenen Beziehung zwischen Zahn und dem um dreizehn Jahre jüngeren Harnack[117] scheinen die Probleme und

[112] Beyschlag, Die Erlanger Theologie (wie Anm. 12), 96-98.

[113] F.W. Graf/K. Tanner, Sozialidealismus. Reinhold Seeberg (1859-1935), in: F.W. Graf (Hg.), Profile des neuzeitlichen Protestantismus II, 2, Gütersloh 1993, 354-397; F.W. Graf, Reinhold Seeberg, in: W.-D. Hauschild (Hg.), Profile des Luthertums, Gütersloh 1998, 617-676; A.v. Scheliha, Art. Seeberg, Reinhold (1859-1935), TRE 30, Berlin/New York 1999, 729-733.

[114] R. Seeberg, Lehrbuch der Dogmengeschichte, Darmstadt 1974 (= Leipzig 1895-1898); vgl. auch den 1901 erstmals erschienenen und immer wieder aufgelegten Grundriß der Dogmengeschichte. Zu Seebergs dogmengeschichtlichem Konzept vgl. W.-D. Hauschild, Dogmengeschichtsschreibung, TRE 9, Berlin/New York 1982, 119f.

[115] Eine Autobiographie bei: E. Stange (Hg.), Die Religionswissenschaft der Gegenwart in Selbstdarstellungen I, Leipzig 1925, 221-248; K.-G. Wesseling, Art. Zahn, Theodor, BBKL 14, Herzberg 1998, 321-333; Beyschlag, Die Erlanger Theologie (wie Anm. 12), 122-132.

[116] U. Swarat, Alte Kirche und Neues Testament. Theodor Zahn als Patristiker, Wuppertal 1991.

[117] F. Hauck, Briefe Harnacks an Zahn, ThLZ 77, 1952, 497-502; F.W. Kantzenbach, Adolf Harnack und Theodor Zahn, ZKG 83, 1972, 226-244; Swarat, Alte Kirche (wie Anm. 116), 450-472.

Aporien einer konfessionell lutherischen Patristik besonders deutlich zu werden. Es kann hier natürlich nicht darum gehen, Zahns patristisches Werk im Einzelnen zu würdigen, das hat Uwe Swarat in aller Ausführlichkeit getan. Theodor Zahn, der in Erlangen ein Schüler Hofmanns[118] war, verstand sich selbst ohne jeden Zweifel als genuinen Vertreter des Erlanger Luthertums, obwohl er aus einer reformierten Prägung kam[119]. Im Grunde wollte er den dogmatischen Ansatz seines Lehrers Hofmann auch historisch entfalten[120]. Zunächst ist deutlich, daß Zahn natürlich auch vom Historismus geprägt war. Seine erste und für lange Zeit geradezu kanonisches Ansehen genießende patristische Arbeit über Markell von Ankyra[121], die noch während seiner Göttinger Repetentenzeit entstand, macht aber schon ein Problem aller seiner patristischen Arbeiten deutlich: er zeichnet Markell als biblischen Theologen und als Theologen des verbindlichen kirchlichen Bekenntnisses von Nizäa, geradezu als Idealbild eines lutherischen Theologen des 19. Jahrhunderts, oder, wie verschiedentlich bemerkt wurde, als einen Hofmann des vierten Jahrhunderts[122]. Seine gesamte neutestamentliche und patristische Arbeit über Jahrzehnte hinweg will eine ganz organische Entwicklung vom Urchristentum, von den Schriften des Neuen Testaments an nachweisen[123]. Das zweite ist, daß die kirchliche Tradition für ihn zunächst immer Vorrang hat. Seine ungeheure Gelehrsamkeit stellt er ganz in den Dienst, die kirchliche Tradition über Kanon und Apostolizität der Kirche zu beweisen. So kann Zahn Hermas ganz biblisch und im Grunde fast lutherisch interpretieren[124] und die Integrität und Echtheit nicht nur selbstverständlich der neutestamentlichen Bücher, sondern vor allem auch der Ignatianen vehement verteidigen[125]. Sein wichtigstes und

[118] Vgl. Stange (Hg.), Religionswissenschaft (wie Anm. 115) und Swarat, Alte Kirche (wie Anm. 116), 427-443.

[119] Sein Bruder Franz Michael Zahn (1833-1900) gehörte zur Leitung der reformierten Norddeutschen Mission; vgl. W. Raupp, Art. Zahn, Franz Michael, BBKL 14, Herzberg 1998, 313-317.

[120] Swarat, Alte Kirche (wie Anm. 116), 427-443; kritisch zu diesem Anspruch Zahns: Beyschlag, Die Erlanger Theologie (wie Anm. 12), 131f.

[121] T. Zahn, Marcellus von Ancyra, Gotha 1867; vgl. Swarat, Alte Kirche (wie Anm. 116), 9-18.

[122] Swarat, Alte Kirche (wie Anm. 116), 9-18; Beyschlag, Die Erlanger Theologie (wie Anm. 12), 126.

[123] Swarat, Alte Kirche (wie Anm. 116), 1-7.476-503 u.ö.; Beyschlag, Die Erlanger Theologie (wie Anm. 12), 122-132.

[124] T. Zahn, Der Hirt des Hermas, Gotha 1868; vgl. Swarat, Alte Kirche (wie Anm. 116), 18-31.

[125] T. Zahn, Ignatius von Antiochien, Gotha 1873; vgl. dazu: A. Harnack, Rez. zu

in vieler Hinsicht grandiosestes Werk ist der mit Gelehrsamkeit und Materialfülle unternommene Versuch, eine Frühdatierung des Kanons nachzuweisen[126]. Bei allen seinen patristischen Arbeiten, die hier nicht einmal aufgezählt werden können[127], ist Materialfülle, Quellenkenntnis und -verarbeitung bewundernswert. Aber die an jeder Stelle deutliche Motivation der Sicherung der kirchlichen Tradition läßt ihn gelegentlich auch ziemlich danebengreifen, wie z.B. bei der Zuschreibung einer späten Kompilation von Kommentarteilen des fünften Jahrhunderts an den in die zweite Hälfte des zweiten Jahrhunderts zu datierenden Theophil von Antiochien[128].

Albrecht Ritschl hatte die Arbeit des damals noch Göttinger Repetenten über Markell gelobt, weil hier ein zu Unrecht Verketzerter rehabilitiert worden war[129]. Je länger, je mehr sah Zahn sich in unbedingter Gegnerschaft zu Ritschl und seiner Schule bzw. zu den von Ritschl methodisch beeinflußten historisch arbeitenden Theologen. Da ein konsequent historischer Zugriff in der patristischen Überlieferung nicht selten zur Infragestellung der kirchlichen Tradition führte, natürlich auch heute noch führt und eben gelegentlich führen muß, wurde Zahn immer unduldsamer. Neben der gigantischen Anhäufung von Material zur Sicherung der Tradition vor allem in seinen Untersuchungen zur

T. Zahn, Ignatius von Antiochien, Gotha 1873 in: AELKZ 6, 1873, 595-597; die Briefe Harnacks an Zahn vom 25.6.1873, in: Kantzenbach, Adolf Harnack (wie Anm. 117), 231, und vom 6.7.1873, in: Hauck, Briefe Harnacks (wie Anm. 117), 498f.; dazu Kantzenbach, Adolf Harnack (wie Anm. 117), 228f. Die heute von R.M. Hübner vertretene Spätdatierung war damals viel verbreiteter; vgl. R.M. Hübner, Thesen zur Echtheit und Datierung der sieben Briefe des Ignatius von Antiochien, ZAC 1, 1997, 44-72, und die an diesen Aufsatz sich anschließende Diskussion in: ZAC 1-3, 1997-1999.

[126] T. Zahn, Forschungen zur Geschichte des neutestamentlichen Kanons und der altkirchlichen Liturgie I-X, Erlangen/Leipzig 1881-1929; ders., Geschichte des neutestamentlichen Kanons 1, 1-2, Erlangen/Leipzig 1888/1889 und 2, 1-2, Erlangen/Leipzig 1890/1892; ders., Grundriß der Geschichte des neutestamentlichen Kanons; ders., Eine Ergänzung zu der Einleitung in das Neue Testament, Leipzig 1901 ([2]1904); dazu Swarat, Alte Kirche (wie Anm. 116), 253-352.

[127] Eine Bibliographie bei Swarat, Alte Kirche (wie Anm. 116), 505-542.

[128] T. Zahn, Der Evangeliencommentar des Theophilus von Antiochien, FGNK II, Erlangen 1883; Swarat, Alte Kirche (wie Anm. 116), 174-191. Besonders heftige Kritik kam von A. Harnack, Der angebliche Evangeliencommentar des Theophilus von Antiochien, TU I, 4, Berlin 1991 (= Leipzig 1882/1883), 97-175; vgl. auch: A. Harnack, Rez. zu: T. Zahn, Der Evangelienkommentar des Theophilos von Antiochien, FGNK II, Erlangen 1883, in: ThLZ 8, 1883, 487-489.

[129] Stange (Hg.), Religionswissenschaft (wie Anm. 115), 12; Swarat, Alte Kirche (wie Anm. 116), 16.

Geschichte des Kanons, heute meist in erster Linie als Materialsammlung benutzt, tritt eine zunehmende Gereiztheit, die fast unerträglich ist. Man kann Zahn natürlich einfach als Choleriker abtun, was ihm wohl auch nicht gerecht würde. Ich denke, daß die echte Angst um die Zerstörung der Überlieferung die Motivation seiner zunehmenden Schärfe besonders gegenüber dem früheren Freund Adolf Harnack war. Die Zerstörung oder auch nur Infragestellung der kirchlichen Überlieferung mußte für ihn und andere Lutheraner des späten 19. Jahrhunderts offenbar zwangsweise die Zerstörung des christlichen Glaubens überhaupt zur Folge haben[130]. Daß manche Tendenzen der modernen Theologie damals in diese Richtung wiesen, sollte man nicht bestreiten. Für Jahrzehnte wurde Harnack, der seine wissenschaftliche Laufbahn als Schüler seines Vaters, Engelhardts und überhaupt des Dorpater Luthertums begonnen hatte, Zahns wichtigster und immer wütender bekämpfter Gegner. Allgemein wurde der junge Harnack als die kirchengeschichtliche Hoffnung des Neuluthertums angesehen, und er selbst sah sich als dessen Vertreter, wie Briefe aus den frühen siebziger Jahren deutlich machen[131]. Seit 1872 in Leipzig, ist ihm das spezifische sächsische Luthertum, das sich durchaus in einem betonten Gegensatz zu Erlangen und auch Dorpat sah, doch fremd[132]. Aber Harnack war ganz bewußt an eine lutherische Fakultät nach Deutschland für seine weitere wissenschaftliche Ausbildung gekommen. Eine gewisse apologetische Ängstlichkeit und Enge des Leipziger Luthertums läßt ihn langsam theologisch auf Distanz gehen. Seine frühe Ritschllektüre sollte man hier nicht zu hoch veranschlagen, da der junge Ritschl mit seiner Kritik gegen Baur auch vom Luthertum, z.B. von Theodosius Harnack

[130] Vgl. die briefliche Reaktion T. Harnacks auf den ersten Band der Dogmengeschichte aus dem Jahre 1886 (Brief vom 29.1.1886; mitgeteilt bei Zahn-Harnack, Adolf von Harnack [wie Anm. 5], 143): »Unsere Differenz ist keine theologische, sondern eine tiefgehende, direkt christliche, so daß ich, wenn ich über sie hinwegsähe, Christum verleugnete, und das kann kein Mensch, auch wenn er mir so nahe stände, als Du, mein Sohn, von mir verlangen oder erwarten. Wer – um nur die alles entscheidende Hauptsache zu nennen – so wie Du zur Auferstehungstatsache steht... der ist in meinen Augen kein christlicher Theologe mehr. Ich begreife total nicht, wie man bei solcher Geschichtsmacherei noch auf die Geschichte sich berufen kann, oder ich begreife es nur, wenn man das Christenthum dabei degradiert. Also entweder-oder... Mit der Auferstehungstatsache steht und fällt mir das Christentum; mit ihr steht mir auch die Trinität bombenfest.« Vgl. auch Neufeld, Adolf v. Harnacks Konflikt (wie Anm. 86), 60-88.

[131] Hauck, Briefe Harnacks (wie Anm. 117); Kantzenbach, Adolf Harnack (wie Anm. 117).

[132] Neufeld, Adolf v. Harnacks Konflikt (wie Anm. 86), 75-84.

positiv als Mitstreiter gewürdigt werden konnte[133]. Daß wahrscheinlich ausgerechnet Zahn in seiner Göttinger Zeit dann die persönliche Bekanntschaft Harnacks mit Ritschl vermittelt hat, gehört vielleicht zu den Curiosa der Kirchengeschichte[134]. Leider sind die offenbar vielen und sehr ausführlichen Briefe Harnacks aus den siebziger Jahren, in denen er über seine theologische Entwicklung auch Rechenschaft abgelegt haben muß, zum größten Teil verloren. Wir sind also zwar nicht nur, aber weithin auf die durch seine Tochter mitgeteilten Exzerpte[135] und einige Briefe zwischen Zahn und Harnack aus jenen Jahren angewiesen[136]. Harnacks Leipziger Zeit beinhaltet den durchaus schmerzlichen Prozeß der Trennung vom Neuluthertum, wobei offensichtlich die zunehmende methodische Kritik an den Arbeiten von Zahn eine nicht zu unterschätzende Rolle spielt. Mit Karl H. Neufeld kann man den Entschluß, an die nicht im Sinne eines konfessionellen Luthertums lutherische Fakultät Gießen[137] zu gehen, als Schlußpunkt dieser Entwicklung ansehen, die dann vom ersten Band der Dogmengeschichte[138], der den endgültigen Bruch mit dem Vater brachte[139], nur noch eindrucksvoll bestätigt wird.

Noch 1873/74 lobt Zahn die beiden frühen Arbeiten Harnacks zur Gnosis[140], die gegen Lipsius[141] gerichtet sind. Ebenso lobt Harnack 1873 Zahns Ignatiusstudien. Auch wenn Harnack schon 1873 sich gegenüber Engelhardt über die Unfruchtbarkeit der »gläubigen« Theologen hinsichtlich der historischen Fragen des Christentums beklagt[142], lehnt er es 1873 oder 1874 ab, nach Breslau zu gehen, weil eine Lehrtätigkeit an einer Theologischen Fakultät in der unierten preußischen Landeskirche damals für ihn noch nicht in Frage kommt[143]. Ebenso zeigen die Pläne

[133] Über das Verhältnis zu Ritschl vgl. K.H. Neufeld, Adolf von Harnack, Theologie als Suche nach der Kirche, KKTS 41, Paderborn 1977, 39-65.

[134] Neufeld, Adolf v. Harnack (wie Anm. 133), 46f.

[135] Neufeld, Adolf v. Harnacks Konflikt (wie Anm. 86), 184.

[136] Erhalten sind nur Briefe Harnacks an Zahn, vgl. Hauck, Briefe Harnacks (wie Anm. 117); Kantzenbach, Adolf Harnack (wie Anm. 117).

[137] Neufeld, Adolf v. Harnacks Konflikt (wie Anm. 86), 83.

[138] Der 1. Band des Lehrbuches der Dogmengeschichte erschien 1886 in Tübingen; das Vorwort ist datiert: Giessen, den 1. August 1885.

[139] Neufeld, Adolf v. Harnacks Konflikt (wie Anm. 86), 84-88.

[140] Hauck, Briefe Harnacks (wie Anm. 117), 497.

[141] Brief Harnacks an Engelhardt vom Frühjahr 1873, vgl. Neufeld, Adolf v. Harnacks Konflikt (wie Anm. 86), 186f.

[142] Brief Harnacks an Engelhardt (vermutlich September 1873), vgl. Neufeld, Adolf v. Harnacks Konflikt (wie Anm. 86), 189.

[143] Neufeld, Adolf v. Harnacks Konflikt (wie Anm. 86), 83.

zur Gründung der späteren Theologischen Literatur-Zeitung, daß hier eigentlich ein Organ des Luthertums geplant war[144]. Seit 1875/76 wird bei Harnack gegenüber Zahn immer mehr Kritik deutlich, weil Harnack Zahn in seinem im Zweifelsfalle unbedingten Anschluß an die kirchliche Tradition nicht zu folgen vermag[145], und die Zusammenarbeit der beiden Gelehrten bei der gemeinsamen Edition der Apostolischen Väter (gemeinsam mit Oskar von Gebhardt)[146] ist bereits nicht unkompliziert. Harnack verschweigt Zahn nicht, mit dem er inzwischen befreundet ist, daß er eigentlich in das konfessionelle Klima Dorpats nicht mehr zurückkehren möchte[147]. Während Harnacks Programm einer Historisierung des Christentums in seiner begeisterten Zustimmung zu Ritschls *Unterricht in der christlichen Religion* nach 1875 deutlicher wird[148], vertieft sich langsam aber deutlich der Gegensatz zu Zahn[149]. Harnacks Zuwendung zu Ritschl beunruhigt auch seinen seit 1872 kranken Vater[150], wobei Engelhardt bis zu seinem Tode im Jahre 1881 als Vermittler zwischen Vater und Sohn auftritt. Harnacks Rezension über Engelhardts Justinbuch macht deutlich, wie sehr er im Grunde der Auffassung ist, das von Engelhardt Begonnene nur fortzusetzen[151]. Der Wechsel nach Gießen 1879, spätestens das Erscheinen des ersten Bandes der Dogmengeschichte im Jahre 1886 zeigen Harnack,

[144] Neufeld, Adolf v. Harnacks Konflikt (wie Anm. 86), 75f.

[145] Die zunehmende Entfremdung wird besonders deutlich in Harnacks umfangreichem Brief an Zahn vom 6.10.1875, vgl. Kantzenbach, Adolf Harnack (wie Anm. 117), 231-238, in dem Harnack Zahns traditionelle Datierung sowie die Echtheit der Ignatius-Briefe in Frage stellt.

[146] O. Gebhardt/T. Zahn/A. Harnack (Hgg.), Patrum apostolicorum opera, Leipzig 1875-1877. Dennoch immer wieder neue Auflagen, die 6. Auflage erschien 1920.

[147] Brief Harnacks an Zahn vom 12.12.1875, Hauck, Briefe Harnacks (wie Anm. 117), 499f.; vgl. auch den Brief an Engelhardt vom Februar 1875 in: Neufeld, Adolf v. Harnacks Konflikt (wie Anm. 86), 191f., in dem Harnack seine inzwischen nicht mehr auf dem Boden eines konfessionellen Luthertums stehende Stellung zu den Symbolen darlegt: »Rückhaltlos kann ich mich zu den Symbolen nicht verpflichten; wenn ich mich darauf verpflichte; so geschieht das in dem Sinne, daß ich verspreche, in der Kontinuität der Entwicklung mit Herz und Kopf stehen zu wollen, die durch Luther angeknüpft ist und die in der Zeit der Reformation einen besseren und gesunderen Ausdruck gar nicht hätte finden können, als wie er in den ersten Symbolen der Reformationszeit vorliegt....«

[148] A. Ritschl, Unterricht in der christlichen Religion, Gütersloh 1966 (=Bonn 1875, ^{2}1881; ^{3}1886). Zur Reaktion Harnacks vgl. Neufeld, Adolf von Harnack (wie Anm. 133), 51-61.

[149] Kantzenbach, Adolf Harnack (wie Anm. 117), 226-230.

[150] Neufeld, Adolf v. Harnacks Konflikt (wie Anm. 86), 74f.

[151] Vgl. oben Anm. 88.

der inzwischen ins preußische Marburg und damit an eine unierte Fakultät gewechselt hatte[152], nicht mehr als Vertreter des Neuluthertums. Sein Vater sah in seiner Entwicklung einen Abfall von Grundtatsachen des christlichen Glaubens, für ihn war der Verfasser der Dogmengeschichte kein Christ mehr[153]. Über Harnacks theologisches Konzept seit seiner Trennung vom konfessionellen Luthertum gibt es inzwischen Bibliotheken, und die möglichen Aporien seines Konzeptes von protestantischer Theologie sind hier nicht mehr zu thematisieren.

Im Grunde zeigen Harnack und Zahn deutlich die Probleme, vielleicht sogar die Unmöglichkeit einer lutherisch konfessionellen Patristik im Sinne des Neuluthertums auf. Zahns Apologetik führt zu Materialschlachten, die im Grunde ohne Ergebnis bleiben und wohl auch bleiben mußten. Harnacks konsequente Historisierung mußte dagegen zum Bruch mit dem konfessionellen Luthertum führen. Die eben letztlich in eine Aporie führende Problematik von Zahns Apologetik macht ein wohl Ende 1918 verfaßter, mehr als sechzig Seiten umfassender Aufsatz des inzwischen Achtzigjährigen als seine besondere Antwort auf die revolutionären Ereignisse des Jahres 1918 auf eigentlich erschütternde Weise besonders deutlich. Mit ungeheurer Gelehrsamkeit und souveräner Beherrschung aller jüdischen und sonstigen antiken Quellen will Zahn hier nachweisen, daß Demokratie grundsätzlich Sünde ist[154].

Die Frage, ob nicht das Neuluthertum innerhalb des breiten Spektrums protestantischer Theologie gerade Ansätze zu einer fruchtbaren Patristik hätte bieten können, wage ich nicht zu beantworten, angesichts der faktischen Entwicklung ist sie auch müßig. Dagegen stand im 19. Jahrhundert in erster Linie das ausschließlich antiaufklärerisch motivierte und eigentlich nicht genuin lutherische unbedingte Festhalten an einer eigentlich nicht hinterfragbaren kirchlichen Tradition.

Zum Schluß sei hier noch an einen Gelehrten erinnert, der heute nicht nur als Patristiker kaum noch bekannt ist und bei dem das Scheitern des Versuchs einer neulutherischen Patristik evident zu sein scheint. Hermann Jordan (1878-1922)[155], bereits der Generation der Schüler

[152] Marburg war mit Kurhessen 1866 von Preußen annektiert worden, was sich für die Entwicklung der Universität und auch ihrer Theologischen Fakultät durchaus positiv auswirkte; vgl. H. Schneider, Art. Marburg 2, TRE 22, Berlin/New York 1992, 71-73.

[153] Vgl. Anm. 130.

[154] T. Zahn, Staatsumwälzung und Treueid in biblischer Sicht, Erlangen/Leipzig 1919 (außerdem erschienen in: NKZ 30, 1919, 309-361).

[155] Brennecke, Zwischen Luthertum und Nationalismus (wie Anm. 12), 252-262.

Harnacks zugehörig, war Pfarrerssohn aus der preußischen Provinz Sachsen, also aus einer unierten Kirche. Dennoch studierte er Theologie nicht etwa an der in seiner Heimatprovinz gelegenen Universität Halle oder in Berlin, den für patristische Interessen wohl wichtigsten Fakultäten in Deutschland[156], sondern in Erlangen und dann Greifswald, dort vermutlich bei Haussleiter. Jordan, seit 1907 als Extraordinarius in Erlangen, begann wissenschaftlich als Neutestamentler und Patristiker. Seine Untersuchungen zur armenischen und lateinischen Irenäusüberlieferung[157] und vor allem seine große Studie zu Novatian[158] zeigen ihn als interessanten und innovativen Forscher[159], noch mehr seine 1911 erschienene *Altchristliche Literaturgeschichte*[160], die von literarischen Gattungen ausgeht. Es handelt sich bei diesem heute wenig bekannten Werk um ein hochinteressantes literaturgeschichtliches Programm, das für die literarische Überlieferung der Alten Kirche bis heute nicht einmal ansatzweise eingelöst ist. Er ist dafür – trotz der nicht zu leugnenden Mängel in dem umfangreichen Werk des damals erst Dreiunddreißigjährigen – zu Unrecht heftig gescholten worden. Daß ein bei Erscheinen dieses Bandes gerade dreiunddreißigjähriger Extraordinarius hier nicht nur wagte, eine Gesamtdarstellung der Geschichte der christlichen Literatur der Antike vorzulegen, sondern dabei auch neue Wege ging, mußte die etablierte Zunft angesichts der großen gerade abgeschlossenen oder im Erscheinen befindlichen Darstellungen der antiken christlichen Literatur von Harnack und Bardenhewer wohl als Provokation empfinden[161]. Noch vor Beginn des Ersten Weltkrieges hört er als

[156] In Berlin lehrte seit 1888 Harnack, in Halle seit 1887 Friedrich Loofs (1858-1928), ein nur wenige Jahre jüngerer Schüler und Freund Harnacks aus seiner Leipziger Zeit, der in mancher Hinsicht eine Harnack nicht unähnliche Entwicklung vom Vertreter des Neuluthertums zur liberalen Theologie durchgemacht hatte; vgl. S. Bitter, Art. Loofs, Friedrich (1858-1928), TRE 21, Berlin/New York 1991, 464-466.

[157] H. Jordan, Das Alter und die Herkunft der lateinischen Übersetzung des Hauptwerkes des Irenaeus, in: N. Bonwetsch (Hg.), Theologische Studien, Theodor Zahn zum 10. Oktober 1908 dargebracht, Leipzig 1908, 133-192; ders., Armenische Irenaeusfragmente. Mit deutscher Übersetzung nach Dr. W. Lüdtke. Zum Teil erstmalig herausgegeben und untersucht, TU 36.3, Leipzig 1913.

[158] H. Jordan, Die Theologie der neuentdeckten Predigten Novatians, Leipzig 1902.

[159] Eine allerdings nicht ganz vollständige Bibliographie Jordans bei C. Bürkstümmer, Zur Erinnerung an Prof. D. Herrmann Jordan, BBK 29, 1923, 10-12.

[160] H. Jordan, Geschichte der altchristlichen Literatur, Leipzig 1911.

[161] A. Harnack, Geschichte der altchristlichen Literatur bis Eusebius. 2 Bände in 4 Halbbänden, Leipzig 1893-1904; O. Bardenhewer, Geschichte der altkirchlichen Literatur. 5 Bde., Freiburg 1902-1932.

Mittdreißiger mit jeder patristischen Forschung auf, um sich zunächst in erster Linie der bayerischen Kirchengeschichte[162], seit Ende des Krieges dann nur noch der Politik als intelligenter, aber hemmungsloser Agitator der extremen Rechten zu widmen[163]. Im Jahre 1922 ist er erst dreiundvierzigjährig seinem langjährigen Lungenleiden erlegen, das seit Beginn seiner Erlanger Tätigkeit immer wieder zu z.T. langen Unterbrechungen in der wissenschaftlichen Arbeit und Lehrtätigkeit geführt hatte. Das plötzliche Aufhören seiner patristischen Arbeit ist sicher nicht in erster Linie in der scharfen Kritik an der Literaturgeschichte oder in dem Wechsel auf die Nachfolge Koldes begründet[164]. Seine patristische Arbeit ließ sich ganz offensichtlich nicht mehr mit dem Anspruch vereinbaren, das Erlanger Luthertum zu vertreten, an dem er offenbar festhalten wollte. Eine gattungsgeschichtliche Literaturgeschichte der Alten Kirche sprengte da schon den Rahmen. Offenbar ganz bewußt hatte Jordan eben keine Dogmengeschichte vorgelegt, wie es die Erlanger Tradition eigentlich nahegelegt hätte, sondern eine Literaturgeschichte. Allerdings war zu Beginn des zwanzigsten Jahrhunderts, wie der damals in Erlangen lehrende Archäologe Curtius fein bemerkt hat[165], nicht nur in Erlangen der Anspruch des Neuluthertums ohne eigentlichen Inhalt, eine Phrase, was z.B. Jordans weiterer Weg auf erschütternde Weise deutlich macht.

[162] Brennecke, Zwischen Luthertum und Nationalismus (wie Anm. 12), 258f.

[163] Brennecke, Zwischen Luthertum und Nationalismus (wie Anm. 12), 259-262 mit Belegen aus Jordans umfassender publizistischer Tätigkeit.

[164] Brennecke, Zwischen Luthertum und Nationalismus (wie Anm. 12), 259.

[165] L. Curtius, Deutsche und antike Welt. Lebenserinnerungen, Bücher der Neunzehn 45, Stuttgart 1958, 215.

Die italienische Patristik zwischen Altertumswissenschaft und Theologie

LORENZO PERRONE

Erzbischof Georg Kretschmar zum 75. Geburtstag

»Die Väter sind Zeugen des Eingangs Gottes in die Geschichte. Die durch nichts weiter zu begründende Tatsache der Erscheinung Jesu Christi ... ist es, die unseren Blick zurück auf die Väter lenkt und die Frage nach dem geschichtlichen Erbe wachruft.«

(D. Bonhoeffer, Ethik)

ZUR FRAGESTELLUNG

Von der italienischen Patristik »zwischen Altertumswissenschaft und Theologie« zu reden, heißt für mich aus mehreren Gründen ein schwieriges Unternehmen zu wagen. Abgesehen von der alten terminologischen Debatte, ob und inwieweit man zwischen »Patrologie«, »Patristik« und »altchristlicher bzw. altkirchlicher Literatur« unterscheiden darf – eine Debatte, deren allmählich ausklingendes Echo noch bis vor kurzem auch in Italien zu hören war[1] –, weist das Begriffspaar »Alter-

[1] Für die Beibehaltung dieser Unterscheidung (wobei mit »Patristik« das Studium der Theologie der Kirchenväter gemeint ist) hat sich besonders Prof. Paolo Siniscalco (Universität Rom, La Sapienza) eingesetzt. Siehe vor allem: P. Siniscalco, Patristica, patrologia e letteratura cristiana ieri e oggi. Postille storiche e metodologiche, Aug. 20, 1980, 383-400, ein Beitrag, der darauf zielt, eine solche Distinktion anhand der geschichtlichen Entwicklung patristischer Disziplinen zu untermauern. Wie auch zuletzt gegen S. Felici, Rilevanza degli studi filologici e letterari nell'approccio ai Padri, in: Lo studio dei Padri della Chiesa oggi, a cura di E. dal Covolo, BSRel 96, Rom 1991, 140, der für eine Relativierung plädierte, betont allerdings Siniscalco die Notwendigkeit einer Konvergenz der drei verschiedenen Perspektiven – der geschichtlichen, der theologischen und der literarischen – für ein erschöpfendes Studium der Väter: »L'essenziale è che sistematicamente non prevalga una sola prospettiva sulle

tumswissenschaft« und »Theologie« auf ein sehr weites, gleichzeitig aber auch ziemlich unpräzises Feld hin. Einige Vorüberlegungen sind deshalb nötig, bevor ich meinen Weg durch diese weite, aber mindestens etwas genauer gezeichnete Landschaft riskiere.

Man könnte einerseits fragen: wo bleibt also die Philosophie, deren Interesse für die Patristik sich nicht nur auf den bemerkenswerten Beitrag eines Antonio Rosmini (1797-1855), wohl des bedeutendsten italienischen Philosophen des 19. Jahrhunderts, reduzieren läßt[2]. Es ist vielleicht kein Zufall, wenn der akademische Beginn einer mit der Patristik verbundenen Disziplin während der achtziger Jahre desselben Jahrhunderts in Rom, d.h. die »Geschichte des Christentums«, den Namen eines Lehrers, Baldassarre Labanca (1829-1913), trägt, der zunächst Professor für Moralphilosophie an meiner Universität war. Auch heutzutage befassen sich manche Philosophen nicht nur – wie es zu erwarten ist – mit den Schriften Augustins, sondern auch mit anderen Autoren der patristischen Literatur, wie Origenes oder den drei Kappadoziern, um nur einige von ihnen zu nennen[3]. Andererseits, im Hinblick auf die »Altertumswissenschaft«, sollte man nicht vergessen, daß in Italien das Erbe der Kirchenväter auch unter den Spezialisten des Mittelalters sowie des Humanismus und der Renaissance immer wieder Forscher gefunden hat, die ein besonderes Augenmerk auf die reiche Wirkungsgeschichte der Väter hatten[4].

altre ... o che una sola prospettiva non pretenda di esaurire un oggetto composto di molti e variati elementi.« (P. Siniscalco, Orizzonti e caratteri della letteratura cristiana antica, in: La letteratura cristiana antica nell'università italiana. Il dibattito e l'insegnamento, a cura di M.P. Ciccarese, Florenz 1998, [13-32] 29).

[2] Vgl. A. Quacquarelli, Le radici patristiche della teologia di Antonio Rosmini, Bari 1991.

[3] In dieser Hinsicht leistet das »Centro di ricerche di metafisica« von der katholischen Universität Mailand, geleitet von Prof. Giovanni Reale, eine beispielhafte Arbeit, um die »patristische Philosophie« in das Studium der antiken Philosophie zu integrieren, vor allem durch die Reihe »Platonismo e filosofia patristica«, die von Prof. Reale zusammen mit Prof. Claudio Moreschini (Universität Pisa) herausgegeben wird.

[4] Man sollte hier mindestens den Namen von Prof. Claudio Leonardi (Universität Florenz) erwähnen, insofern das von ihm gegründete Forschungszentrum zum lateinischen Mittelalter (bestehend aus der »Fondazione Ezio Franceschini« und der »Società internazionale per lo studio del medioevo latino«, Certosa del Galluzzo – Firenze), sowohl durch das unschätzbare bibliographische Hilfsmittel von »Medioevo latino« (seit 1980) als auch durch andere wissenschaftliche Initiativen, einen sehr wichtigen Beitrag zur Erhellung der patristischen Tradition in Mittelalter und Humanismus leistet. Dabei darf nicht vergessen werden, daß die Kirchenväter-Rezeption im Mittelalter längst nicht so befriedigend untersucht worden ist wie diejenige des

Was den zweiten Terminus meiner Klammer angeht, stellt sich für mich noch eine schwierigere Frage: was ist denn hier unter dem Wort »Theologie« zu verstehen? Wenn ich nicht einfach fragen darf: »Gibt es überhaupt so etwas wie eine italienische Theologie?« – und zwar aufgrund der reinen Tatsache, daß einerseits mein Namensvetter, der Jesuit Giovanni Perrone (1794-1876), das Aufkommen der Neuscholastik laut Heussis Wort als »päpstlicher Normaldogmatiker des 19. Jahrhunderts« wesentlich gefördert hat[5], andererseits manche Kollegen und Freunde mir bekannt sind, die sich hauptsächlich als Theologen betätigen –, so weiß ich trotzdem im Grunde recht wenig von der theologischen Arbeit, die zur Zeit in Italien geleistet wird. Wenn vor allem bei den Liturgiewissenschaftlern oder auch bei manchen Spezialisten der Frömmigkeit und der Spiritualität traditionell mit einer mehr oder weniger großen Aufgeschlossenheit den Vätern gegenüber zu rechnen ist[6], wie weit gilt dies noch heutzutage für die Fundamentaltheologen, die Moralisten oder die Dogmatiker, abgesehen von einzelnen bekannten Ausnahmen[7]?

Humanismus. Siehe dazu die entsprechende Bemerkung von Leonardi selber: »Il mio augurio è che … gli studi sul rapporto Padri-Medioevo crescano a tal punto che se ne possa parlare con la stessa maestria con cui oggi è possibile presentare il rapporto Padri-Umanesimo« (im Vorwort zu: La tradizione patristica. Alle fonti della cultura europea, a cura di M. Naldini, Florenz 1995, 7).

5 Ich verweise auf K. Heussi, Kompendium der Kirchengeschichte, Tübingen [12]1960, 445: »Die Neuscholastik kam mit überraschender Schnelligkeit von Italien aus seit den fünfziger Jahren in die Höhe … In Italien war ihr Hauptvertreter Giovanni Perrone, S.J., Professor am Collegium Romanum († 1876), den man als den päpstlichen Normaldogmatiker des 19. Jahrhunderts bezeichnen kann.«

6 Unter den Liturgiewissenschaftlern des vergangenen Jahrhunderts kann man Namen wie die von Cipriano Vagaggini oder von Salvatore Marsili nennen, die sich beide besonders um die liturgische Erneuerung aus dem Geist der Kirchenväter eingesetzt haben. Während der erste sich für Origenes interessierte (C. Vagaggini, Maria nelle opere di Origene, Rom 1941), wurde der zweite mit seinen Untersuchungen zu Cassianus und Evagrius bekannt (S. Marsili, Giovanni Cassiano ed Evagrio Pontico. Dottrina sulla carità e contemplazione, Rom 1936). Über die Lehrtätigkeit von Prof. Marsili am Päpstlichen Liturgischen Institut »S. Anselmo« informiert u.a.: A.J. Chupungco, Salvatore Marsili: teologo della liturgia, in: Paschale mysterium. Studi in memoria dell'abate prof. Salvatore Marsili (1910-1983), a cura di G. Farnedi, Rom 1986, 15-24, insbes. 18: »la teologia che egli presenta non è frutto di una speculazione astratta, ma la conclusione scientifica … della tradizione più autentica della liturgia nei Padri della Chiesa …«. Was die Spezialisten der Frömmigkeit und der Spiritualität angeht, hat sich die Gruppe um P. Ceslao Pera und die »Rivista di ascetica e mistica« (Florenz, seit 1956) besonders verdient gemacht.

7 Ich denke z.B. an den neapolitanischen Theologen Prof. Bruno Forte (geb. 1949), der sich mit Pseudo-Dionysius Areopagita befaßt hat, bevor er zu einem der bekanntesten

Schließlich, wie steht es mit dem Verhältnis zwischen der Patristik und den religionsgeschichtlichen Studien, in erster Linie aber mit ihrer Beziehung zur Geschichte des Urchristentums und der Alten Kirche, die allerdings im akademischen Betrieb meines Landes von Anfang an (wie wir gleich sehen werden) in engem Kontakt zur Religionsgeschichte gestanden hat? Wenn auch dieser Aspekt berücksichtigt werden sollte, was darf man dann unter dem Begriff »Patristik« noch subsumieren? Läßt sich überhaupt eine saubere Trennung der patristischen Forschung von der kirchengeschichtlichen Arbeit machen, die sowieso im Fall der Dogmengeschichte problematisch ist? Der Titel des *Dizionario patristico e di antichità cristiane* (wofür auch ich zum Teil die Verantwortung trage), das heißt dem bekanntesten Nachschlagewerk der italienischen Patristik, möchte offenbar beiden Bereichen gerecht werden; doch mit seinem Gebrauch des Plurals *antichità cristiane* (die »christlichen Altertümer« statt das »christliche Altertum«) gelingt es ihm nicht ganz, eine gewisse Ratlosigkeit vor meinem Dilemma zu verbergen[8].

Die bisher erörterten Fragen erklären, so meine ich, ohne weiteres die von mir zu Beginn angedeutete Verlegenheit in Anbetracht einer sehr schwierigen Aufgabe, aber sie sollten auch dazu beitragen, meine Übersicht einzugrenzen und besser zu gestalten. Aufgrund meiner persönlichen Erfahrung und entsprechend der Kompetenz, die von einem Lehrer der »altchristlichen Literatur« (im Hauptfach) und der »Geschichte des alten Christentums« (im Nebenfach) zu erwarten ist, werde ich mich im folgenden bemühen, die italienische Arbeit an dem literarischen Erbe der Kirchenväter in den Vordergrund zu stellen, ohne allerdings ihren Zusammenhang mit den Forschungen sowohl zur Dogmen-

italienischen Theologen der Gegenwart wurde (vgl. B. Forte, L'universo dionisiano nel Prologo della »Mistica Teologia«, Medioevo 4, 1978, 1-57).

[8] Dizionario patristico e di antichità cristiane, diretto da A. di Berardino, 2 Bde., Casale Monferrato 1983-1984. Der Herausgeber benutzt in seiner Vorrede (Vf.) das Wort »antichità« nur im Singular, was auch den Gewohnheiten des »Institutum Patristicum Augustinianum« eher entspricht. Die jährliche Tagung, die dort seit 1971 stattfindet, heißt nämlich »incontro di studiosi dell'antichità cristiana«. Damit meint man wohl die Welt der Kirchenväter in ihrer ganzen Breite, wie es allerdings auch vom anvisierten Gegenstand des »Dizionario« behauptet wird: »I lemmi che compongono il DPAC riguardano personaggi, dottrine, correnti culturali, sette cristiane, vicende storiche, geografia, liturgia, monachesimo, spiritualità, realizzazioni artistiche e testimonianze archeologiche, senza trascurare aspetti sociali, politici, morali e ascetici dei primi otto secoli della storia cristiana« (ebd). Interessanterweise haben die ausländischen Übersetzungen das Binomium aufgehoben; so heißt das Werk auf französisch: »Dictionnaire encyclopédique du christianisme ancien«.

geschichte als auch allgemein zur alten Kirchengeschichte aus dem Auge zu verlieren.

Die italienische Patristik zwischen Vergangenheit und Gegenwart: Ein kurzer Rückblick

Ich habe bis jetzt noch keine genaue Zeitspanne angegeben, in deren Rahmen mein Bericht erfolgen soll. Meiner Meinung nach ist auch ein kurzer historischer Überblick angemessen, um den gegenwärtigen Beitrag der italienischen Patristik richtig würdigen zu können. Wenn wir uns überlegen, wie wir noch heute von den großen Gelehrten des 17. und 18. Jahrhunderts getragen werden, auf deren Editionen wir in den Sammelbänden der *Patrologia Graeca* und *Latina* für eine ganze Reihe wichtiger Autoren (z.B. Athanasius, Augustin, Basilius, Hieronymus, usw.) weiterhin verwiesen werden, läßt sich wohl die forschungsgeschichtliche Perspektive in einem größeren chronologischen Rahmen nicht ganz vermeiden. Damit eignen wir uns Maßstäbe an, die uns helfen sollten, nicht nur unsere Schulden gegenüber früheren Generationen von Gelehrten dankbar anzuerkennen, sondern auch die eventuellen Leistungen und Lücken der zeitgenössischen Studien genauer zu erfassen. Dies ist um so mehr nötig, weil die heutige Lage in Italien von einer auffälligen »Geschäftigkeit« im Bereich der Patristik gekennzeichnet ist, die ohne einen gewissen historischen Abstand zu Fehlurteilen verleiten könnte.

Man wäre nämlich leicht geneigt, sofort von einem neuen »goldenen Zeitalter« der Väter Rezeption in Italien zu sprechen, wenn man nicht wüßte, daß man doch immer wieder auch in früheren Zeiten mit den Vätern zusammengelebt hat. Ohne den anziehenden und sicherlich auch fundierten Ausspruch von Henri de Lubac gleich bemühen zu wollen – wonach jeder neue Anfang im Leben und Denken der Kirche von der Wiederentdeckung der Väter begleitet wurde[9] –, läßt sich nicht

[9] »Chaque fois, dans notre Occident, qu'un renouveau chrétien a fleuri, dans l'ordre de la pensée comme dans celui de la vie (et les deux ordres sont toujours liés), il a fleuri sous le signe des Pères. Tous les siècles en témoignent ...« (H. de Lubac, Préface à F. Quéré-Jaulmes/A. Hamman, Les Chemins vers Dieu, Paris 1967, 7, wiederabgedruckt in: H. de Lubac, Mémoire sur l'occasion de mes écrits, Namur 1989, 318). Zu demselben Schluß in Bezug auf das westliche Mönchtum kam auch J. Leclercq, L'amour des lettres et le désir de Dieu, Paris 1957 (ich zitiere aus der italienischen Übersetzung: Cultura umanistica e desiderio di Dio. Studio sulla letteratura monastica del

bestreiten, daß jedes Zeitalter, vom Mittelalter bis zur Gegenwart (und selbstverständlich nicht nur in Italien), seinen eigenen Zugang zu den Vätern im Glauben gefunden hat. Man kann allerdings bedeutende Unterschiede in der Intensität dieser Annäherung und in der Qualität der daraus entstandenen Resultate beobachten. Aus diesem Grund, wenn die Rede von einem »goldenen Zeitalter« für eine bestimmte Epoche sein sollte, dann trifft dies in Italien vor allem für die Zeit des Humanismus und der frühen Renaissance zu.

Ohne die patristische Vertrautheit des italienischen Mittelalters ignorieren zu wollen[10] – man kann ja auch bei Thomas von Aquin, dem eminentesten Vertreter der neuen »dialektischen« Theologie, ein ziemlich reiches Erbgut der Väter entdecken (wie es zuletzt u.a. in Bezug auf sein Verhältnis zu Origenes gezeigt wurde)[11] –, finden die italienischen Gelehrten des Humanismus einen unmittelbaren Zugang zu den alten Quellen, dank ihrer Pflege der klassischen Sprachen, insbesondere der griechischen, und der literarischen Hinterlassenschaft der Antike. Zu diesem Ergebnis, das etliche Entdeckungen alter Handschriften sowie neue Editionen und Übersetzungen mit sich brachte, trug glücklicherweise auch die Wiederbegegnung mit der byzantinischen Geisteswelt bei, im Zeichen der Unionsversuche zwischen der westlichen und der östlichen Kirche[12]. Um nur die bekanntesten unter diesen Humanisten

Medio Evo, Florenz 1983, 117): »ogni rinnovamento della vita benedettina si compie in relazione a queste stesse origini .... In tutte le epoche, i monaci sentono l'attrattiva della ‚luce che viene dall'Oriente', da cui sanno di aver ricevuto le idee e le tradizioni su cui si fonda la loro vita.«

[10] Dazu siehe: R. Grégoire, I Padri nel Medio Evo, in: Complementi interdisciplinari di patrologia, a cura di A. Quacquarelli, Rom 1989, 757-798. Nach Leclercq, Cultura umanistica (wie Anm. 9), 118, wurde das Erbe der griechischen Kirchenväter, wie der klassischen Kultur überhaupt, vor allem in Italien und England gepflegt.

[11] Vgl. G. Lettieri, Origenismo (in Occidente, secc. VII-XVIII), in Origene. Dizionario: la cultura, il pensiero, le opere, a cura di A. Monaci Castagno, Roma 2000, 307-322, bes. 309. Als ein Beispiel der Vertrautheit mit christlichen »Klassikern« im Mittelalter erinnert uns J. Leclerq, Les »Sources chrétiennes«, VS 98, 1958, 658, daß Thomas von Aquin jeden Tag aus den »Collationes« des Johannes Cassianus las. Auch Rosmini betrachtete Thomas von Aquin als »uno dei più fedeli interpreti della patristica, perché sempre sommamente studioso di conciliare la sua dottrina con quella dell'antichità cristiana e massimamente S. Agostino« (S.A. Rosmini, Antropologia soprannaturale, Casale 1884, III 8), vgl. auch: A. Quacquarelli, Le radici (wie Anm. 2), 2.

[12] All diese Faktoren werden ausführlich im folgenden Aufsatz behandelt: H. Rüdiger, Die Wiederentdeckung der antiken Literatur im Zeitalter der Renaissance, in: H. Hunger/O. Stegmueller (Hgg.), Die Textüberlieferung der antiken Literatur und der Bibel, München 1975, 511-576.

zu nennen, können wir auf Namen wie Ambrogio Traversari (ca. 1386-1439), Lorenzo Valla (ca. 1406-1457) oder Marsilio Ficino (1433-1499) hinweisen[13]. Es kommt nicht von ungefähr, wenn gegenwärtig unsere erfolgreichste Reihe von »griechischen und lateinischen Schriftstellern« gerade unter der Obhut von Vallas Namen steht (Fondazione Valla. Scrittori greci e latini), wobei sie die Klassiker der Antike und die Kirchenväter vereint herausbringt.

Es wäre sicher verfehlt, einfach eine geschichtliche Kontinuität der patristischen Wissenschaft des Humanismus mit den nachfolgenden Studien in Italien zu behaupten. Wahrscheinlich war dies eher der Fall bei der Entwicklung, die in anderen europäischen Ländern stattgefunden hat (vor allem in Frankreich, während der Periode vom 16. bis zum 18. Jahrhundert). Außerdem, auch der besondere Geist, der aus der humanistischen Wiederentdeckung der Väter uns noch heute anspricht, konnte natürlich nicht mit derselben Frische nachempfunden werden. Für die oben genannten Vertreter dieser Bewegung handelte es sich nämlich um eine einzigartige Verbindung zwischen der *sapientia* der alten Philosophen, in erster Linie wohl Plato, und der *theologia* der Kirchenväter[14]. Eine solche Verbindung sollte übrigens auch eine Antwort auf die damalige Krise der Kirche im Sinne einer *reformatio* aus den Ursprüngen her bieten. Es zeigt sich damit die Besonderheit der geschichtlichen Konstellation, die sich mit solchen Merkmalen nicht wieder bilden konnte. D.h., wenn man für die italienischen Humanisten von dem Versuch einer Synthese zwischen »Altertumswissenschaft« und »Patristik« sprechen darf, sollte sich bei uns ihre Beziehung in der

[13] Für eine Wertung der patristischen Wissenschaft dieser Periode siehe neuerdings: C. Stinger, Italian Renaissance Learning and the Church Fathers, in: The Reception of the Church Fathers in the West. From the Carolingians to the Maurists, ed. by I. Backus, Leiden 1997, 473-510. Vgl. zuletzt auch den Sammelband: Tradizioni patristiche nell'umanesimo, a cura di M. Cortesi e C. Leonardi, Florenz 2000.

[14] Laut C. Vasoli, Umanesimo e patristica, in: La tradizione patristica (wie Anm. 4), 9-19, wäre es verfehlt, von einem Gegensatz zwischen »heidnischem Humanismus« (vertreten z.B. von Leonardo Bruni) und »christlichem Humanismus« zu sprechen. Auch Geistliche und religiös empfindsame Gelehrte wie Traversari standen für jede Spur der griechischen Antike offen, die sie mit der christlichen Botschaft eng verknüpften: »Il ‚ritorno' ad Atanasio, Basilio, Giovanni Climaco, Giovanni Crisostomo, Efrem e Giovanni Mosco (per non dire di Origene e di Diogene Laerzio, autori prediletti dal Traversari) significava la riconquista, essa pure ‚umanistica', di un modo d'intendere e di vivere il messaggio evangelico di cui l'Occidente non aveva sufficientemente conosciuto ed apprezzato l'intensa forza spirituale, proprio perché ne ignorava il vero linguaggio e non poteva comprenderne la più profonda e originale ispirazione«, 12.

Folgezeit und fast bis zur Gegenwart eher im Sinne einer Unterscheidung entwickeln, wenn nicht sogar einer regelrechten Trennung.

Nach dieser glänzenden Epoche ging die Hauptinitiative für die Erforschung der Väter in andere Hände über: ausländische Gelehrte traten vor allem auf den Plan, und Frankreich, wie schon gesagt, wurde auf längere Zeit hin führend. Dies bedeutete jedoch nicht, daß das Verhältnis zum patristischen Erbe nicht mehr lebendig war. Im Laufe der Gegenreformation erfuhren im Gegenteil die Kirchenväter zum ersten Mal einen »Bucherfolg« dank der vielen Editionen, die insbesondere in den Druckereien von Venedig und Rom herauskamen[15]. Der Bucherfolg sollte sich, nach einer gewissen Stagnation im 17. Jahrhundert, verursacht durch die ungünstige politische und wirtschaftliche Konjunktur, zur Zeit der Aufklärung erneut wiederholen: man kann ja eine erstaunliche Liste von *Opera Omnia* zusammentragen, die im Laufe des 18. Jahrhunderts ans Licht kamen. Um eine Idee davon zu geben, zählen wir mindestens drei Ausgaben der Werke von Augustin (1729, 1753, 1797), Hilarius von Poitiers (1730, 1731, 1749) und Tertullian (1701, 1708, 1744) und sogar fünf von Leo dem Großen (1741, 1747, 1748, 1753, 1755)[16].

Nach der antiprotestantischen Ausnützung, die im Zeichen der Gegenreformation vor allem im Barockzeitalter praktiziert wurde (es sei hier nebenbei, auf kirchengeschichtlicher Ebene, an die *Annales Ecclesiastici* von Cesare Baronio erinnert)[17], diente diesmal der Rückgriff auf die Väter einerseits innerkirchlich der kritischen Auseinandersetzung mit manchen Richtungen und Auswirkungen des posttridentinischen Katholizismus, andererseits speziell der Besinnung auf die Wurzel des christlichen Glaubens vor dem Aufkommen des Rationalismus[18]. Trotz des apologetischen Anliegens, das sie zum Teil bestimmt, erinnern die

[15] Für diese Aspekte vgl. den Sammelband: I Padri sotto il torchio. Le edizioni dell'antichità cristiana nei secoli XV-XVI, a cura di M. Cortesi, (im Druck).

[16] Ich beziehe mich hier auf die Darstellung von P. Stella, Editoria e lettura dei Padri: dalla cultura umanistica al modernismo, in: Complementi interdisciplinari (wie Anm. 10), 799-837, bes. 820-825.

[17] C. Baronio, Annales Ecclesiastici, 12 Bde., Rom 1588-1607. Für eine Würdigung der Väter-Rezeption bei Baronio (1538-1607) siehe E. Norelli, L'autorità della Chiesa antica nelle Centurie di Magdeburgo e negli Annales del Baronio, in: Baronio storico e la Controriforma. Atti del convegno internazionale di studi, a cura di R. de Maio, L. Giulia e A. Mazzacane, Sora 1982, 253-307.

[18] »Il ritorno ai Padri antichi era animato perciò dall'ansia o dall'illusione di scoprire in essi i modi e i mezzi sia per controbattere i ‚filosofi' moderni, sia per consolidare e diffondere la fede dei credenti« (Stella, Editoria e lettura [wie Anm. 16], 821).

Leistungen dieser Periode an diejenigen im Zeitalter des Humanismus: es sei hier wieder nebenbei an Gelehrte wie Ludovico Antonio Muratori (1672-1750) gedacht, dessen Namen durch die Entdeckung des nach ihm benannten »Kanons« mit der Geschichte des Urchristentums untrennbar verbunden ist[19]. Auf dem Gebiet der Patristik denke ich hauptsächlich an die Veroneser Brüder Ballerini, insbesondere Pietro (1698-1769), aber auch Girolamo (1702-1781), auf deren gemeinsamer Arbeit u.a. die Edition der Schriften Leos des Großen beruht, die noch heute als Standardwerk gilt[20]. Aus derselben Stadt Verona stammte, nebst dem Polygraphen Scipione Maffei (1675-1755) – dem wir Editionen des Hilarius und der *Historia acephala* verdanken[21] –, auch der Herausgeber der Hieronymus-Werke, Domenico Vallarsi (1702-1771)[22]. Seine Ausgabe darf wohl als das bedeutendste Resultat dieser erneuten Beschäftigung mit dem literarischen Nachlaß der Väter betrachtet werden. Obwohl die Hieronymus-Spezialisten auch in jüngster Zeit viel getan haben, um uns mit neuen kritischen Texten zu versorgen, sind wir längst noch nicht dazu gekommen, die Edition von Vallarsi von unserem Arbeitstisch zu schaffen. Zu dieser Generation von Forschern dürfen wir vielleicht auch die maronitische Gelehrten-Familie der Assemani hinzurechnen, da ihre Tätigkeit sich fast ausschließlich in Rom oder sonst in Italien abspielte[23]. Durch ihre verschiedenen Verdienste trugen

[19] Erste Veröffentlichung in: L.A. Muratori, Antiquitates Italicae Medii Aevi, Bd. III, Mailand 1740, 851-854. Für das Verhältnis von Muratori zur patristischen Wissenschaft seiner Zeit, siehe: E. Raimondi, I Padri Maurini e l'opera del Muratori, in: ders., I lumi dell'erudizione. Saggi sul Settecento italiano, Milano 1989, 3-77. Muratori betätigte sich auch als Herausgeber patristischer Texte: R. Palla, Gli Anecdota Graeca di Ludovico Antonio Muratori e il testo degli epigrammi di Gregorio Nazianzeno, in: Gregorio Nazianzeno teologo e scrittore, a cura di C. Moreschini e G. Menestrina, Bologna 1992, 170-197.

[20] P. Ballerini/G. Ballerini, Sancti Leonis Magni Romani Pontificis Opera, 3 Bde., Venedig 1753-1757. Zur Edition der Werke Leos siehe zuletzt: I Sermoni di Leone Magno. Fra storia e teologia, a cura di M. Naldini, Florenz 1997.

[21] Die Hilarius-Ausgabe in 2 Bänden wurde in Verona 1730 publiziert. Die »editio princeps« der »Historia acephala« erschien in: S. Maffei, Osservazioni letterarie, Bd. III, Verona 1738, 60-83.

[22] Hieronymus, Opera, a cura di D. Vallarsi, 11 Bde., Verona 1734-1742, ^{2}1766-1772.

[23] Joseph Simonius Assemani (1687-1768) brachte die »Bibliotheca orientalis Clementino-Vaticana« (4 Bde., Rom 1719-1728), eine wichtige Sammlung von Quellen zur syrischen Kirchengeschichte, sowie die Werke Ephräms (J.S. Assemani, Sancti Patris nostri Ephraem Syri Opera omnia quae exstant, Graece, Syriacae, Latinae, 6 Bde., Rom 1732-1746) heraus. Sein Neffe Stephan Evodius (1707-1782) veröffentlichte u.a. Kataloge orientalischer Handschriften. Ein weiterer Neffe, Joseph Aloysius, Professor für Syrisch und Liturgie in Rom, veröffentlichte eine Sammlung liturgischer

die Assemani dazu bei, den Horizont der altchristlichen Literatur nicht nur auf die Schriften in griechischer und lateinischer Sprache zu beschränken. Allerdings muß gleich hinzugefügt werden, daß wesentliche Akzente in dieser Richtung schon im Italien der Renaissance gesetzt wurden[24].

Verglichen mit den imposanten Sammlungen von Schriften der Kirchenväter, die vorwiegend im Frankreich des 17. und 18. Jahrhunderts entstehen und den Weg für das große Unternehmen der beiden *Patrologien* von Migne allmählich bahnen, nimmt sich das italienische Panorama etwa bescheidener aus[25]. Jedoch, einerseits zollt die Sammlung, die der Oratorianer Andrea Gallandi (1709-1779) in Venedig aus 380 christlichen Schriftstellern der ersten sieben Jahrhunderte zusammenstellt, größere Aufmerksamkeit den weniger bekannten Autoren[26]; andererseits versorgt Giovanni Domenico Mansi (1692-1769) die Kirchenhistoriker bis zum heutigen Tag mit der ausführlichsten und bekanntesten Konziliensammlung[27].

Schließlich, um das Bild der Väter-Rezeption in Italien zur Zeit der Aufklärung abzurunden, müßte man auch die vielen Übersetzungen patristischer Texte erwähnen – eine wahre Welle, die ihren Niederschlag vorwiegend in der zweiten Hälfte des 18. Jahrhunderts fand und die wiederum, auch in dieser Hinsicht, an die Verhältnisse im Spätmittelalter und im Humanismus erinnert[28]. Übrigens, von den zahlreichen Über-

Texte. Ein weiteres Familienmitglied, Simon Assemani (1752-1821), wirkte als Professor der orientalischen Sprachen an der Universität Padua. Über die nähere Umgebung und die vielfältige Tätigkeit dieser bedeutenden Gelehrtenfamilie vgl. P. Raphael, Le rôle du Collège Maronite Romain dans l'orientalisme aux XVIIe et XVIIIe siècles, Beirut 1950.

24 Man denke z.B. an Theseus Ambrosius (1469-1540), der mit seiner »Introductio in Chaldaicam linguam, Syriacam atque Armenicam«, Pavia 1539, einen wichtigen Anstoß dazu gab. Siehe dazu: G. Levi della Vida, Teseo Ambrogio degli Albonesi, DBI 2, Roma 1960, 39-42, und W. Strothmann, Die Anfänge der syrischen Studien in Europa, Wiesbaden 1971.

25 Zur Vorgeschichte von Migne siehe: A. Mandouze/J. Fouilheron (Hgg.), Migne et le renouveau des études patristiques. Actes du colloque de Saint-Flour, 7-8 juillet 1975, Paris 1985.

26 A. Gallandi, Bibliotheca veterum patrum antiquorumque scriptorum ecclesiasticorum Graecorum, 14 Bde., Venedig 1765-1781, ²1788.

27 Nach der ersten Ausgabe in 6 Bänden (G.D. Mansi, Sanctorum conciliorum et decretorum collectio nova, 6 Bde., Lucca 1748-1752) veröffentlichte der Erzbischof von Lucca die Sacrorum Conciliorum Nova et Amplissima Collectio, 31 Bde., Florenz 1758-1798.

28 Für ein summarisches Verzeichnis der italienischen Übertragungen dieser Epoche vgl. P. Stella, Editoria e lettura (wie Anm. 16), 824f.: »per il numero di versioni, l'ultimo

setzungen der vorigen Jahrhunderte, zwar versehen mit den notwendigen Revisionen durch die Modernisierung der Sprache, profitierte weitgehend das 19. Jahrhundert, das sonst von der patristischen Erudition des 18. noch für eine Weile zehrte. Interessanterweise läßt sich hier feststellen, daß in Italien Übertragungen patristischer Texte in die Umgangssprache in größerem Maße gedruckt wurden als im Ausland, wo hingegen die Editionen auf Griechisch und Latein weiter bevorzugt wurden[29]. Im Hinblick darauf können wir vielleicht von einem typischen Zug sprechen, der die Wirkungsgeschichte der Väter in unserem Land bis zur Gegenwart prägt. Die Gründe für solche Verbreitung sind wohl in erster Linie gestern wie heute bildungsgeschichtlicher Art. Sie hängen also im 19. Jahrhundert vor allem mit der Ausbildung des Klerus in den Priesterseminaren zusammen, während heutzutage, nebst den Angehörigen des geistlichen Standes, auch religiös motivierte Laien von den Vätern geistig ernährt werden, häufig durch die Impulse der theologischen Institute der Diözesen. In diesem Zusammenhang, abgesehen – wie schon angedeutet – von Rosminis Bemühungen[30], läßt sich trotzdem in Italien kein Versuch beobachten, das theologische Erbe der Väter auf originelle Weise zu vermitteln, wie es von Johann Adam Möhler (1796-1838) in Deutschland und von John Henry Newman (1801-1890) in England unternommen wurde.

Die Ausbildung der Patristik als Wissenschaft: Der Übergang vom 19. ins 20. Jahrhundert

Vom Standpunkt der Patristik als Wissenschaft aus gesehen läßt sich aber ein weniger positives Bild Italiens im Laufe des 19. Jahrhunderts und bis zum Beginn des 20. zeichnen. Wenn man für die erste Hälfte des Jahrhunderts noch einen etwas überschätzten Philologen wie Angelo Mai (1782-1854) nennen kann, der sich um die Erforschung von

scorcio del '700 potrebbe considerarsi come una piccola epoca d'oro delle versioni patristiche in Italia, in piena epoca di religiosità illuminata«. Um ein Bild zu gewinnen von der ausgedehnten Übersetzungstätigkeit, die sich im 14. und 15. Jahrhundert abspielte, verweise ich auf das Beispiel der »Vitae Patrum«. Siehe dazu die Einleitung zu: D. Cavalca, Cinque vite di eremiti, in: Dalle »Vite dei Santi Padri«, a cura di C. Delcorno, Venezia 1992.

29 Vgl. Stella, Editoria e lettura (wie Anm. 16), 827.

30 Darüber siehe Quacquarelli, Le radici (wie Anm. 2), der u.a. die patristischen Quellen des berühmten Reformbuches »Le cinque piaghe della Chiesa« untersucht (ebd., 19-54).

Palimpsesten und sonstigen unedierten Texten verdient machte[31], läßt in der nachfolgenden Zeit die Verbreitung moderner kritischer Editionen aufgrund der neuen Lachmannschen Methode lange auf sich warten. Der Abstand wird in erster Linie an der großen Lücke sichtbar, die im Verhältnis zum Ausland (und speziell zum deutschsprachigen Raum) mit der Schaffung der großen Reihen wie CSEL (1866) und GCS (1897) entsteht[32]. Erst in der zweiten Hälfte des 20. Jahrhunderts sollte in Italien der Versuch gemacht werden, eine solche Lücke wenn auch noch ansatzweise zu füllen. Das Erschlaffen patristischer Studien, obwohl zum Teil durch die kirchengeschichtliche Arbeit kompensiert – ein Name wie der große Archäologe Giovanni Battista de Rossi (1822-1894) mag hier ihr besonderes Gewicht unterstreichen[33] –, hängt u.a. mit der Lage des Landes zusammen, nach dem Erreichen seiner politischen Einheit.

Nach 1870 führte das gespannte Verhältnis zwischen Staat und Kirche bald zur Abschaffung der theologischen Fakultäten an den staatlichen Universitäten (1872)[34]. In dem Augenblick, als dies geschah, war es an sich kein schwerwiegender Verlust, weil diese Lehrstätten schon seit langem dahinvegetierten. Mit einer von Jahr zu Jahr sinkenden Zahl

[31] Vgl. S. Timpanaro, Angelo Mai, Atene e Roma, NS 1, 1956, 3-34. Unter den vielen Textausgaben des vatikanischen Präfekten sei besonders an die »Scriptorum Veterum Nova Collectio« (10 Bde., Rom 1830-1838) erinnert. Für die Berühmtheit des Kardinal Mai trägt auch der große Dichter Giacomo Leopardi Verantwortung. Das ihm gewidmete Gedicht bezeugt das Interesse des jungen Leopardi für die patristische Erudition. Dies führte ihn dazu, eine zeitlebens unedierte Sammlung der griechischen christlichen Schriftsteller des zweiten Jahrhunderts zusammenzutragen. Vgl. G. Leopardi, Fragmenta Patrum Graecorum. Auctorum Historiae Ecclesiasticae Fragmenta (1814-1815), a cura di C. Moreschini, Florenz 1976. Siehe auch den folgenden Aufsatz desselben Herausgebers: C. Moreschini, Metodi e risultati degli scritti patristici di Giacomo Leopardi, Maia 23, 1971, 303-320.

[32] Eine ausführliche Darstellung der patristischen Studien im letzten Jahrhundert findet man bei: M. Maritano, La situazione degli studi patristici nel secolo XIX. Sguardo sintetico con indicazioni bibliografiche, in: Lo studio dei Padri (wie Anm. 1), 185-202. Die entscheidende Wende für die patristische Forschung, verursacht durch das Aufblühen der klassischen Philologie in Deutschland, wird von M. Simonetti und G.M. Vian hervorgehoben: M. Simonetti/G.M. Vian, Uno sguardo su centotrent'anni di studi patristici, in: La tradizione patristica (wie Anm. 4), 59-104.

[33] Ein interessantes Zeugnis der Ausstrahlung von de Rossi bietet sein Briefwechsel mit Louis Duchesne, dem jüngeren Historiker der Alten Kirche, in: Correspondance de Giovanni Battista de Rossi et de Louis Duchesne (1873-1894), etablie et annotée par P. Saint-Roch, Rome 1995.

[34] Vgl. B. Ferrari, La soppressione delle facoltà di teologie nelle Università di Stato in Italia, Brescia 1968.

von Studenten und ohne hinreichende finanzielle Unterstützung des Staates wurden sie zuletzt auch von kirchlicher Seite boykottiert. Jedoch mit der Zeit sollte sich die Aufhebung der theologischen Hochschulen auch als ein negativer Faktor erweisen, da sie dem religiösen Wissen im allgemeinen und speziell den Wissenschaften des Christentums keinen institutionellen Rahmen im akademischen Lehrbetrieb mehr gewährte. Die parlamentarische Debatte über die geplanten Maßnahmen und der daraus resultierende Gesetzesentwurf ließen allerdings einen kleinen Spalt offen. Sie erwogen nämlich die Möglichkeit, daß unter gewissen Umständen Lehrfächer von besonderem kulturellen Interesse (und zwar geschichtlicher, philologischer und philosophischer Art), die innerhalb der theologischen Fakultäten gelehrt wurden, nun von den staatlichen Universitäten übernommen werden könnten. Damit meinte man einerseits Fächer wie Hebräisch bzw. die semitischen Sprachen und das kanonische Recht, andererseits aber auch die Kirchengeschichte oder vielmehr – wie es schon von verschiedenen Seiten gewünscht wurde – die Religionsgeschichte[35]. In der Tat trug der erste Lehrstuhl dieser Art, der 1886 an der Universität Rom eingerichtet wurde, die Bezeichnung *Storia delle religioni* (»Religionsgeschichte«), wobei er allerdings auf Wunsch seines Inhabers Baldassarre Labanca schon 1887 in *Storia del cristianesimo* (»Geschichte des Christentums«) umbenannt wurde[36].

Der Aufbruch kirchen- bzw. religionsgeschichtlicher Studien ging um die Jahrhundertwende mit langsamen Schritten voran, bei der herrschenden Atmosphäre zunächst des Positivismus und dann des Idealismus, die beide aus verschiedenen Gründen wenig Verständnis dafür hatten. Wie es zu erwarten ist, kamen die wichtigsten Anstöße zu ihrer Entfaltung aus den Reihen des Modernismus, dessen italienisches Kapi-

[35] Für die näheren Umstände dieser Debatte, siehe: P. Siniscalco, Gli insegnamenti storico-religiosi nell'Università di Roma. Origini e primi sviluppi, in: Ἀγαθὴ ἐλπίς. Studi storico-religiosi in onore di Ugo Bianchi, a cura di G. Sfameni, Rom 1994, 149-170, bes. 149-151, und N. Spineto, Storia delle religioni e storia del cristianesimo: un dibattito italiano di inizio secolo, in: Il cristianesimo e le diversità. Studi per Attilio Agnoletto, a cura di R. Cacitti, G.G. Merlo e P. Vismara, Studi di storia del cristianesimo e delle chiese cristiane 1, Mailand 1999, 263-293. Der verabschiedete Gesetzesentwurf enthielt die folgende Formulierung: »Gli insegnamenti (della facoltà di teologia), i quali hanno un generale interesse di cultura storica, filologica e filosofica, potranno essere dati nelle facoltà di lettere e filosofia, giusto il parere del Consiglio superiore della pubblica istruzione« (zitiert nach: P. Siniscalco, La genesi dell'insegnamento di storia delle religioni in Italia, SMSR 62, 1996, 613-614).

[36] Nach anfänglichem Lehrauftrag wurde der offizielle Lehrstuhl im Jahre 1892 geschaffen. Vgl. Siniscalco, Gli insegnamenti (wie Anm. 35), 155.

tel einige interessante und aktive Gestalten aufweisen kann. Nach Labanca, der sich ohne allzu großes Echo für die Anwendung der historisch-kritischen Methode auf das Studium des Urchristentums und den Anschluß an die ausländische Forschung (auch durch persönlichen Kontakt, z.B. mit Harnack) eingesetzt hatte[37], betrat 1915 mit Ernesto Buonaiuti (1881-1946) eine wesentlich ausstrahlungsreichere Persönlichkeit den römischen Lehrstuhl[38]. Trotz der geistigen Ferne, die Buonaiuti von seinem »liberalen« Vorgänger trennte, setzte sich mit ihm zunächst das Interesse für die Geschichte des Urchristentums fort, das zusammen mit dem Studium der Bibel die Modernisten-Generation (auch im Sog der Auseinandersetzung zwischen Loisy und Harnack) charakterisierte. Hierin läßt sich auch die gemeinsame Bestrebung erkennen, mit Hilfe der religionsgeschichtlichen Forschung eine Erneuerung des kulturellen und religiösen Lebens des Landes zu erreichen[39]. Damit verband allerdings Buonaiuti sein tief religiöses Anliegen, das ihn für den charismatischen Aspekt des Christentums, in seinen Augen zuletzt verkörpert durch die prophetische Botschaft eines Gioacchino da Fiore, besonders empfindsam machte[40].

[37] Zur Bewertung seiner wissenschaftlichen Leistung siehe Siniscalco, Gli insegnamenti (wie Anm. 35), 155-158. Das Buch »Il cristianesimo primitivo« (1886) war der erste Versuch in Italien, die Ursprünge des Christentums, aufgrund der wissenschaftlichen Untersuchungen vom 19. Jahrhundert, historisch-kritisch zu rekonstruieren. Labanca, der viel belesen war und bibliographisches Wissen besonders pflegte, erntete manchmal dafür die ironischen Bemerkungen seiner Zeitgenossen. Für eine einfühlsame Darstellung seines Beitrags zum Studium des Neuen Testaments vgl. V. Fusco, Baldassarre Labanca e gli studi neotestamentari in Italia, ASEs 8, 1991, 677-705.

[38] F. Parente, Ernesto Buonaiuti e gli altri storici del cristianesimo e della chiesa antica, RSIt 84, 1982, 756-776.

[39] Buonaiuti selbst formulierte dieses Programm folgendermaßen in seinen Erinnerungen: »Chiamato molto presto all'insegnamento della storia della Chiesa ... parve al mio fervore giovanile che null'altro d'ora in poi sarebbe mancato alla mia più profonda e più tenace aspirazione: consacrare tutte le mie energie allo sviluppo della coltura cattolica italiana sul terreno che l'indagine della modernità ha più largamente dissodato, il terreno dell'esplorazione storico-religiosa.« (E. Buonaiuti, Pellegrino di Roma. La generazione dell'esodo, Rom 1944, zitiert nach: M. Ranchetti, Cultura e riforma religiosa nella storia del modernismo, Turin 1963, 107 Anm. 1).

[40] Ich schließe mich hier dem Urteil eines seiner Nachfolger an: »Esperto nella critica delle fonti, attento ai problemi filologici e linguistici, acuto nell'esegesi dei testi, egli certo mette in pratica con impegno e serietà il metodo critico, ma, insieme percepisce l'urgenza di coniugare la sua vocazione scientifica con le istanze profonde e vivissime della sua esperienza religiosa, ritenuta immanente nello spirito di tutti gli uomini« (Siniscalco, Gli insegnamenti [wie Anm. 35], 161).

1924 wurde schließlich an derselben Universität Rom auch ein eigener Lehrstuhl für Religionsgeschichte geschaffen. Raffaele Pettazzoni (1883-1959) bekleidete ihn als erster Ordinarius, trotz der Bedenken von Benedetto Croce, der die Autonomie der Disziplin nicht akzeptieren wollte[41]. Damit erkannte man das Recht an, sowohl die Geschichte des Christentums als auch die Religionsgeschichte unabhängig zu praktizieren. Dies war der Ausgangspunkt einer längeren Debatte, die u.a. den kulturellen Wert der jeweiligen Disziplin für die besondere Lage Italiens ans Licht bringen wollte[42]. Als weiteres Ergebnis wurden neue Lehrstellen für die Kirchen- bzw. die Religionsgeschichte auch außerhalb von Rom eingerichtet. Ob damit der Jugend-Traum von Buonaiuti, »die katholische Kultur Italiens, was die Religionswissenschaft angeht, auf das Niveau der ausländischen zu bringen«[43], als erfüllt gelten sollte, läßt sich bezweifeln. Daß ein solches Programm längst nicht erreicht war, zeigte sich nicht zuletzt an der Lage der italienischen Patristik.

Während das kirchen- bzw. religionsgeschichtliche Studium nach und nach in den staatlichen Universitäten Fuß faßte, blieb dagegen die Patristik weitgehend zurück. Es vermehrten sich zwar die Versuche, die »altchristliche Literatur« – wie es nun immer häufiger heißt – als selbständige Disziplin im Rahmen der altphilologischen Wissenschaften anzuerkennen. Doch entsteht der erste Lehrstuhl für »Letteratura cristiana antica« erst 1924 an der katholischen Universität Mailand, und man muß sogar bis 1948 warten, bevor eine staatliche Hochschule – die Universität Turin – ihn offiziell einführt. Als erster Professor für altkirchliche Literatur trat der Salesianer Paolo Ubaldi (1872-1934) auf den Plan, ein ausgebildeter Altphilologe von Haus aus, der sich zunächst auf dem Gebiet der griechischen Philologie bekannt gemacht

41 Zu dieser Polemik, die als Reaktion auf die Antrittsvorlesung Pettazzonis entstand, siehe besonders Siniscalco, La genesi dell'insegnamento (wie Anm. 35), 619. Für eine Würdigung von Pettazzoni als Religionshistoriker vgl. ders., Gli insegnamenti (wie Anm. 35), 163-169.

42 Zu diesem Hintergrund siehe Spineto, Storia delle religioni (wie Anm. 35), 272ff. Der Verfasser betont u.a. den Beitrag von Pettazzoni, der in seinem Aufsatz – R. Pettazzoni, Storia del cristianesimo e storia delle religioni, Sc. 8, 1914 – für ein »religionsgeschichtliches« Studium des Christentums plädierte.

43 Rückblickend stellte Buonaiuti mit Bitterkeit fest: »Potrei dire che, da un quindicennio a questa parte, tutta la mia amareggiata esistenza è stata una espiazione del mio sogno giovanile di portare la coltura cattolica italiana all'altezza della coltura straniera in fatto di scienze religiose« (E. Buonaiuti, Pellegrino di Roma 8 [wie Anm. 39], zitiert nach Ranchetti, Cultura e riforma [wie Anm. 39], 107 Anm. 1).

hatte, sich aber gleichzeitig und zunehmend mit den griechischen Kirchenvätern (insbesondere mit den Apologeten) befaßte[44]. Seine akademische Laufbahn zeugt von einer Zeit, in der die Disziplin noch um ihre Autonomie zu kämpfen hatte, wobei die Debatte darüber sich noch eine Weile hinzog. Auf der anderen Seite wurde sie gerade auch aus diesem Grund von Spezialisten der griechischen und lateinischen Literatur im Nebenfach praktiziert.

Der wichtige Beitrag, den italienische Altphilologen für die patristische Wissenschaft in der ersten Hälfte des 20. Jahrhunderts geliefert haben, läßt sich unter vielen anderen besonders an dem Namen von Giorgio Pasquali (1885-1952) messen[45]. Als kreativer Anhänger der großen Tradition deutscher Altertumswissenschaft im Geiste des Historismus widmete er sein berühmtes Buch *Storia della tradizione e critica del testo* (1934) einerseits Eduard Schwartz, andererseits Girolamo Vitelli (1849-1935), der die italienische Papyrologie zu Weltberühmtheit gebracht hatte[46]. Dies Buch, noch heute nach den Worten von Manlio Simonetti eine »wahre Bibel des Altphilologen«[47], zieht zahlreiche Beispiele christlicher Schriften zur Erhellung überlieferungsgeschichtlicher und textkritischer Probleme heran. So bezieht sich die anfängliche Auseinandersetzung mit Lachmann und Maas um die Annahme eines Archetypus als Regelfall mit der Text-Überlieferung des *Apologeticum*, »un'operetta di un padre della Chiesa che, se non è un

44 Für ein kurzes Profil siehe: L.F. Pizzolato, La letteratura cristiana antica nell'università cattolica di Milano: alle origini, in: La letteratura cristiana (wie Anm. 1), 69-123. Ubaldi, der mit einer Chrysostomus-Dissertation (Omelie antiochene di S. Giovanni Crisostomo) promovierte, wurde als Altphilologe für seine kommentierten Editionen des Aischylos geschätzt. Vgl. E. Degani, Italia: la filologia greca nel secolo XX, in: La filologia greca e latina nel secolo XX, Atti del Congresso Internazionale, Bd. II, Pisa 1989, 1109-1110. Aus einer Schule stammend, die die deutsche Philologie wegen ihrer angeblichen Neigung zu Texteingriffen kritisierte, erntete allerdings Ubaldi auch die Kritik von Pasquali: »Una critica che non ammetta le corruttele, ma voglia salvare a ogni costo il testo tradizionale, interpretando quel che non può essere interpretato, una critica come quella che il mio caro e dotto amico Ubaldi esercita sugli Apologeti greci (del resto, ahimé! anche sull'*Agamennone*), è la meno probabile di tutte« (G. Pasquali, Storia della tradizione e critica del testo, Mailand 1974 [=Florenz ²1952], 140).

45 Vgl. Degani, Italia (wie Anm. 44), 1128-1134; C. Curti, Il contributo di alcuni classicisti italiani alla letteratura cristiana antica, in: La letteratura cristiana (wie Anm. 1), 33-44, bes. 35-38.

46 Für eine kurze Würdigung siehe Degani, Italia (wie Anm. 44), 1084-1088.

47 M. Simonetti, L'edizione critica di un testo patristico, in: Per una cultura dell'Europa unita. Lo studio dei Padri della Chiesa oggi, Torino 1992, 25.

classico nel senso estetico della parola, è tuttavia un antico e quindi appartiene di pieno diritto alla filologia classica« (ein kleines Werk von einem Kirchenvater, wohl kein Klassiker im ästhetischen Sinne des Wortes, aber ein antiker Autor, und deshalb mit vollem Recht der Altphilologie angehörend)[48]. Ausgehend von diesen Vorstellungen, die viel von der derzeitigen Debatte um das Wesen der Altphilologie und das Verhältnis der altchristlichen Literatur zu ihr verraten, brachte Pasquali die kritische Ausgabe und eine ausführliche Untersuchung der *Epistulae* Gregors von Nyssa heraus, zwei mustergültige Zeugnisse der italienischen Altertumswissenschaft sowie der Patristik im vergangenen Jahrhundert[49].

Mit der allmählichen Einrichtung von Lehrstühlen für altchristliche Literatur (nach Mailand und Turin kamen in kurzer Zeit auch die Universitäten von Bari und Catania hinzu)[50] verselbständigte sich die neue Disziplin mehr und mehr gegenüber der klassischen Philologie, ohne allerdings die Beziehung zu ihr bis zum heutigen Tag aufzugeben. Der erste Ordinarius an einer staatlichen Universität, Michele Pellegrino (1903-1986), der in Turin von 1948 bis zu seiner Bischofswahl als Erzbischof derselben Stadt im Jahre 1967 wirkte, weist im Unterschied zu seinem Lehrer Paolo Ubaldi eine vorwiegend patristische Laufbahn auf, angefangen bei der Dissertation über die Dichtung des Gregor von Nazianz (La poesia di S. Gregorio Nazianzeno, 1932)[51]. Mit seinen zahlreichen Veröffentlichungen sowohl über die griechischen als auch die lateinischen Kirchenväter (insbesondere Augustin) verhalf Kardinal Pellegrino der neuen Fachwissenschaft, aus ihrem unsicheren Anfangssta-

48 Pasquali, Storia della tradizione e critica del testo (wie Anm. 44), 16. Wie bekannt, behauptet der Verfasser, daß die zwei Redaktionen des *Apologeticum* (die sog. *Fuldensis* und die *Vulgata*) auf Tertullian selbst *recta via* zurückgehen.

49 Gregorii Nysseni Opera, Bd. 8,2: Gregorii Nysseni Epistulae edidit G. Pasquali, Berlin 1925. Die zweite Auflage wurde von Werner Jaeger besorgt (Leiden 1959). Die Abhandlung – G. Pasquali, Le lettere di Gregorio di Nissa, SIFC 24, 1923, 75-136 – wird folgendermaßen von Degani, Italia (wie Anm. 44), 1132 gewürdigt: »memoria nella quale storia politica, storia della chiesa, analisi stilistica, linguistica e letteraria cooperano ad illuminare i singoli problemi (esegetici, testuali, di attribuzione), sciogliendo aporie che sembravano disperanti, con risultati che rappresentano un traguardo tuttora insuperato.«

50 Für die weitere Entwicklung siehe die verschiedenen Beiträge in: La letteratura cristiana (wie Anm. 1). Siehe besonders: M. Marin, Dagli studi di retorica patristica alla metodica interdisciplinare, 229-240; G. Rapisarda, La storia della cattedra di Letteratura cristiana antica a Catania, 241-246.

51 C. Mazzucco, Torino: la prima cattedra di Letteratura cristiana antica nell'Università di stato, in: La letteratura cristiana (wie Anm. 1), (125-189) 165.

dium weiter herauszukommen. Zu diesem Zweck betonte er zuerst die Autonomie der christlichen Literatur, auf formaler wie auf inhaltlicher Ebene. Gegen anhaltende klassizistische Vorurteile aber auch in Auseinandersetzung mit dem Ansatz seines Kollegen Augusto Rostagni (1892-1961), der als Verfasser einer maßgebenden »Geschichte der lateinischen Literatur« (Storia della letteratura latina, Torino 1949-1952) die autonome Behandlung der altchristlichen Literatur nur aus inhaltlichen Gründen einräumte[52], bemühte sich Pellegrino, den ästhetischen Eigenwert der altchristlichen Literatur ans Licht zu bringen, wobei für ihn die Andersartigkeit ihrer Inhalte eine Distinktion auch in formaler Hinsicht mit sich brachte. Andererseits war Kardinal Pellegrino in den letzten Jahrzehnten seiner Lehrtätigkeit, ausgehend von seinen Studien zur apologetischen Literatur, eher darauf bedacht, die Aspekte der Kontinuität zwischen altchristlicher und klassischer Literatur zu berücksichtigen, und zwar im Namen einer ihnen beiden gemeinsamen *humanitas*[53].

Rückblickend auf die erste Hälfte des 20. Jahrhunderts zeichnete Pellegrino 1952 ein üppiges Bild der damaligen patristischen Wissenschaft in Italien, wobei die Vielfalt der Bemühungen selbst auf den ersten Blick eine sehr positive Bilanz mit sich zu ziehen scheint[54]. Er erinnert z.B. an die zahlreichen Einzeleditionen, auch durch die Schularbeit gefördert, die zum Teil das Fehlen kritischer Editionsreihen in den Hintergrund treten lassen. Neben den verschiedenen *Patrologien*, in Originalausgabe oder in Übersetzung, erwähnt er die ersten Hand- und Lehrbücher zur Geschichte der altchristlichen Literatur, vor allem der lateinischen, welche, wiederum in Originalausgabe oder in Übersetzung, während derselben Periode publiziert wurden[55]. Auch Fachzeitschriften wie das von Ubaldi 1912 ins Leben gerufene »Didaskaleion« (1912-1917, 1923-1931) oder ihr Nachfolger »Nuovo Didaskaleion« (1947-

[52] Rostagni war wohl zusammen mit Pasquali, trotz gegensätzlicher Tendenzen, der bedeutendste Vertreter der italienischen Altphilologie bis zur Mitte des Jahrhunderts. Vgl. I. Lana, Italia: la filologia latina nel secolo XX, in: La filologia greca (wie Anm. 44), (1141-1167) 1159; Degani, Italia (wie Anm. 44), 1113-1116.

[53] Zur komplexen Beziehung mit Rostagni sowie zur Verschiebung des Ansatzes von Kardinal Pellegrino, siehe Mazzucco, Torino (wie Anm. 51), 148.171f.

[54] M. Pellegrino, Un cinquantennio di studi patristici in Italia, ScC 80, 1952, 424-452, Neudruck in: ders., Ricerche patristiche (1938-1980), Turin 1982. Prefazione di E. Corsini, II, 45-73.

[55] Das ausführlichste, aber wenig originelle Handbuch war: U. Moricca, Storia della letteratura latina cristiana, 5 Bde., Turin 1925-1934. Zu diesem Aspekt siehe jetzt M.P. Ciccarese, Da ieri a oggi: i manuali di letteratura cristiana antica, in: La letteratura cristiana (wie Anm. 1), 45-66.

1967) zeugen für ihn von dem Versuch, die wissenschaftliche Basis der Disziplin zu vertiefen. Bei den abschließenden Bemerkungen kommt Pellegrino jedoch zu einem eher reservierten Urteil, das Licht und Schatten gleichermaßen verteilt. Zum einen stellt er fest, daß die patristischen Studien, die ja in Italien weniger gepflegt werden als im Ausland, keine charakteristischen Tendenzen erkennen lassen; zum anderen sieht er den eigenen Beitrag der italienischen Forschung hauptsächlich auf philologischer und literarischer Ebene. Außerdem, wenn die Wunde, die sich in der italienischen Kultur durch die Abschaffung der theologischen Fakultäten geöffnet hatte, graduell zu heilen schien, hatten die theologischen Disziplinen trotzdem nach Meinung von Pellegrino noch nicht genug von der Erneuerung der philologisch-historischen Methoden profitiert[56]. Um ein solches Ziel zu erreichen, stellte er dann am Ende seines Beitrages die Schaffung einer »Hochschule für patristische Studien« in Aussicht.

Die letzten Jahrzehnte: Ein neuer Aufschwung patristischer Studien

Wie sieht nun die Lage in Italien aus, 50 Jahre nach dieser Bestandsaufnahme? Verständlicherweise will ich hier keine ausführliche Darstellung der gegenwärtigen Forschung in meinem Lande bieten, nicht nur aus Raumgründen, sondern vor allem weil verschiedene Überblicke, zum Teil sehr detailliert und auf den neuesten Stand gebracht, vorhanden sind, worauf ich verweisen möchte[57]. Im Unterschied zu dem Bericht von Kardinal Pellegrino werde ich vielmehr versuchen, die Hauptten denzen festzuhalten und die Probleme zur Sprache zu bringen, die meiner Meinung nach die jetzige Phase charakterisieren. Zu diesem Zweck

[56] Pellegrino, Un cinquantennio di studi patristici (wie Anm. 54), 451.

[57] Ohne Vollständigkeit anzustreben, beziehe ich mich hier auf die folgenden Beiträge in chronologischer Ordnung: E. Bellini, Gli studi patristici in Italia negli ultimi vent'anni (1951-1970), ScC 101, 1973, 107-139; A. di Berardino, Tendenze attuali negli studi patristici, in: Complementi interdisciplinari (wie Anm. 10), 25-70; E. Cavalcanti, Quindici anni di studi patristici in Italia (orientamenti metodologici), in: Metodologie della ricerca sulla tarda antichità, a cura di A. Garzya, Neapel 1990, 189-222; Simonetti/Vian, Uno sguardo (wie Anm. 32), 59-104; A. di Berardino, Orientations actuelles des recherches patristiques, in: Les Pères de l'Église au XXe siècle. »L'aventure des Sources Chrétiennes«, Paris 1997, 379-402; E. Cavalcanti, Gli studi patristici in Italia negli ultimi venticinque anni, in: I grandi problemi della storiografia civile e religiosa, a cura di G. Martina e U. Dovere, Rom 1999, 95-126.

empfiehlt es sich, mit dem institutionellen Rahmen zu beginnen, insofern seine Auswirkungen – wie eben gezeigt – die Entfaltung unserer Studien seit Ende des 19. Jahrhunderts entscheidend bestimmt haben.

Der von Kardinal Pellegrino geäußerte Wunsch nach einer »Hochschule für patristische Studien« ist doppelt in Erfüllung gegangen. Längst vorbereitet durch die aus Frankreich schon vor dem zweiten Weltkrieg stammende Bewegung des »Ressourcement«, dem »neuen Schöpfen« aus den Väter-Quellen und unmittelbar begünstigt von der konziliaren Atmosphäre, welche u.a. die Früchte jener Bewegung selbst erntete[58], wurde 1969 in Rom, mit Unterstützung von Papst Paul VI., das *Istituto Patristico Augustinianum* gegründet[59]. Seit seiner offiziellen Eröffnung im Jahre 1970 hat dieses Institut drei Jahrzehnte lang der patristischen Wissenschaft, in und außerhalb Italiens, eine sehr offene und empfängliche Heimat geboten, indem es zunächst ein regelrechtes Fachstudium auf diesem Gebiet ermöglichte. Dank der jährlichen Tagungen, die seit 1972 stattfinden, wurde außerdem ein wichtiger Ort des Austauschs mit der internationalen Forschung geschaffen, zu dem die prestigevolle Zeitschrift »Augustinianum« (gegründet 1961) und die Reihe »Studia Ephemeridis Augustinianum« hinzuzufügen sind. Als Hauptmerkmal der vielfältigen Arbeit, die im Rahmen dieser Institution gegenwärtig geleistet wird, darf wohl – mit den Worten meiner römischen Kollegin Elena Cavalcanti – die Kooperation zwischen theologischer und historischer Forschung angesehen werden. Damit überwindet man praktisch eine jahrhundertlange Trennung, wobei die aktive Beteiligung der an den staatlichen Universitäten ausgebildeten Patristiker eine Erweiterung der methodologischen Perspektiven mit sich bringt[60].

Als weitere Werkstatt patristischer Studien muß noch die *Pontificia Università Salesiana* in Rom genannt werden, in deren Rahmen 1965 ein *Pontificium Institutum Altioris Latinitatis* errichtet wurde, das sich inzwischen in eine *Facoltà di Lettere cristiane e classiche* verwandelt hat.

[58] Eine erste Bilanz zog gleich am Ende des zweiten Vatikanischen Konzils Kardinal Pellegrino selber, und zwar in einem Vortrag in Rom (am 2. Dezember 1965), zum Anlaß des Erscheinens des 100. Bandes der Reihe »Sources Chrétiennes«: M. Pellegrino, L'étude des Pères de l'Église dans la perspective conciliaire, Irén. 38, 1965, 453-461, Neudruck in: ders., Ricerche patristiche (wie Anm. 54), 129-137.

[59] Über Umstände und Ziele sowie über die inzwischen erreichten Ergebnisse informieren die zwei Sonderbände der Zeitschrift »Seminarium«: Istituto Patristico Augustinianum (Hg.), Lo studio dei Padri della Chiesa oggi, Rom 1977 und Istituto Patristico Augustinianum (Hg.), Lo studio dei Padri della Chiesa nella ricerca attuale, Rom 1991.

[60] Cavalcanti, Quindici anni di studi patristici (wie Anm. 57), 193f.

Damit setzen die italienischen Salesianer ihr verdienstvolles Werk fort, das – wie wir gesehen haben – mit dem Entstehen der Disziplin der altchristlichen Literatur im akademischen Lehrbetrieb zusammenfällt[61]. Ihnen ist insbesondere die erste italienische Reihe patristischer Texte, die *Corona Patrum Salesiana* (gegründet 1934) zu verdanken, deren zweite Reihe, die neue *Corona Patrum* (seit 1975), sich dem Standard kritischer Editionen mit erneuten Anstrengungen angepaßt hat[62].

Wenn damit der institutionelle Rahmen wesentlich kirchlicherseits bestimmt ist, darf nicht vergessen werden, wie dieser sich seit den sechziger und den siebziger Jahren auch staatlicherseits verändert hat. Eine größere Anzahl von Lehrstühlen für die »Altchristliche Literatur« ist an etlichen Universitäten entstanden, wobei diese Welle von einer ähnlichen für die »Kirchengeschichte« bzw. die »Geschichte des Christentums« (diese Distinktion ist ja bis heute geblieben)[63] begleitet wurde. Wenn man das Spektrum der verschiedenen Disziplinen betrachtet, die sich im Laufe zunehmender Spezialisierung unter dem allgemeinen Dach der zwei jeweiligen Fächer gebildet haben, kann man nur über das reiche Angebot staunen. Es wurden nämlich an verschiedenen Hochschulen folgende Fächer gelehrt: Neben der alteingesessenen Disziplin »Altchristliche Literatur« (manchmal getrennt nach »griechischer« und »lateinischer« Literatur), die kürzlich hinzugekommenen »Neutestamentliche Philologie und Exegese«, »Patristische Philologie«, »Geschichte der patristischen Exegese« und die »Hagiographie«[64]. Auf dem Nebenfeld der schon etablierten »Geschichte des Christentums« bzw. der »Kirchengeschichte«, entstanden mittlerweile als zusätzliche Lehrfächer die »Geschichte des alten Christentums«, »Christliche Ursprünge«, »Geschichte der Liturgie« und die »Geschichte der theologischen Lehren«[65]. Wenn man die kirchlichen Hochschulen bzw. die

[61] E. dal Covolo, Le cattedre di Letteratura cristiana antica nell'Università Pontificia Salesiana, in: La letteratura cristiana (wie Anm. 1), 263-267.

[62] F. Bolgiani, La »Corona Patrum« nel progresso della ricerca patristica, in: Per una cultura dell'Europa (wie Anm. 47), 41-52. Die erste Reihe brachte insgesamt 29 Bände griechischer und lateinischer Väter heraus.

[63] Für eine Bilanz der diesbezüglichen Debatte vgl. M. Rosa, A proposito di »comparativismo«, di storia del Cristianesimo e di storia della Chiesa, RSLR 7, 1971, 111-119.

[64] Eine Gesamtschau findet sich bei A.V. Nazzaro, Le discipline del Gruppo LO8B nel sistema universitario italiano, in: La letteratura cristiana (wie Anm. 1), 249-261.

[65] Ein repräsentatives Beispiel dazu bietet: G. Filoramo, L'insegnamento delle scienze religiose, in: Storia della Facoltà di Lettere e Filosofia dell'Università di Torino, a cura di I. Lana, Florenz 2000, 310-320.

Diözesaninstitute für die religiösen Wissenschaften dazu zählt, in denen im Regelfall die Patrologie unterrichtet wird, ist man geneigt, ein Jahrhundert nach Abschaffung der theologischen Fakultäten von einer wahren Blüte der patristischen Studien zu sprechen. Aber das Bild trügt, denn der institutionelle Rahmen, der bisher beschrieben wurde, ist noch weit entfernt davon, sich konsolidiert zu haben. Wegen dieser anhaltenden Strukturschwäche, deren Gründe später zu erörtern sind, ist das Bild vom Riesen auf tönernen Füßen, wenn auch ein wenig übertrieben, nicht ganz fehl am Platz.

Will man nach den institutionellen Voraussetzungen die kulturellen Faktoren und Orientierungen identifizieren, die zum gegenwärtigen Aufschwung geführt haben, dann kommen vor allem zwei Perspektiven in Frage. Einerseits, im Bezug auf die Altertumswissenschaft, haben die patristischen Studien von der wachsenden Anerkennung profitiert, die den Eigenwert der Spätantike ans Licht brachte, auch als Folge mancher behaupteten Affinitäten mit unserer Zeit[66]. Die historische Revision in dieser Hinsicht, die u.a. von Henri-Irénée Marrou einflußreich befürwortet wurde, hat im Italien der Nachkriegszeit überzeugte Anhänger gefunden. Römische Historiker wie Santo Mazzarino, Salvatore Calderone, Mario Mazza, Lellia Cracco Ruggini – um nur einige Namen zu nennen – haben viel dazu beigetragen, den Stempel der »Dekadenz« von der Endphase der Antike zu entfernen. Vor allem muß man sich hier das tiefgreifende Wirken eines Forschers wie Arnaldo Momigliano (1908-1987) vergegenwärtigen, der als Historiker und Historiograph der griechisch-römischen Antike ihre Verbindung mit Judentum und Christentum immer wachhielt. Während seiner langjährigen Tätigkeit an der *Scuola Normale* in Pisa hat er in diesem Sinne der italienischen Forschung wichtige Impulse gegeben[67]. Nicht von ungefähr sind in die-

[66] Vgl. Cavalcanti, Quindici anni di studi patristici (wie Anm. 57), 213-219. Zur historiographischen Kategorie »Spätantike« sowie zur angenommenen Ähnlichkeit dieser Periode mit der Gegenwart, siehe: M. van Uytfanghe, L'Antiquité tardive, le Haut Moyen Age et la seconde moitié du XXe siècle: affinités réelles ou imaginaires? Quelques considérations didactiques, Didactica Classica Gandensia 19, 1979, 139-182; R. Herzog, Wir leben in der Spätantike – Eine Zeiterfahrung und ihre Impulse für die Forschung, in: H. Flashar (Hg.), Auseinandersetzungen mit der Antike, Bamberg 1990, 83-113.

[67] Über seine wissenschaftlichen Interessen, die Griechenland, Rom, Judentum und Christentum verbanden, hat Momigliano häufig Rechenschaft gegeben. Siehe z.B. das kurze Vorwort zur Aufsatzsammlung: A. Momigliano, Storia e storiografia antica, Bologna 1987, 7f. Vgl. auch das autobiographische Zeugnis bei C. Dionisotti, Ricordo di Arnaldo Momigliano, Bologna 1989, worin die Rolle der Universität

sem günstigen Klima verschiedene Initiativen entstanden: u.a. eine durch den neapolitanischen Altphilologen und Byzantinisten Antonio Garzya 1976 ins Leben gerufene »Gesellschaft für spätantike Studien« (Società di Studi Tardoantichi) mit einer eigenen Zeitschrift (ΚΟΙΝΩΝΙΑ, seit 1977) und mit regelmäßigen Tagungen, bis hin zur Gründung, auf Betreiben des Cataneser Professors Salvatore Pricoco, der neuen Zeitschrift »Cassiodorus« (seit 1995), die sich wiederum laut ihrem Untertitel (»Rivista di studi sulla tarda antichità«) speziell diesen Studien widmet. Auch die zweite Serie einer vorwiegend philologisch-literarischen Zeitschrift wie »Orpheus« (Catania, seit 1980), die sich als eine »Rivista di umanità classica e cristiana« betitelt, spiegelt in ihrem Programm das gewachsene Interesse für die Spätantike wider[68].

Andererseits, als ein weiterer kultureller Faktor, der zur heutigen Entfaltung patristischer Studien in Italien noch wesentlicher beigetragen hat, muß wohl die durch das zweite vatikanische Konzil tief veränderte religiöse und theologische Atmosphäre angegeben werden. Wenn vielleicht solche Impulse besonders gegen Ende der sechziger und Anfang der siebziger Jahre spürbar waren, läßt sich jedoch nicht bestreiten, daß ihr Einfluß sich länger fortgesetzt hat als manche der neuen Orientierungen, die das Konzil herbeigeführt hat. Während zum Beispiel die liturgische Erneuerung nach relativ kurzer Zeit mehr und mehr nachgelassen hat, bis sie am Ende zu dem heutigen Stillstand kam, hält die Väter-Rezeption innerhalb des italienischen Katholizismus weiter an. Sie entspricht offenbar geistigen Bedürfnissen, die auch das erst nach langer Zeit, im Anschluß an das zweite Vaticanum, wiederentdeckte Studium der Bibel allein nicht zu befriedigen scheint. Eine solche überraschende Feststellung läßt sich leichter begründen, wenn man u.a. der patristischen Arbeit Rechnung trägt, die in den letzten Jahrzehnten von alten und neuen Mönchsgemeinschaften geleistet wurde. Wenn der Begriff der *lectio divina* neuerdings wieder in Umlauf gekommen ist, ist

Turin betont wird, d.h. derjenigen Lehrstätte, die auch zur Entfaltung patristischer Studien beigetragen hat. Wie bei Pellegrino weist Momigliano auf den Einfluß von Rostagni hin (78f.).

68 Die Herausgeber, unter der Leitung von Emanuele Rapisarda, stellen folgende Änderung in der geistigen Atmosphäre fest: »Un venticinquennio di studi ha dato ben altra prospettiva al tema della continuità tra il mondo classico e la nascente cultura cristiana. Questa viene sempre più insistentemente assunta nel vasto quadro dell'età tardo-antica, della quale le ricerche recenti vanno mostrando in modo indubitabile la specificità socio-culturale e i cui rapporti con la cultura classica vengono analizzati secondo punti di vista ben più complessi (storico-religiosi e antropologici) di quanto non prevedesse l'ottica del dialogo« (Orph. 1, 1980, 1).

dies zum großen Teil die Folge der erneuten Beschäftigung mit den Kirchenvätern. Indem das gegenwärtige Mönchtum die »geistige Lesung« der Bibel neu belebt, erweist es sich als Befürworter jenes zugleich gläubigen und »wissenschaftlichen« Zugangs zur Schrift, den die Kirchenväter sowie das alte Mönchtum pflegten[69]. Auf diesem Hintergrund läßt sich nicht nur die intensive Veröffentlichungsarbeit patristischer Texte, speziell der frühen monastischen Literatur, erklären, sondern auch das besondere Interesse für die Auslegung der Kirchenväter. Darauf werde ich in Kürze zurückkommen, da sich darin ein Hauptzug der italienischen Forschung in den letzten Jahren zeigt.

Nähern wir uns der soeben generell gezeichneten Landschaft, so können wir einige Schwerpunkte bemerken, welche die vielfältige Arbeit der italienischen Patristik prägen. Es entspricht zunächst der philologischen und literarischen Auffassung von der altchristlichen Literatur, die das Entstehen unserer Disziplin im akademischen Lehrbetrieb zeitigte, wenn noch heute verschiedene Bemühungen sich in diesen Bahnen bewegen. Es sei hier an die neue Aufmerksamkeit erinnert, die das patristische Zentrum in Bari, dank vor allem der Arbeit von Francesco Di Capua (1879-1957) und Antonio Quacquarelli, der literarischen Prosa und der Rhetorik der Kirchenväter geschenkt hat[70]. Wie die dort herausgegebene Zeitschrift »Vetera Christianorum« einleuchtend zeigt, hat sich allerdings das literarisch-rhetorische Anliegen von Anfang an mit historischen und archäologischen Interessen verbunden. Dieses interdisziplinäre Bemühen läßt sich manchmal weniger spüren bei den heutigen Unternehmungen, welche die christliche Dichtung zum Gegenstand haben, wobei diese auf ein traditionelles Thema der italienischen

[69] Siehe dazu die Stellungnahme des Priors von der »Fraternità ecumenica di Bose«, die sich in den letzten zwei Jahrzehnten u.a. durch die vielen Übersetzungen patristischer und monastischer Schriften (z.B. Evagrius Ponticus) verdient gemacht hat: E. Bianchi, La lettura spirituale della Scrittura oggi, in: L'esegesi cristiana oggi, Casale Monferrato 1991, 215-277. Bahnbrechend dafür war die sogenannte »comunità di Monteveglio«, die von Giuseppe Dossetti in der Nähe von Bologna gegründete Mönchsgemeinschaft, die sich u.a. für die patristische Aneignung der *Septuaginta* interessierte. Siehe z.B. Il Salterio della Tradizione. Versione del Salterio greco dei LXX, a cura di L. Mortari, Torino 1983.

[70] Vgl. darüber Marin, Dagli studi di retorica patristica (wie Anm. 50), 229-240. Di Capua ist vor allem für seine Untersuchung zum *cursus* der päpstlichen Briefe bekannt: F. di Capua, Il ritmo prosaico nelle lettere dei Papi e nei documenti della cancelleria romana dal IV al XIV secolo, 3 Bde., Rom 1937-1946. Unter den vielen Veröffentlichungen von Quacquarelli vgl. zuletzt A. Quacquarelli, Retorica patristica e sue istituzioni interdisciplinari, Roma 1995.

Forschung zurückgreifen. Auf Initiative von Roberto Palla (Universität Macerata) ist die bemerkenswerte Reihe »Poeti cristiani« 1995 entstanden, deren reicher Editionsplan sich auch auf ausländische Kooperation stützt[71]. Der Eröffnungsband, dem *Carmen de virtute* des Gregors von Nazianz gewidmet, weist übrigens auf das wachsende Interesse hin, das in den letzten Jahren dem kappadozischen Vater, vor allem durch den Einsatz von Claudio Moreschini (Universität Pisa) und Francesco Trisoglio (Universität Turin), gezollt wurde[72]. Der philologisch-literarischen Betätigung verdanken wir außerdem verschiedene Editionen, die allerdings den bestehenden *desiderata* nur zum Teil entsprechen. Den im übrigen verdienstvollen *corpora* von *Opera Omnia* mancher Kirchenväter (wie Augustin, Ambrosius oder Gregor der Große)[73], die höchstens mit revidierten Texten versehen werden, und der schon erwähnten »Corona Patrum« hat sich seit 1985 eine »Biblioteca Patristica« hinzugesellt. Die neue Reihe, die durch Mario Naldini (1922-2000) in Florenz ins Leben gerufen wurde, ist darauf bedacht, auch kritisch gesicherte Texte mit mehr oder weniger ausführlichem Kommentar zu bieten[74]. Auf diesem Feld hat sich vorwiegend individuelle Arbeit entfaltet. Erst vor kurzem hat sich das Bewußtsein einer Koordinierung in Team-Arbeit gebildet, mindestens was größere Editions-Unternehmen angeht, wie im Fall von Augustins *Enarrationes in Psalmos.* Unter der Leitung von Manlio Simonetti und Franco Gori (Universität Urbino) beteiligt sich zur Zeit eine italienische Mannschaft an der neuen CSEL-Ausgabe[75].

Der Name von Simonetti lädt uns hier ein, einen weiteren Schwerpunkt ins Visier zu nehmen, der sich weitgehend durch seinen Einfluß in den letzten Jahrzehnten konsolidiert hat. Ich meine in erster Linie die

[71] Gregorio di Nazianzo. Sulla virtù, a cura di C. Crimi e M. Kertsch, Poeti cristiani 1, Pisa 1995.

[72] Moreschini verdanken wir besonders die Edition der Reden 32-37 und 38-41 (SC 318, 358; Paris 1985, 1990) sowie der »Poemata arcana« (St. Gregory of Nazianzus, Poemata arcana, ed. by C. Moreschini, Oxford 1997). Trisoglio hat u.a. eine sehr ausführliche Bibliographie herausgebracht: F. Trisoglio, San Gregorio di Nazianzo in un quarantennio di studi (1925-1965), RivLas 40, 1973, 462 Seiten. Vgl. zuletzt auch L. Lugaresi, Ricerche italiane su Gregorio Nazianzeno (1996-1997), Adamantius 4, 1998, 49-55.

[73] Der Verlag Città Nuova (Rom), der sich um diese *Opera Omnia* besonders verdient gemacht hat, plant zur Zeit eine entsprechende Reihe für die sämtlichen Werke des Origenes.

[74] M. Naldini, Nel solco dell'umanesimo: la »Biblioteca patristica«, in: La tradizione patristica (wie Anm. 4), 105-114.

[75] Inzwischen ist der erste Band, der in diesem Rahmen entstand, veröffentlicht worden: F. Gori (Hg.), Enarrationes in Pss. 119-133, CSEL XCV/3, Wien 2001.

Arbeit, die von ihm persönlich oder von seinen Schülern und sonstigen Kollegen auf dem Gebiet der Theologie- und Dogmengeschichte der ersten Jahrhunderte geleistet wurde. Wenn die Forschungen zur Gnosis sich teilweise mit denjenigen berührten, die gleichzeitig von Franco Bolgiani und seinem Schüler Giovanni Filoramo (Universität Turin) oder von dem römischen Religionshistoriker Ugo Bianchi und seiner Schule betrieben wurden[76], haben Simonettis Untersuchungen auf anderen Gebieten neue Wege eingeschlagen. Außer den historischen Beiträgen zur Geschichte des Arianismus sowie zu den christologischen Streitigkeiten vor und nach Chalkedon, häufig von Text-Editionen und Übersetzungen begleitet, befaßte sich Simonetti mehrmals mit der Hippolyt-Frage bis zu seiner letzten Stellungnahme, eine *retractatio* im wahrsten Sinne des Wortes, in der jüngsten Ausgabe von *Contra Noetum*[77]. Ausgehend von diesen theologie- und dogmengeschichtlichen Forschungen hat wohl Simonetti vor allem mit einem weiteren Thema Schule gemacht: durch seine Beschäftigung mit der biblischen Exegese und Hermeneutik der Väter, aufgrund der immer wieder behaupteten Überzeugung, daß die Bibel ihre geistige Welt und ihr Schrifttum entscheidend geprägt hat[78].

Wir haben es hier in Wirklichkeit, seit Anfang der achtziger Jahre, mit einer Kollektivarbeit zu tun, wohl der ersten solcher Dimensionen in der italienischen Patristik, die auch von anderen Forschern vorbereitet und mitgetragen wurde. Noch bevor diese Erfahrung begann, hatte sich das patristische Zentrum der katholischen Universität Mailand, geleitet in der ersten Nachkriegszeit von bedeutenden Persönlichkeiten wie Giuseppe Lazzati (gest. 1986) und Raniero Cantalamessa, nebst dogmen- und liturgiegeschichtlichen Forschungen in dieselbe Richtung bewegt.

[76] Für ein Bild der jeweiligen Orientierungen, die sich bekanntlich trennen, besonders was die Frage der Ursprünge des Gnostizismus angeht, vgl. den Bericht von zwei Mitarbeitern Simonettis: A. Camplani/G. Lettieri, Gnosticismo e cristianesimo alessandrino nella ricerca italiana del dopoguerra, Adamantius 3, 1997, 14-27.

[77] Ippolito. Contro Noeto, a cura di M. Simonetti, BPat 35, Bologna 2000, bes. S. 70-139. Für die früheren Beiträge im Rahmen der römischen Tagungen, die der Hippolyt-Frage gewidmet wurden, siehe Ricerche su Ippolito, Roma 1977, und Nuove ricerche su Ippolito, Roma 1989.

[78] Neben den vielen Einzelbeiträgen zur Auslegungsgeschichte sei hier besonders an die Gesamtdarstellung der patristischen Hermeneutik gedacht: M. Simonetti, Lettera e/o allegoria. Un contributo alla storia dell'esegesi patristica, Rom 1989. In einer seiner letzten Stellungnahmen spricht Simonetti von der patristischen Exegese als »la struttura concettuale e addirittura ideologica di fondo che ha sorretto tutto l'edificio della cultura patristica« (Simonetti/Vian, Uno sguardo [wie Anm. 32], 88).

Man denke an die Arbeiten von Luigi Franco Pizzolato zur Exegese des Ambrosius oder Augustins[79] oder an den von ihm in der erwähnenswerten Reihe »Studia Patristica Mediolanensia« herausgegebenen Kollektivband zur Auslegungsgeschichte der Perikope vom reichen Jüngling[80]. Dazu kamen die Untersuchungen, die von verschiedenen Seiten der alexandrinischen Exegese gewidmet wurden, wie diejenigen von Sandro Leanza (Universität Messina, gest. 1996) zur Auslegung von Qohelet bei Origenes und Dionysius von Alexandrien[81] bzw. die von Carmelo Curti (Universität Catania) zur Psalmenexegese des Eusebius[82]. Diese beiden Spezialisten übrigens, leider zusammen mit wenigen anderen, förderten auch das Studium der exegetischen *catenae*. Weiter ist an den Beitrag von Pier Cesare Bori (Universität Bologna) zu denken, nicht nur wegen der umfassenden Darstellung zur Interpretation der Apostelgeschichte (Act 2 und 4) in der Alten Kirche[83], sondern auch weil er mit seiner Untersuchung zum »goldenen Kalb« dazu beigetragen hat, den religionsgeschichtlichen und kulturellen Wert der Auslegungsgeschichte besser zu verstehen[84]. Darin besteht wohl auch das Hauptverdienst seines Buches *L'interpretazione infinita*, welches die geistesgeschichtliche Bedeutung der patristischen Hermeneutik irgendwie popularisierte[85]. Zu diesen und anderen Voraussetzungen kam schließlich auch der ideelle und organisatorische Elan von Mauro Pesce (Universität Bologna), der u.a. aufgrund seiner Ausbildung als Exeget und Judaist für die volle Einbeziehung der jüdischen Auslegung in Antike und Mittelalter eintrat. Nach der von ihm inspirierten Team-Arbeit über die *Ascensio*

[79] Vgl. besonders: L.F. Pizzolato, La Explanatio psalmorum XII. Studio letterario sulla esegesi di Sant'Ambrogio, Mailand 1965, und ders., La dottrina esegetica di sant'Ambrogio, Mailand 1978.

[80] Per foramen acus. Il cristianesimo antico di fronte alla pericope evangelica del »giovane ricco«, pubbl. della Università Cattolica del Sacro Cuore Milano, SPMed 14, Mailand 1986.

[81] Für ein kurzes Profil und ein Verzeichnis der Veröffentlichungen vgl. A. Labate, Sandro Leanza, Adamantius 4, 1998, 91-95. Siehe neuerdings auch die Beiträge Su e per Sandro Leanza nel primo anniversario della scomparsa, Filologia antica e moderna 16, 1999.

[82] Vgl. die gesammelten Studien: C. Curti, Eusebiana, I. Commentarii in Psalmos, Catania 1987.

[83] P.C. Bori, Chiesa primitiva. L'immagine della comunità delle origini – Atti 2,42-47; 4,32-37 – nella storia della chiesa antica, Brescia 1974.

[84] P.C. Bori, Il vitello d'oro. Le radici della controversia antigiudaica, Turin 1983.

[85] P.C. Bori, L'interpretazione infinita. L'ermeneutica cristiana antica e le sue trasformazioni, Bologna 1987.

Isaiae, die in dieser Hinsicht wohl bahnbrechend war[86], hat Pesce im Jahre 1981, unterstützt vor allem von Simonetti und Maria Grazia Mara (Universität Rom), die »Forschungsgruppe zur Geschichte der antiken jüdischen und christlichen Exegese« ins Leben gerufen. Das Organ dieser Gruppe, das weitgehend die Resultate der jährlichen Seminare dokumentiert, ist das seit 1984 erscheinende Jahrbuch »Annali di storia dell'esegesi«. Viele Nebenergebnisse sind außerdem auf den Ansporn der Gruppe zurückzuführen, da der Blick der Forscher durch sie auf diesen Themenkomplex gelenkt wurde, z.B. spezielle Untersuchungen zum auslegungsgeschichtlichen Beitrag einzelner Autoren, zu den exegetischen Gattungen in der christlichen Antike oder zu einzelnen Aspekten der patristischen Hermeneutik[87].

Zwanzig Jahre nach dem Entstehen dieser Gruppe hat sich das Bild erneut verändert. Ohne die Auslegungsgeschichte fallen zu lassen, hat sich zuletzt ihr Interesse auch in andere Richtungen orientiert, die theologie- bzw. religionsgeschichtliche Themen bevorzugen. Während die Verbindung zur theologischen Arbeit, aufgrund einer rein historisch-kritischen Einstellung, immer am Rande geblieben ist, zeichnet sich in letzter Zeit eine größere Öffnung zur anthropologischen Problematik hin ab. Interdisziplinärer Austausch ist allerdings nur ab und zu gelungen, hauptsächlich mit der christlichen Archäologie und der Kunstgeschichte oder mit der Literaturgeschichte, d.h. ohne der ganzen Breite der Wirkungsgeschichte der Bibel im antiken Christentum gerecht werden zu können. Inzwischen haben sich auch andere Forschungsgruppen gebildet, die sich zusätzlich auf dem Gebiet der Patristik bewegen, z.B. eine Gesellschaft für hagiographische Studien, welche die bedeutsame Tradition der italienischen Hagiographie mit neuen Mitteln erneuern möchte[88], und eine »Forschungsgruppe über Origenes und die alexan-

[86] Diese Forschungsgruppe entstand 1978 im Bologneser Istituto per le Scienze Religiose. Unter den verschiedenen Veröffentlichungen, die zuletzt in die von Enrico Norelli (Universität Genf) besorgte Textedition für »Corpus Christianorum. Series Apocryphorum« (Turnhout 1995) mündeten, vgl. Isaia, il diletto e la chiesa. Visione ed esegesi profetica cristiano-primitiva nell'Ascensione di Isaia, a cura di M. Pesce, Brescia 1983.

[87] Um nur einiges davon zu nennen, sei hier an folgende Beiträge erinnert: A. Monaci Castagno, Origene predicatore e il suo pubblico, Mailand 1987; F. Cocchini, Il Paolo di Origene. Contributo alla storia della recezione delle epistole paoline nel III secolo, Rom 1992; Retorica ed esegesi biblica. Il rilievo dei contenuti attraverso le forme, a cura di M. Marin e M. Girardi, Bari 1996; M. Girardi, Basilio di Cesarea interprete della Scrittura. Lessico, principi ermeneutici, prassi, Bari 1998.

[88] Zur hagiographischen Forschung seit Beginn des 20. Jahrhunderts, deren Bedeutung

drinische Tradition«, die wohl als eine unmittelbare Frucht der auslegungsgeschichtlichen Arbeit anzusehen ist. Da ich hier *pro domo mea* reden müßte, was ich im übrigen schon vor einigen Jahren sozusagen gezwungenermaßen zum Anlaß des siebten Colloquium Origenianum in Marburg tat[89], komme ich lieber zu einigen abschließenden Bemerkungen.

Zum Abschluss: Eine unerwartete Herausforderung

Es läßt sich nicht leugnen, daß die italienische Patristik gegenwärtig einen bemerkenswerten Aufschwung erfährt, wobei allerdings dieser, gemessen an der reichen Väter-Rezeption vom Mittelalter an, mit etwas nüchterneren Augen zu betrachten ist. Negative Erscheinungen dürfen zudem nicht verschwiegen werden. In einem Zeitalter, in dem die Einzelarbeit sich immer mehr in die Kollektiv-Arbeit zu fügen hat, ist nicht selten ein Widerstand gegenüber geplanten Unternehmungen zu spüren. Dieser Widerstand ist andererseits im akademischen Milieu manchmal mit Ambitionen und Monopolansprüchen verbunden, deren störendes Gewicht sich leider besonders bei der erwarteten Finanzierung von neuen Projekten spüren läßt. Der Versuch, eine gemeinsame Politik der Forschung zu treiben, fällt also weiterhin schwer. Auch die gewünschte Kooperation mit der internationalen Forschung (die im allgemeinen wegen sprachlicher und institutioneller Barrieren nicht immer leicht ist) wird dadurch gebremst. All dies ist um so bedauernswerter, wenn man die neuen Bedürfnisse erwägt, die die rasche Entfaltung unserer Disziplinen zutage fördert. Vor der wahren Sintflut der Veröffentlichungen, die uns alle bedrohlich überrollt, müßte z.B. die zwar kostbare, aber genauso undankbare Arbeit der Bibliographen in allen jetzt möglichen Formen gefördert werden. Jedoch hat man dafür mei-

von Namen wie Pio Franchi de' Cavalieri und Francesco Lanzoni unterstrichen wird, vgl. Simonetti/Vian, Uno sguardo (wie Anm. 32), 77. Über die neuere Forschung, siehe P. Colinelli, Gli studi agiografici in Italia nell'ultimo trentennio, Hagiographica 6, 1999, 103-135.

89 L. Perrone, Zur gegenwärtigen Lage der Origenes-Forschung in Italien, in: W.A. Bienert/U. Kühneweg (Hgg.), Origeniana Septima. Origenes in den Auseinandersetzungen des 4. Jahrhunderts, Leuven 1999, XXI-XXV. Über die verschiedenen Initiativen der Origenes-Gruppe sowie den Stand der Forschung zur alexandrinischen Tradition informiert das seit 1995 vom Verfasser herausgegebene Jahrbuch »Adamantius« (Dipartimento di Filologia Classica, Universität Pisa).

stens kein offenes Ohr, wie es sich u.a. an dem kläglich gescheiterten Versuch einer von mir zusammen mit Pier Cesare Bori ins Leben gerufenen »Allgemeinen Bibliographie zur Auslegungsgeschichte« zeigte[90]. Abgesehen von den *instrumenta studiorum*, deren wünschenswertes Entstehen die schon existierenden noch nicht erübrigt haben (ich plädiere weiter für Kommentare von wichtigen patristischen Schriften)[91], sollte man erneut der Editionsarbeit Priorität einräumen, was leider durch das Verlernen klassischer Sprachen in der Schulausbildung, aber auch infolge zunehmender Spezialisierung immer seltener geschieht. In dieser Hinsicht hat übrigens die zum Teil noch anhaltende »klassizistische« Auffassung von der altchristlichen Literatur daran gehindert, die Zusammenarbeit mit den Spezialisten der orientalischen Sprachen zu intensivieren. Auch der notwendige Anschluß an die Judaistik ist bisher im allgemeinen nicht sehr weit gekommen, ganz abgesehen von der immer noch lockeren Verbindung zu der neutestamentlichen Exegese und dem Studium des Urchristentums.

Noch gefährlicher als die genannten Schwächen erscheint die sich abzeichnende Tendenz, im neuen Lehrbetrieb der humanistischen Fakultäten den Raum für die religionswissenschaftlichen Disziplinen einzugrenzen. Diese Orientierung beruft sich didaktisch besonders auf die Notwendigkeit einer allgemeinen Ausbildung, wobei jene Disziplinen zusammen mit anderen humanistischen Fächern in erster Linie nur für Spezialisten offen bleiben sollten. Trotz ihrer anscheinenden Blütezeit befindet sich also die italienische Patristik im Moment vor einer unerwarteten Herausforderung. Wenn sie nicht in ein »Ghetto« geraten will, ist sie noch einmal dazu berufen, ihre kulturelle Bedeutung im gesamten Bildungssystem zu demonstrieren. Aufgrund aber der geleisteten Arbeit und des breiteren Echos, die sie bisher in der Öffentlichkeit gefunden hat, dürfte eine mutige Antwort auf die neue Herausforderung nicht schwer fallen. Meiner Meinung nach sollte sie einerseits die altchristliche Literatur als unverzichtbaren Bestandteil der Kultur der Antike betonen, andererseits sie als wesentliches Erbstück nicht nur der

[90] Vgl. meinen Aufsatz: L. Perrone, Per una bibliografia generale di storia dell'interpretazione biblica, ASEs 9, 1992, 611-616. Die Bibliographie ist von 1990 bis 1997 in den »Annali di storia dell'esegesi« erschienen. Seit 1995 ist Alberto Camplani (Universität Rom) als Mitherausgeber hinzugetreten.

[91] L. Perrone, Proposta per un commento: un'esemplificazione su Contro Celso I, 9-13, in: Discorsi di verità: Paganesimo, giudaismo e cristianesimo a confronto nel Contro Celso di Origene, Atti del II Convegno del Gruppo Italiano di Ricerca su »Origene e la Tradizione alessandrina«, a cura di L. Perrone, Rom 1998, 225-256.

christlichen Tradition, sondern auch der westlichen Kultur überhaupt herausstellen[92]. Für die Kirchen und die Gesellschaft, so hoffe ich, wird wohl diese erneuerte Berufung auf die »Väter« auch dazu beitragen (wenn das modische Wort hier erlaubt ist), ein neues Bewußtsein der »multikulturellen« Dimensionen des Christentums zu erwecken.

[92] Vgl. dazu z.B. C.M. Martini, I Padri della Chiesa e la cultura dell'Europa unita, in: Per una cultura dell'Europa (wie Anm. 47), 53-62. Ich möchte hier auch auf meinen Aufsatz verweisen: L. Perrone, La via dei Padri. Indicazioni contemporanee per un ressourcement critico, in: »Con tutte le tue forze.« I nodi della fede cristiana oggi. Omaggio a Giuseppe Dossetti, a cura di A. Alberigo e G. Alberigo, Genova 1993, 81-122.

Die Bedeutung der Patristik für das ökumenische Gespräch – aus protestantischer Sicht

Wolfgang A. Bienert

I. Vorbemerkungen

Die Bedeutung der Patristik für das ökumenische Gespräch und die Verständigung zwischen den Konfessionen insgesamt zeigt sich am deutlichsten in der Begegnung des Protestantismus mit den Orthodoxen Kirchen. In diesem Zusammenhang erscheint sie in besonderer Weise als jene wissenschaftliche Disziplin der Theologie, die in der Lage ist, zwischen zwei auf den ersten Blick äußerst fremden Welten zu vermitteln. – Zwar lohnt es sich, der Frage nach der Bedeutung der Alten Kirche und insbesondere der »Kirchenväter« für den ökumenischen Dialog insgesamt genauer nachzugehen[1], da hier bekanntlich die Wurzeln für die Gesamtchristenheit liegen, der Ursprung ihres Glaubens, das Ringen um die Wahrheit theologischer Erkenntnis und – damit verbunden – die Entwicklung der Grundlagen christlicher Identität, wie sie aus inneren und äußeren Konflikten erwachsen sind. Und es zeigt sich bei näherer Betrachtung dann auch, daß die Beschäftigung mit den Kirchenvätern, mit der altkirchlichen Tradition, mit Leben und Lehre (Dogmen) der Alten Kirche in der Tat für den ökumenischen Dialog insgesamt notwendig, ja für das gegenseitige Verständnis zwischen den Konfessionen unerläßlich ist.

Der Sinngehalt des Begriffs Ökumene wandelt sich jedoch, sobald man die Sprach- und Denktradition des – lateinisch geprägten – Abendlandes verläßt, zu der auch der Protestantismus gehört, auch wenn er

[1] Vgl. G. Feige, Die Väter der Kirche – eine ökumenische Herausforderung? in: W. Beinert/K. Feiereis/H.-J. Röhrig (Hgg.), Unterwegs zum einen Glauben, FS L. Ullrich zum 65. Geburtstag, EThSt 74, Leipzig 1997, 430-447 (dort weitere Literatur 430, Anm. 1; zur katholischen Position 435-438; zur evangelischen Position 441-443; vgl. dazu auch: W. Schneemelcher, Wesen und Aufgabe der Patristik innerhalb der evangelischen Theologie, EvTh 10, 1950, 207-222; W.A. Bienert, Die Bedeutung der Kirchenväter im Dialog zwischen der EKD und Orthodoxen Kirchen, ÖR 44, 1995, 451-472).

sich dessen nicht immer bewußt ist, und sich der eigentümlichen Welt der liturgisch vermittelten Theologie der östlichen Kirchen und ihrer besonderen, z.T. orientalisch geprägten Frömmigkeit anzunähern versucht. Das ökumenische Gespräch wird dann zu einem Dialog, der nicht nur nach Wegen zur Überwindung der abendländischen Kirchenspaltung sucht – etwa im Sinne der »Gemeinsamen Erklärung« zur Rechtfertigungslehre vom Jahre 1997[2] –, sondern weiter zurück nach den Anfängen der Kirche und ihrer ursprünglichen Einheit fragt und von daher zumindest nach drei Seiten hin zu führen ist – zwischen Protestantismus, Römischem Katholizismus und östlicher Orthodoxie. Bisweilen sprach man in diesem Zusammenhang von einem »Trialog«[3], aber dieser Ausdruck hat sich – aus verständlichen Gründen – nicht durchgesetzt. – Nebenbei bemerkt: Auch der Begriff »Patristik«, der ursprünglich dogmatischer Tradition im Protestantismus entstammt[4] ebenso wie der Begriff »Patrologie«, der allerdings stärker die Erinnerung an die Kirchenväter als Personen der Geschichte betont, heute aber vor allem in römisch-katholischer Literatur begegnet[5] – verändert in der Begegnung mit der Orthodoxie seine vorwiegend der Vergangenheit zugewandte Bedeutung und wird zu einem Bestandteil von lebendiger Tradition und dadurch zu einer Herausforderung für den Protestantismus.

Die Frage nach dem Verhältnis zwischen Protestantismus und östlicher Orthodoxie reicht bis in die Anfänge der Reformation zurück, und das Wissen um die Existenz der Orthodoxen Kirchen hat die Entwick-

[2] B.J. Hilberath/W. Pannenberg (Hgg.), Zur Zukunft der Ökumene. Die »Gemeinsame Erklärung zur Rechtfertigungslehre«, Regensburg 1999 (Text des endgültigen Vorschlags von 1997, 164-184). – Die feierliche Unterzeichnung erfolgte am 31.10.1999 in Augsburg.

[3] Vgl. R. Frieling, Orthodox – Evangelisch – Katholisch, MdKI 32, 1981, 5/81, 94-99; 6/81, 105-108 (besonders H. 5, 99). Dieser Begriff wirft im Hinblick auf andere Konfessionen zusätzliche Probleme auf, obwohl zweifellos die sachliche Notwendigkeit besteht, den ökumenischen Dialog nach verschiedenen Seiten zu führen und dabei vor allem die unterschiedlichen Perspektiven der Gespräche mit der römisch-katholischen Kirche und mit den orthodoxen Kirchen im Auge zu behalten.

[4] »Theologia patristica« verweist im Kontext der Dogmatik auf die Theologie der Väter; vgl. J.F. Buddeus, Isagoge historico – theologica ad Theologiam universam singulasque eius partes, Leipzig 1727; vgl. E. Mühlenberg, Art. Patristik, TRE 26, Berlin/New York, 1996, 97-106, bes. 100.

[5] Patrologie begegnet ebenfalls zuerst in protestantischer Theologie in Anlehnung an das Schriftstellerverzeichnis im Werk J. Gerhards, Patrologia, postum 1653; vgl. Mühlenberg, Art. Patristik (wie Anm. 4), 100. – Zur römisch-katholischen Position vgl. Feige, Väter der Kirche (wie Anm. 1).

lung protestantischen Selbstverständnisses nicht unwesentlich beeinflußt. Der direkte Zugang zu den Quellen der Alten Kirche und deren wissenschaftliche Erforschung wurde zwar durch den Humanismus vorbereitet und begleitet; sie ist auch heute noch durch die davon ausgegangene wissenschaftliche Tradition geprägt. Aber spätestens Luthers Auseinandersetzung mit Eck über den päpstlichen Primat im Verlauf der Leipziger Disputation (1519), als Luther auf die orientalischen Kirchen verwies und betonte, daß diese »niemals Rom unterstanden«, macht deutlich, wie sehr ihm bewußt war, daß es unabhängig von Rom ältere christliche Kirchen mit eigenen Traditionen gab, die ebenso der »Herrschaft Christi über den ganzen Erdkreis« angehörten. Und er fügte hinzu, es gehe nicht an, »so viele Tausende von Märtyrern und Heiligen, die durch 1400 Jahre in der Griechischen Kirche lebten, aus der Kirche auszustoßen und diejenigen zu verstören, die jetzt auch im Himmel regieren.« ... »Ich weiß, daß Gregor von Nazianz, Basileios der Große ... und unzählige andere Bischöfe Griechenlands selig geworden sind; aber diesen Glaubensartikel (daß die römische Kirche höher sei als die anderen) haben sie nicht gehabt.«[6] Wie sehr Luther selbst in der altkirchlichen Tradition theologisch verwurzelt war, zeigt sich später vor allem im Abendmahlsstreit (1525-1529), in seinen Katechismen (1529) und in seiner Schrift »Von den Konziliis und Kirchen« (1539)[7].

Bekannt ist auch Melanchthons Interesse an der griechischen Patristik[8], das ihn u.a. dazu veranlaßte, die Confessio Augustana ins Griechi-

[6] Vgl. M. Luther, Disputatio Johannis Eccii et Martini Lutheri Lipsiae habita, WA 2, Weimar 1884, 276.279; vgl. dazu: Außenamt der EKD (Hg.), Wort und Mysterium. Der Briefwechsel über Glauben und Kirche 1573 bis 1581 zwischen den Tübinger Theologen und dem Patriarchen von Konstantinopel, Witten 1958, 11 mit Anhang 237 (mit Zitaten aus: M. Luther, Resolutio Lutheriana super propositione sua decima tertia de potestate papae, WA 2, Weimar 1884, 225; M. Luther, Das Abendmahl Christi, WA 26, Weimar 1909, 506; M. Luther, Von den Konziliis und Kirchen, WA 50, Weimar 1914, 578). – Für Luther gilt, daß auch die römische Kirche aus der von Jerusalem hervorgegangen ist, »diese ist die eigentliche Mutter aller Kirchen« (vgl. M. Luther, Disputatio Johannes Eccii [wie Anm. 6], 258). – Die Unabhängigkeit der griechischen Kirche zeigte sich für Luther auch daran, daß diese Kirche »bis auf unsere Zeiten niemals ihre Bischöfe von Rom empfangen hat, daß sie von da aus bestätigt worden wären. Wenn es deshalb ein göttliches Recht gewesen wäre, eine so lange Zeit hindurch, so wären alle Bischöfe von Alexandrien, Konstantinopel, etliche der allerheiligsten Leute wie Gregor von Nazianz und sehr viele andere verdammt und ketzerisch« (M. Luther, Disputatio Johannis Eccii, 276).

[7] M. Luther, Von den Konziliis (wie Anm. 6), (488) 509-653; (=StA 5, [448] 456-617).

[8] Vgl. z.B. seine Schrift: P. Melanchthon, De ecclesiae autoritate et de veterum scriptis, CR 15, Halis Saxonum 1848, 733-782 (=StA 1, 323-386). – Das bleibende Interesse

sche zu übersetzen[9] und Kontakt zum Ökumenischen Patriarchat in Konstantinopel aufzunehmen, was einige Zeit später – in den Jahren 1573-1581 – zu dem bekannten Briefwechsel zwischen Theologen der Württembergischen Kirche und Patriarch Jeremias II. von Konstantinopel führte[10]. Zwar ist dieser Versuch einer theologischen Verständigung zwischen den Anhängern der Reformation und einer orthodoxen Kirche letztlich gescheitert. Aber als die Evangelische Kirche in Deutschland (EKD) nach dem Zweiten Weltkrieg (1948) damit begann, neue Kontakte zur Orthodoxie zu knüpfen, erinnerte man sich an die Versuche des 16. Jahrhunderts und dokumentierte den Briefwechsel (1958)[11], ehe man nacheinander in verschiedene bilaterale theologische Dialoge mit der Russischen Orthodoxen Kirche (seit 1959), dem Ökumenischen Patriarchat Konstantinopel (seit 1969) und der Rumänischen Orthodoxen Kirche (seit 1979) eintrat[12]. Vor allem im Dialog mit dem Ökumenischen Patriarchat wurde die Erinnerung an den Briefwechsel des 16. Jahrhunderts stets lebendig gehalten[13]. Diese Dialoge erbrachten bisher zwar wenig spektakuläre Ergebnisse. Sie schufen jedoch ein wachsendes Vertrauensverhältnis untereinander über die konfessionellen Grenzen hinweg und ermöglichten darüber hinaus durch das direkte Gespräch ein besseres Verständnis der Gegenseite. Dabei entstanden zugleich neue Verbindungen, die den internationalen Austausch, den

an der altkirchlichen Tradition im Luthertum belegt u.a. der Catalogus testimoniorum im Anschluß an die Formula Concordiae von 1577 (im Anhang zu den lutherischen Bekenntnisschriften, BSLK, Göttingen [4]1959, 1101-1135).

9 Vgl. G. Kretschmar, Die Confessio Augustana Graeca, KO 20, 1977, 11-39; D. Wendebourg, Reformation und Orthodoxie. Der ökumenische Briefwechsel zwischen der Leitung der Württembergischen Kirche und Patriarch Jeremias II. von Konstantinopel in den Jahren 1573-1581, FKDG 37, Göttingen 1986, 155-162.

10 Wendebourg, Reformation und Orthodoxie (wie Anm. 9), 11-17 u.ö.

11 Außenamt der EKD (Hg.), Wort und Mysterium (wie Anm. 6).

12 R. Saarinen, Faith and Holiness. Lutheran-Orthodox Dialogue 1959-1994, KiKonf 40, 1997, 84-127, 128-139, 139-155 (Übersicht: 273-275). – Vgl. auch: T. Bremer/J. Oeldemann/D. Stoltmann (Hgg.), in Verbindung mit M.M. Garijo-Guembe (†), Orthodoxie im Dialog. Bilaterale Dialoge der orthodoxen und der orientalisch-orthodoxen Kirchen 1945-1997. Eine Dokumentensammlung, Sophia 32, Trier 1999. – Der Bund der Evangelischen Kirche in der DDR führte eigene Dialoge mit der Russisch-Orthodoxen Kirche (»Sagorsk-Gespräch« seit 1974) und der Bulgarischen Orthodoxen Kirche (»Herrnhut-Gespräch« seit 1978); vgl. dazu zuletzt: R. Koppe (Hg.), Sagorsk. Theologische Gespräche mit der Russischen Orthodoxen Kirche, EKD-Studienheft 25, Hermannsburg 1998; R. Koppe (Hg.), Herrnhut. Theologische Gespräche mit der Bulgarischen Orthodoxen Kirche, EKD-Studienheft 26, Hermannsburg 2001.

13 Wendebourg, Reformation und Orthodoxie (wie Anm. 9), 12 Anm. 4.

Dialog der Kirchen auf Weltebene, förderten. Allerdings forderten diese Dialoge bisweilen auch das Bewußtsein von der jeweils eigenen konfessionellen Identität heraus und stärkten nicht zuletzt das Selbstverständnis der EKD als Kirche[14].

II. Zur aktuellen Situation

Bevor ich auf die Möglichkeiten und Grenzen theologischer Verständigung im ökumenischen Dialog auf der Grundlage der Patristik genauer eingehe, zuvor einige Bemerkungen zur aktuellen Situation zwischen der EKD und den Orthodoxen Kirchen – zum einen aufgrund der Äußerungen der EKD-Synode vom November 2000[15] – und zum anderen im Hinblick auf die Beschlüsse einer Bischofssynode in Moskau vom August 2000[16]:

a) In den Verlautbarungen der EKD-Synode vom November 2000 über »Evangelisch-orthodoxe Gemeinschaft« heißt es u.a.: »Die evangelisch-orthodoxen Dialoge auf Expertenebene haben in den letzten Jahren ein großes Maß an Konvergenzen und Konsens festgestellt. Die gemeinsame Anerkennung des Glaubensbekenntnisses von Nizäa-Konstantinopel aus dem Jahre 381 ist die Grundlage für mehr evangelisch-orthodoxe Gemeinschaft. Oft wird unter verschiedenen theologischen Denk- und Sprachvoraussetzungen dasselbe geglaubt, so daß die am Dialog Beteiligten bereits viel ökumenische Gemeinschaft erfahren.« Hinzugefügt wird allerdings – offenbar notwendigerweise: »Diese Dia-

[14] Die EKD zeigte sich in diesen Dialogen – trotz ihrer konfessionellen Uneinheitlichkeit – als Kirche! Vgl. W.A. Bienert, Der Dialog zwischen dem Ökumenischen Patriarchat von Konstantinopel und der EKD, ÖR 36, 1987, 33-49. – Der politische Wandel in Europa hat aber auch die Situation der Russisch-Orthodoxen Kirche stark verändert. Das zeigen nicht zuletzt die jüngsten Verlautbarungen des Moskauer Patriarchats.

[15] Abgedruckt in: Texte – Dokumente: Beschlüsse der EKD-Synode vom 5.-10. November, MdKI 51, 6/2000, 114f.

[16] Auszüge in: Orthodoxie aktuell 2000/9, 6ff.; ÖR 50, 2001, 210-215; vgl. E. Bryner, Grenzen der Ökumene, G2W 10/2000, 9f.; N. Thon, Die Stellungnahme der Russischen Orthodoxen Kirche, MdKI 6/2000, 107-109. – In englischer Sprache erschien der Text als offizielle Veröffentlichung des Moskauer Patriarchats unter dem Titel: »Basic Principles of the Attitude of the Russian Orthodox Church toward the other Christian Confessions« (August 14, 2000); vgl. auch die Übersetzung aus dem Russischen von G. Stricker in: G2W 29, 1/2001, 14-19.

logergebnisse müssen rezipiert werden.«[17] – Im Hinblick auf die Solidarität und Partnerschaft mit den osteuropäischen orthodoxen Kirchen wird ferner festgestellt: »In der Auseinandersetzung mit der eigenen Geschichte und in der Konfrontation mit westlicher Lebensweise und Spiritualität erleben diese Kirchen jetzt eine Krise ihrer religiösen und kulturellen Identität, die sich negativ auf die evangelisch-orthodoxe Gemeinschaft auswirkt.« Dazu lautet der Beschluß der Synode: »Die Evangelische Kirche in Deutschland muß in dieser Situation bemüht sein, die jahrzehntelangen Dialoge mit dem Ökumenischen Patriarchat von Konstantinopel und mit den Patriarchaten von Moskau, Bukarest und Sofia fortzusetzen. Sie muß ferner in der Konferenz Europäischer Kirchen und im Ökumenischen Rat der Kirchen für eine angemessene Beteiligung und konstruktive Mitarbeit der Orthodoxen eintreten. Wir hoffen dabei auf eine erneuerte ökumenische Offenheit der Orthodoxen mit dem Ziel einer Gemeinschaft in versöhnter Verschiedenheit.«[18]

b) Bereits im August 2000 verabschiedete die Moskauer Bischofssynode ein umfangreiches Papier zum Thema: »Grundlegende Prinzipien der Beziehung der Russischen Orthodoxen Kirche zu den Nicht-Orthodoxen.«[19] Bemerkenswert an diesem Dokument ist zunächst das engagierte Eintreten für die Einheit der Kirche und die Bezeichnung der Trennungen als Sünde. Unter Hinweis auf Cyprian von Karthago betont die Synode: »Die Kirche ist eine und einzigartig. Grundlage der Einheit der Kirche – des Leibes Christi – ist, daß sie ein einziges Haupt hat, den Herrn Jesus Christus (Eph 5,23), und daß der Heilige Geist allein handelt, der den Leib der Kirche lebendig macht und alle ihre Glieder mit Christus, ihrem Haupt, vereinigt« (1.2.). Außer Cyprian von Karthago (!), Ignatius von Antiochien und Irenäus von Lyon wird das Glaubensbekenntnis von Nizäa-Konstantinopel immer wieder angeführt, wo es um die Einheit der »einen, heiligen, katholischen und apostolischen Kirche« geht. Auch an der »einen Taufe« wird festgehalten und die »Wiedertaufe« verworfen.

Weniger überraschend ist die Beschreibung des eigenen Selbstverständnisses, wenn es heißt: »Die orthodoxe Kirche ist die wahre Kirche, in der die Heilige Überlieferung und die Fülle der heilsbringenden Gnade Gottes unbeschädigt bewahrt wird. Sie bewahrte das heilige Erbe

[17] Texte – Dokumente: Beschlüsse (wie Anm. 15), 114.
[18] Texte – Dokumente: Beschlüsse (wie Anm. 15), 115.
[19] S.o. Anm. 16.

der Apostel und der heiligen Väter in seiner Gänze und Reinheit. Ihr ist die völlige Übereinstimmung ihrer Lehre, gottesdienstlichen Struktur und kirchlichen Praxis mit der apostolischen Verkündigung und der Überlieferung der Alten Kirche bewußt« (1.18). Diese Beschreibung unterstreicht die häufiger zu machende Beobachtung: »Keine andere Kirche sieht sich so stark in der Tradition der Väter und ihr verpflichtet wie die orthodoxe.«[20] – Neu dagegen ist die Anerkennung der geschichtlichen Realität kirchlicher Trennungen und Spaltungen, durch die »das Gebot Christi von der Einheit nicht nur einmal verletzt« wurde (1.12.), und ihre Bezeichnung als Sünde. In diesem Zusammenhang wird sogar von einer Mitschuld gesprochen, wenn es heißt: »Man darf nicht der Versuchung nachgeben, die Vergangenheit zu idealisieren oder die tragischen Unzulänglichkeiten und Mißgeschicke zu ignorieren, die in der Kirchengeschichte stattgefunden haben .... Die Orthodoxe Kirche bezeugt zwar in Demut, daß sie die Wahrheit bewahrt, erinnert sich aber gleichzeitig aller in der Geschichte vorgekommenen Versuchungen« (1.19). »Trennungen und Häresien sind Folge einer egoistischen Selbstsicherheit und Isolation; jede Spaltung und jedes Schisma führen in dem einen oder anderen Maße zum Abfall von der Fülle der Kirche« (1.14).

Darüber hinaus wird festgehalten, daß »die von der Einheit mit der Orthodoxie abgefallenen Gemeinschaften niemals als völlig der Gnade verlustig gegangen angesehen« wurden. Die Tatsache, daß die Taufe beim Übertritt aus anderen Konfessionen zur Orthodoxen Kirche nicht wiederholt werde, bestätige zudem, daß es auch außerhalb der sichtbaren Grenzen der Orthodoxie Heil und göttliche Gnade gebe – wenn auch nicht in der Fülle wie in der orthodoxen Kirche. – Hingewiesen wird in diesem Zusammenhang aber auch auf Merkmale, die die Christen über die sichtbaren Grenzen der Konfessionen hinaus vereinen: »Das ist das Wort Gottes, der Glaube an Christus als Gott und Heiland, der im Fleisch gekommen ist, und aufrichtige Frömmigkeit« (1.11.). Eine Überwindung der Teilung der christlichen Welt muß dann aber nicht nur die Anerkennung der Lehren von der Heiligen Dreifaltigkeit und der Gott-Menschheit Jesu Christi einschließen, sondern meint »eine vollständige und aufrichtige Übereinstimmung in der Glaubenserfahrung selbst« (2.11.).

[20] Feige, Väter der Kirche (wie Anm. 1), 438. – Kritisch zu dem Dokument: C. Gestrich, Kirchen – nicht auf gleicher Augenhöhe?, ÖR 50, 2001, 216-221; vgl. dazu auch F. Schönemann, Ekklesiales Selbstverständnis im ökumenischen Dialog, US 56, 2001, 70-73.

Überraschend für eine kirchliche Verlautbarung der Orthodoxie sind Hinweise auf das missionarische Element, wonach jedes Glied der orthodoxen Kirche zum Zeugnis des Glaubens gegenüber der nichtorthodoxen Welt aufgerufen wird (3.2.). Das Dokument schließt mit der Einladung an alle, »für welche der gepriesene Name Jesu Christi höher ist als jeder andere Name unter dem Himmel (Apg 4,12) zur seligen Eintracht in der Kirche« gemäß der Aufforderung des Apostels Paulus: »Unser Mund hat sich euch gegenüber aufgetan, unser Herz ist weit geworden« (2Kor 6,11; [8.]). Ausdrücklich verworfen wird jedoch das ekklesiologische Modell der »versöhnten Verschiedenheit«. Diese und andere stark protestantisch bestimmte Konzepte ökumenischer Theologie (z.B. »Einheit in Vielfalt«) gelten, wie es heißt, als mit der orthodoxen Lehre von der Kirche unvereinbar und unakzeptabel. Jeder neue Schritt, der die protestantische Auffassung von Kirche stärke, führe sogar »zu geistlichem Selbstmord des Weltkirchenrates«. Gefordert wird entsprechend eine »geistliche« Reform des ÖRK.

Manches an diesem Grundsatzdokument erinnert an Äußerungen der Römisch-katholischen Kirche, wie sie zuletzt in dem am 5. September 2000 veröffentlichten Schreiben der Glaubenskongregation »Dominus Jesus« zum Ausdruck gekommen sind, wonach »die einzige Kirche Christi in der katholischen Kirche verwirklicht« sei[21]. Allerdings bleibt der – nicht unwichtige – Unterschied bestehen, insofern Rom darauf besteht, daß diese Kirche »vom Nachfolger Petri und von den Bischöfen in der Gemeinschaft mit diesem geleitet wird«[22], während die Russische Orthodoxe Kirche auf die Einheit in Christus verweist. Darüber hinaus hält die Russische Orthodoxe Kirche – trotz ihrer Kritik – an ihrer Mitarbeit im Ökumenischen Rat der Kirchen fest und »verurteilt jene, die unter Ausnutzung von Falschinformationen gezielt die Aufgabe des Zeugnisses der Orthodoxen Kirche gegenüber der Nicht-orthodoxen Welt entstellen und bewußt die Kirchenleitung verleumden, indem sie sie des ,Verrates der Orthodoxie' beschuldigen« (7.3).

III. Patristik im ökumenischen Dialog

Vor dem Hintergrund solcher aktueller Neubestimmungen konfessioneller Grenzen scheinen theologische Dialoge zu ihrer Überwindung,

[21] VApS Nr. 148 vom 6. August 2000. – Vgl. bes. §§16-17, 21-24.

[22] Vgl. VApS Nr. 148 (wie Anm. 21), 22 Anm. 56 mit einer Neuinterpretation des »subsistit in« aus Lumen Gentium 8 im Sinne eines Exklusivanspruchs der Papstkirche auf das »Kirche-Sein« im Vollsinn des Begriffs »Kirche«.

die dem ökumenischen Ziel einer »sichtbaren Einheit« der Christenheit dienen wollen, z.Zt. wenig erfolgversprechend. Der verständliche Wunsch nach mehr Offenheit im ökumenischen Dialog anstelle eines Ringens um konfessionelle Selbstbehauptung übersieht allerdings leicht, daß *jede* Kirche für sich den Anspruch erhebt, Vermittlerin des Heils zu sein, und deswegen gar nicht darauf verzichten *kann*, ihren Glauben und d.h. ihre tiefsten Überzeugungen offensiv in Wort und Tat zu bezeugen. Ökumenischer Dialog ist insofern immer auch ein Wettstreit um Glaubensüberzeugungen aus den Erfahrungen, die jede Kirche in ihrer Geschichte mit den ihr überlieferten Glaubenszeugnissen und Bekenntnissen gewonnen hat. Das Besondere an den Bemühungen um die Überwindung der Kirchenspaltungen und die Gewinnung christlicher Einheit – ich vermeide bewußt den Begriff der »Rückgewinnung« bzw. »Wiederherstellung«[23] – besteht darin, daß es trotz aller sichtbaren Grenzen und Unterschiede zwischen den Kirchen gemeinsame Grundlagen und Maßstäbe gibt, auf die sich alle beziehen. Und wer die Geschichte der Kirche trotz aller Trennungen und Spaltungen als Einheit versteht und in ihrem Ursprung für unteilbar hält, muß zugestehen, daß das gemeinsame Fundament des Glaubens an Jesus Christus zugleich ein Stück gemeinsamer Geschichte einschließt. Dieses Stück gemeinsamer Geschichte[24] ist die Zeit der Entstehung und Entwicklung christlicher Maßstäbe und Glaubensnormen, die letztlich die christliche Identität ausmachen[25].

Aus evangelischer Sicht ist nun die Patristik jene Disziplin wissenschaftlicher Theologie, die den Prozeß der Identitätsfindung des Christlichen mit den Mitteln der Geschichtswissenschaft im Kontext der antiken Welt erforscht. Ihre ökumenische Bedeutung ergibt sich dadurch, daß – wie E. Mühlenberg in seinem Artikel »Patristik« in der TRE betont[26] – »*jedes kirchliche Bewußtsein* grundlegende altchristliche Remi-

[23] Das Dekret über den Ökumenismus des II. Vatikanischen Konzils trägt bekanntlich den Titel: Unitatis Redintegratio, 1965; im Moskauer Dokument lautet die Überschrift zu §2: »Das Streben nach Wiederherstellung (!) der Einheit« (Orthodoxie aktuell 9/2000, 8f.).

[24] Von einem – den Kirchen der Ökumene evtl. vorgegebenen – consensus (quinquesaecularis) sollte man m.E. besser nicht sprechen. Auch die Redeweise von einer Epoche der »ungeteilten Christenheit« ist äußerst problematisch, erst recht, wenn man sie auf das erste Jahrtausend der Kirchengeschichte bezieht.

[25] K. Beyschlag, Grundriß der Dogmengeschichte I, Darmstadt ^{2}1988, 45 spricht von vordogmatischen und dogmatischen Glaubensnormen (im Verlauf der ‚ökumenischen Epoche' der Dogmengeschichte).

[26] Mühlenberg, Art. Patristik, (wie Anm. 4), 103.

niszenzen« enthält. »Dazu gehören« – nach seiner Feststellung – »Kanon, Glaubensbekenntnis, Martyrium, Bischof und Ämter, Mönchtum und Askese, Dogmen, Liturgie u.a.«. Und er fügt hinzu: »Sie bedürfen der ständigen Bearbeitung durch die theologische Wissenschaft, damit sie nicht zu Klischees verkommen«. Man könnte aber auch positiv davon sprechen, daß sie immer wieder neu im Hinblick auf den ökumenischen Dialog bedacht werden müssen, sofern die wissenschaftliche Theologie an diesen ökumenischen Zusammenhängen interessiert ist. Als selbstverständlich vorauszusetzen ist dieses Interesse nicht, nicht für Orthodoxe Theologen, obwohl für sie die altkirchliche bzw. apostolische Tradition, auf die sie sich als Grundlage und Ausgangspunkt ihres Kirchen- und Theologieverständnisses gern berufen[27], zu den Voraussetzungen ihrer Theologie gehören; aber auch nicht für Römisch-katholische Theologen, die von der Überlegenheit ihrer Tradition überzeugt sind, und ebensowenig für evangelische Theologen, für die die altkirchliche Tradition im allgemeinen zu jener fernen Vergangenheit gehört, die es lediglich aus historischem Interesse zu betrachten und zu erforschen gilt. Nur wenn die »altchristlichen Reminiszenzen« an den biblischen Kanon, das altkirchliche Bekenntnis, die altkirchlichen Dogmen usw. wie bei den Reformatoren als Bestandteile der eigenen christlichen und kirchlichen Identität verstanden werden und auf der anderen Seite »die Zerspaltung der Kirche« als »Skandal« empfunden wird[28], gewinnt die Beschäftigung mit der altkirchlichen Tradition über die konfessionellen Grenzen hinweg auch für evangelische Theologen existenzielle Bedeutung. Das gilt auch für die Kirchenväter, nach denen die Patristik benannt ist; denn »ohne ,Väter' gibt es keine Patristik; sonst würde der Ausdruck zu einem fossilen Wort ohne Bedeutung«, wie Mühlenberg

[27] Vgl. J.N. Karmiris: » Die dogmatische Lehre der Orthodoxen Katholischen Kirche ist mit der alten, einigen und ungeteilten Kirche identisch und blieb durch alle Jahrhunderte hindurch unversehrt und unverfälscht in der Orthodoxie erhalten«, in: J.N. Karmiris, Abriß der dogmatischen Lehre der orthodoxen Kirche, in: P. Bratsiotis (Hg.), Die orthodoxe Kirche in griechischer Sicht, KW 1, Stuttgart ²1970, 15; G. Galitis/G. Mantzaridis/P. Wiertz, Glauben aus dem Herzen. Eine Einführung in die Orthodoxie, München ²1988, 40 u.ö.

[28] Vgl. K. Barth: »Alle guten Gründe für die Entstehung (einer) Kirchenspaltung und alle schweren Hindernisse, sie zu beseitigen, alle Interpretationen und Milderungen, die ihr widerfahren mögen, ändern nichts daran, daß jede Kirchenspaltung als solche ein finsteres Rätsel, ein *Skandal* ist.« So K. Barth, Kirchliche Dogmatik IV/1 754; zitiert nach C. Link/U. Luz/L. Vischer (Hgg.), Sie aber hielten fest an der Gemeinschaft ... Einheit der Kirche als Prozeß im Neuen Testament und heute, Zürich 1988, 11.

mit Recht feststellt[29]. – Das gilt für die Dogmen und altkirchlichen Bekenntnisse, an deren Ausformulierung sie beteiligt waren – wie z.B. das trinitarische, pneumatologische und christologische Dogma und das Bekenntnis von Nizäa-Konstantinopel 381[30] – aber auch für die Entstehung und Entwicklung des biblischen Kanons, der für die Reformation von grundlegender Bedeutung war, der aber zugleich für alle christlichen Kirchen – abgesehen von der Frage des kanonischen Umfangs des Alten Testaments, aber stets in Verbindung mit dem apostolischen Zeugnis des Neuen Testaments – verbindlich war und ist[31].

IV. Einzelne Aspekte

1. Die Kirchenväter

Als lebendige Repräsentanten der Alten Kirche gelten – spätestens seit dem vierten Jahrhundert (genauer betrachtet aber schon früher) – die ‚Kirchenväter'. Sie verkörpern aus der Rückschau jeder einzelne für sich, aber – ebenso wie die Apostel – zugleich als Kollektiv die zuverlässige Überlieferung der Kirche in der bischöflichen Sukzession. Sie sind eindrucksvolle Vertreter einer lebendigen christlichen Frömmigkeit – nicht zuletzt durch ihre Verbindung mit dem Mönchtum – und repräsentieren vor allem die orthodoxe Lehre als theologische Lehrer und Prediger. »Was als Glaubensbestimmung auf dem Konzil von Chalkedon (451) beschlossen wurde, geschah ‚in Übereinstimmung mit den heiligen Vätern'«, schreibt E. Mühlenberg[32]. Der Althistoriker Hartmut Leppin bezeichnet sie in seinem kürzlich erschienenen Buch »Die Kirchenväter und ihre Zeit« als »Männer von tragender Bedeutung für den Bau der Kirche«, deren »Kenntnis« im übrigen »für jeden, den die Vergangenheit Europas interessiert, unerläßlich« ist[33]. Traditionell nennt Leppin, dem im allgemeinen die Personen wichtiger sind als ihre Theologie,

[29] Mühlenberg, Art. Patristik (wie Anm. 4), 97.

[30] Vgl. W. Bienert, Dogmengeschichte, GK 5,1, Stuttgart 1997, 193-207.

[31] Vgl. M. Haudel, Die Bibel und die Einheit der Kirchen. Eine Untersuchung der Studien von ‚Glauben und Kirchenverfassung' zur ökumenischen und ekklesiologischen Bedeutung der Schrift, KiKonf 34, Göttingen 1993.

[32] Mühlenberg, Art. Patristik (wie Anm. 4), 98.

[33] H. Leppin, Die Kirchenväter und ihre Zeit. Von Athanasius bis Gregor dem Großen, München 2000, 7. – Vgl. aber auch immer noch H.v. Campenhausen, Griechische Kirchenväter, UB 14, Stuttgart [2]1956 u.ö.; ders., Lateinische Kirchenväter, UB 50, Stuttgart 1960 u.ö.

jeweils vier Personen der griechischen und der lateinischen Kirche: Athanasius von Alexandrien († 373), Basilius den Großen († 379), Gregor von Nazianz († ca. 390), den die Ostkirche als Gregor ‚den Theologen' bezeichnet, und den überragenden Prediger Johannes Chrysostomus († 407) für den griechischen Osten – sowie Ambrosius († 397), Hieronymus († 420), Augustin († 430) und Papst Gregor den Großen († 604) für den lateinischen Westen. Von ihnen war lediglich Hieronymus kein Bischof.

Eine eigentümliche Sonderrolle spielt der Alexandriner Athanasius. Obwohl ein Vertreter des griechischen Ostens, aus Ägypten stammend, gilt er vor allem im Westen als Vorbild und Inbegriff orthodoxer Theologie und Frömmigkeit, wie das ihm zugeschriebene Symbolum Athanasianum bezeugt[34]. Durch seine Verbannung in den Westen wurde er zu einem wichtigen Vermittler zwischen den Kirchen des Ostens und des Westens und durch seine Interpretation des Glaubens von Nizäa im Kampf um die Anerkennung des pneumatologischen Dogmas zum Wegbereiter des trinitarischen Dogmas – oder, wie man in der patristischen Forschung heute gern genauer sagt, zum Wegbereiter des Neunizänismus[35]. Daß Athanasius auch das biblische Fundament des christlichen Glaubens betonte, wird in der Forschung oft zu wenig beachtet. Es unterstreicht aber die ökumenische Bedeutung dieses Kirchenvaters[36], der seinerseits auf die »Väter von Nizäa« zurückverwies und sich damit selbst in die Tradition der kirchlichen Lehrentwicklung einfügte und sich darüber hinaus auch am Prozeß der Kanonisierung der Bibel beteiligte[37]. An Athanasius wird erkennbar, daß und wie sich christliche Identität unter den politischen Herausforderungen des vierten Jahrhun-

[34] Nach dem Anfangswort wird es auch als »Symbolum Quicumque« bezeichnet. Der lateinische (!) Text stammt aus der Zeit um 500 (wohl aus Spanien oder Südgallien) und faßt in strophischer Form den »katholischen Glauben« (Trinität und Christologie) zusammen; vgl. R.J.H. Collins, Art. Athanasianisches Symbol, TRE 4, Berlin/New York 1979, 328-333.

[35] Zum Stichwort »Neunizänismus« vgl. H.C. Brennecke, Erwägungen zu den Anfängen des Neunizänismus, in: D. Papandreou (Hg.), Oecumenica et Patristica, FS für W. Schneemelcher, Stuttgart 1989, 241-257; C. Markschies, Gibt es eine einheitliche ‚kappadozische Trinitätstheologie'? Vorläufige Erwägungen zu Einheit und Differenzen neunizänischer Theologie, in: Ders., Alta Trinità Beata. Gesammelte Studien zur altkirchlichen Trinitätstheologie, Tübingen 2000, 196-237.

[36] Vgl. M. Tetz, Athanasius und die Einheit der Kirche. Zur ökumenischen Bedeutung eines Kirchenvaters, ZThK 81, 1984, 196-219; G. Larentzakis, Einheit der Menschheit-Einheit der Kirche bei Athanasius. Vor- und nachchristliche Soteriologie und Ekklesiologie bei Athanasius von Alexandrien, GThS 1, Graz ^{2}1981.

[37] Vgl. seinen Festbrief des Jahres 367.

derts neu definieren mußte. Den Streit um die Geltung des pneumatologischen Dogmas, in dem es zugleich um die Unabhängigkeit der Kirche von politischer Bevormundung durch die Kaiser ging, hat Basilius der Große weitergeführt und dabei den Weg zum Bekenntnis von Nizäa-Konstantinopel (381) entscheidend mit vorbereitet.

Das Bekenntnis dieses Konzils[38], das bekanntlich erst auf dem Konzil von Chalkedon (451) offiziell von den Konzilsvätern angenommen wurde, ist heute ein Schlüsseltext für die Ökumene[39]. Das bestätigt auch die Verlautbarung der EKD-Synode vom November 2000[40]. Dieses Bekenntnis spricht erstmalig in der Geschichte der Kirche vom Glauben an die »eine, heilige, katholische und apostolische Kirche« und bekräftigt als einziges altkirchliches Bekenntnis die Einmaligkeit der Taufe.

In diesem Text, der inzwischen wieder häufiger in den verschiedenen Kirchen im Gottesdienst gesprochen wird, treffen wie in kaum einem anderen Dokument der Alten Kirche ökumenische und patristische Fragen zusammen. Die Entstehungsgeschichte dieses Textes wirft dabei ebenso zahlreiche und schwierige Fragen auf wie sein theologisches Verständnis und die Geschichte seiner Weitergabe und seiner Rezeption. Das gilt nicht nur für das sogenannte »filioque-Problem«[41], auch wenn dieses für das Verhältnis zwischen Protestantismus und Orthodoxie von besonderer Bedeutung ist. Hier hat die patristische Forschung zwar bereits wichtige Erkenntnisse zutage gefördert, ohne daß diese jedoch darüber schon zu einem abschließenden Ergebnis gekommen wäre.

2. Die altkirchlichen Dogmen

Ähnlich wie mit dem Bekenntnis des Jahres 381 verhält es sich mit der Entstehungsgeschichte und dem Verständnis der altkirchlichen Dogmen. Ihre zentrale Bedeutung für die Identität des Christlichen hat W.-

[38] Vgl. W.-D. Hauschild, Art. Nicäno-Konstantinopolitanisches Glaubensbekenntnis, TRE 24, Berlin/New York 1994, 444-456; R. Staats, Das Glaubensbekenntnis von Nizäa-Konstantinopel. Historische und theologische Grundlagen, Darmstadt [2]1999.

[39] Vgl. das Studiendokument der Kommission für Glauben und Kirchenverfassung des ÖRK: R. Sbeghen (Hg.), Gemeinsam den einen Glauben bekennen. Eine ökumenische Auslegung des apostolischen Glaubens, wie er im Glaubensbekenntnis von Nizäa-Konstantinopel (381) bekannt wird, Frankfurt/M. 1991; zur Vorgeschichte H.-G. Link (Hg.), Handbuch zum Apostolischen Glauben, Neukirchen-Vluyn/Paderborn 1987.

[40] Wendebourg, Reformation und Orthodoxie (wie Anm. 9).

[41] Vgl. zuletzt: B. Oberdorfer, Filioque. Geschichte und Theologie eines ökumenischen Problems, Göttingen 2001. – Ferner P. Gemeinhardt, Die Filioque-Kontroverse zwischen Ost- und Westkirche im Frühmittelalter, Diss. theol. Marburg 2001 (Berlin 2002).

D. Hauschild in seinem neuen Lehrbuch der Kirchen- und Dogmengeschichte dadurch unterstrichen, daß er mit dem Thema »Christliche Gotteslehre als Trinitätslehre« beginnt[42]. Er schließt seine Vorüberlegungen, mit denen er sein – etwas überraschendes – Vorgehen begründet, mit dem Satz: »Die Lehrentscheidung von 325/381 ist bis heute das einzige von allen Kirchen rezipierte Dogma.«[43] Man kann fragen, ob das auch für die sogenannten »Non-Creedal-Churches« gilt, also für jene Kirchen, die auf eine traditionelle Lehrgrundlage in Form eines Bekenntnisses verzichten. Wichtiger erscheint jedoch die Frage nach dem Sinn und der Bedeutung der altkirchlichen Dogmen für den Glauben der jeweiligen Kirche. Handelt es sich dabei für sie um Lehrsätze, die der Gläubige zu seinem Heil zu lernen und zu glauben hat, oder sind es anbetungswürdige Umschreibungen eines Mysteriums, die den persönlichen Glauben stärken sollen? Sind es Lehrgesetze, die über Rechtgläubigkeit und Ketzerei entscheiden oder Umschreibungen des Ortes der Gegenwart Gottes, die das Geheimnis Gottes vor dem Zugriff menschlichen Allmachtsstrebens bewahren sollen? Die Geschichte der Kirche zeigt, daß alle diese Möglichkeiten in den verschiedenen Kirchen erprobt wurden und noch heute im Bewußtsein der Menschen vorhanden sind. Die Kenntnis der Entstehung der altkirchlichen Dogmen kann dazu beitragen, daß – ungeachtet einer kritischen Auseinandersetzung mit dem Dogmenbegriff – ihre ursprüngliche Bedeutung als unverzichtbare Merkmale des Christlichen und legitime Zusammenfassung des biblischen Glaubens nicht aus dem Blick gerät.

3. Der biblische Kanon

Die altkirchlichen Dogmen wollen – wie auch die frühen Taufbekenntnisse in den christlichen Gemeinden, die ihrerseits als Zusammenfassung und zugleich als Regel und Richtschnur (Kanon) des christlichen Glaubens bezeichnet werden[44], – letztlich nichts anderes in kurzer Form zusammenfassend zum Ausdruck bringen als das, was die Bibel von Gott dem Schöpfer bezeugt, der in Jesus Christus seinen Sohn hat Mensch werden lassen – zum Heil der Welt. Diese Botschaft stammt

[42] W.-D. Hauschild, Lehrbuch der Kirchen- und Dogmengeschichte, Bd. I. Alte Kirche und Mittelalter, Gütersloh ²1999, 1f.

[43] Hauschild, Lehrbuch (wie Anm. 42), 2.

[44] Zum Kanonbegriff vgl. insgesamt – außer den einschlägigen Darstellungen zur Entstehung des biblischen Kanons – die umfassende Studie von H. Ohme, Kanon Ekklesiastikos. Die Bedeutung des altkirchlichen Kanonbegriffs, AKG 67, Berlin 1998.

allerdings von Menschen, den Propheten des Alten Bundes im Alten Testament und den Aposteln, den Boten des Neuen Bundes, den Zeugen der Auferstehung Jesu und ihren Nachfolgern im Neuen Testament. Deren Zeugnisse wurden in den frühchristlichen Gemeinden aufbewahrt und weitergegeben, bis sie gegen Ende des zweiten Jahrhunderts normative Bedeutung erlangten und als Kanon zusammengestellt wurden. Im vierten Jahrhundert wurden sie dann für alle Christen zur allgemein anerkannten und verbindlichen Grundlage des Glaubens. Dabei handelt es sich – historisch betrachtet – um einen Prozeß, der für die Ökumene von außerordentlicher Bedeutung ist. Denn die biblischen Zeugnisse, zu denen nach altkirchlicher Überlieferung immer auch das Alte Testament (in der Regel in Gestalt der Septuaginta) gehört[45], sind bis heute die allgemein anerkannten Grundlagen der Ökumenischen Bewegung. In der Basisformel des Ökumenischen Rates der Kirchen wird dieser bestimmt als »eine Gemeinschaft von Kirchen, die den Herrn Jesus Christus gemäß der Heiligen Schrift als Gott und Heiland bekennen und darum gemeinsam zu erfüllen trachten, wozu sie berufen sind, zur Ehre Gottes des Vaters, des Sohnes und des Heiligen Geistes.«[46]

Vor nunmehr fast 50 Jahren antwortete der Neutestamentler Ernst Käsemann auf die Frage »Begründet der neutestamentliche Kanon die Einheit der Kirche?«: »Der neutestamentliche Kanon begründet als solcher nicht die Einheit der Kirche. Er begründet als solcher, d.h. in seiner dem Historiker zugänglichen Vorfindlichkeit dagegen die Vielzahl der Konfessionen.«[47] Käsemann fügt allerdings hinzu: insofern der Kanon Gottes Wort und d.h. zugleich Evangelium ist, »begründet dann auch er Einheit der Kirche. Denn allein das Evangelium begründet die eine Kirche in allen Zeiten und an allen Orten.«[48] – Letztlich ist es der Geist Gottes, der die Einheit des Evangeliums in den kanonisch anerkannten Evangelien stiftet, so wie er – nach Luther – »die ganze Christenheit auf Erden beruft, sammelt, erleuchtet, heiligt und bei Jesus

[45] Vgl. H.v. Campenhausen, Die Entstehung der christlichen Bibel, BHTh 39, Tübingen 1968. – Zu den ökumenisch wichtigsten Zeugnissen der Bibel, die die Christenheit nicht nur mit dem Judentum, sondern auch untereinander über die Grenzen der Konfessionen hinweg verbindet, gehören die Psalmen. Darauf wies Prof. Basil Studer OSB in der Aussprache über das Referat mit Recht nachdrücklich hin.

[46] Neu Delhi 1961; vgl. R. Frieling, Der Weg des ökumenischen Gedankens. Eine Ökumenekunde, Zugänge zur Kirchengeschichte 10, Göttingen 1992, 72-75.

[47] Vortrag vom 20. Juni 1951, abgedruckt in: E. Käsemann, Exegetische Versuche und Besinnungen I, Göttingen 1960 (u.ö.), (214-223) 221.

[48] Käsemann, Exegetische Versuche (wie Anm. 47), 223.

Christus erhält im rechten einigen Glauben.«[49] Die Botschaft des Evangeliums bleibt dabei jedoch stets – auch für Luther – bezogen auf die *schriftliche* Überlieferung der ältesten Gemeinden und wird begrenzt durch eine bestimmte Auswahl von kanonisch anerkannten Texten. Dabei gehört es zu den bemerkenswertesten Entscheidungen der Alten Kirche, daß sie nicht versucht hat, das apostolische Zeugnis von seinen geschichtlichen Wurzeln zu trennen, sondern vier verschiedene Evangelientexte als geschichtlichen Ausdruck des *einen* Evangeliums der ältesten Christenheit nebeneinander kanonisierte.

Das geistliche Evangelium von Jesus Christus bleibt auf diese Weise dreifach in der Geschichte verankert: Es gründet sich auf das schriftliche Zeugnis der Apostel und verweist auf die geschichtliche Person des Jesus von Nazareth in der lebendigen, geschichtlich verankerten Gemeinde der ersten Christen. Mitte und Grenze der christlichen Botschaft ist dabei nach wie vor das Bekenntnis zu Jesus Christus, dem Mensch gewordenen Sohn Gottes. – Vor diesem Hintergrund erweist sich der Zugang zum christlichen Glauben über die Geschichte nicht nur als sachlich möglich und notwendig, sondern auch als theologisch legitim.

V. Die Patristik als Chance für die Ökumene

Aus evangelischer Sicht ist die Patristik heute einerseits ein Teilgebiet der Kirchengeschichte, das nach abendländischer Tradition der Erforschung der ersten sieben (im Westen bis zu Isidor von Sevilla, † 636) bzw. acht Jahrhunderte (im Osten bis zu Johannes Damascenus, † ca. 750) gewidmet ist, während orthodoxe Theologen Gregor Palamas († 1359) häufig als »letzten Kirchenvater der Orthodoxie«[50] betrachten. Zugleich aber handelt es sich um eine theologische Disziplin, die nach Wert und Bedeutung der altkirchlichen Tradition für die Gesamtchristenheit fragt und von daher zwangsläufig die christliche Ökumene im Blick hat.

Dabei entspricht die verbreitete Rede vom ersten christlichen Jahrtausend als Epoche der »ungeteilten Christenheit« schwerlich den geschichtlichen Realitäten, da es spätestens seit dem fünften Jahrhundert konfessionell begründete Kirchenspaltungen im Bereich der Kir-

[49] Kleiner Katechismus, Auslegung zum 3. Glaubensartikel, in: BSLK (wie Anm. 7), 512.

[50] G. Kapriev, in: M. Vinzent (Hg.), Metzler Lexikon christlicher Denker, unter Mitarbeit von U. Volp und U. Lange, Stuttgart/Weimar 2000, 295.

chen des Ostens gibt, die bis heute Bestand haben. – Aber bereits im Neuen Testament ist die Rede von Parteiungen und Spaltungen[51], so daß die Einheit der Kirche sich schon dort als spannungsvoller Prozeß erweist, der kontinuierlich verbunden ist mit dem Ringen um die Wahrheit des Glaubens[52]. Wo die Einheit der Kirche sichtbar wird, ist sie Zeichen der Gegenwart des Hl. Geistes. Sie ist alles andere als selbstverständlich. Christus muß selbst seinen Vater darum bitten, »daß sie alle eins seien, damit die Welt glaube« (Joh 17, 21).

Das Interesse an der Erforschung der für alle Christen gemeinsamen Grundlagen der Kirche, ihrer Ämter und Strukturen ebenso wie ihrer Frömmigkeit und theologischen Lehre in der Auseinandersetzung mit der antiken Geisteswelt macht die Patristik zu einer ökumenischen Wissenschaft auch dort, wo diese sich lediglich mit der kritischen Edition einschlägiger Quellen oder mit der Klärung historischer Streitfragen beschäftigt. Es ist deswegen auch kein Zufall, daß auf diesem Gebiet die internationale und interkonfessionelle Zusammenarbeit seit Jahren immer intensiver und zugleich ökumenisch offener geworden ist. Die Patristik erweist sich dabei zugleich als Chance, konfessionelle Barrieren durch den Rückgriff auf die altkirchliche Tradition zu überwinden und dabei tiefer in die Geheimnisse des christlichen Glaubens einzudringen, die in den verschiedenen Kirchen gemeinsam, aber auf unterschiedliche Weise bewahrt wurden und werden.

[51] Vgl. z.B. 1Kor 1-3; Apg 6-8 u.a.

[52] Vgl. Link/Luz/Vischer (Hgg.), Sie aber hielten fest an der Gemeinschaft (wie Anm. 28).

Die Bedeutung der Patristik für das ökumenische Gespräch

Eine orthodoxe Betrachtung

GRIGORIOS LARENTZAKIS

Für einen Orthodoxen ist das vorgeschlagene Thema von besonderer Bedeutung, denn ein orthodoxer Theologe kann sich die Gegenwart der Kirche ohne ihre Wurzeln, ohne ihre Ursprünge und Anfänge überhaupt nicht vorstellen. Aber auch Sie als evangelische Theologen bezeugen durch diese Tagung, daß das ureigene Anliegen der Reformation, in der Fortsetzung der Alten Kirche kirchlich leben zu wollen, sehr ernst genommen wird. Damit treffen wir uns in einem sehr wichtigen Punkt unserer Geschichte, die als gemeinsame Ausgangsposition für die weitere Entwicklung, aber auch für ein solides Fundament der ökumenischen Arbeit dienen kann. Denn Kontinuität hat eine enge Beziehung zur Identität des christlichen Glaubens. Es wäre eine Anmaßung, wollte ich meinen, ich könnte den christlichen Glauben für uns heute neu erfinden bzw. artikulieren, ohne die Rückbindung an unsere Quellen und unsere Wurzeln.

Dies verpflichtet uns also zu einer Neu- bzw. Rückbesinnung auf unsere christlichen Quellen, die wir gemeinsam haben. Und wenn wir uns auf diese gemeinsamen Quellen besinnen und uns dort treffen, haben wir bereits einen sehr wichtigen ökumenischen Beitrag geleistet. Dazu muß gesagt werden, daß dies nicht nur die Orthodoxe und die Evangelische Kirche betrifft[1], sondern auch die Römisch-Katholische Kirche[2] und schließlich alle christlichen Kirchen, wenn sie mit der Kir-

[1] Vgl. W. Schneemelcher, Die Patristische Tradition in orthodoxer und in evangelischer Sicht, in: Κληρονομία 1, Thessaloniki 1969, 227.

[2] Katholischerseits wurde die Bedeutung der Kirchenväter auch für das Studium der Theologie von der Kongregation für das katholische Bildungswesen immer wieder besonders hervorgehoben, u.a. im Dokument »Die Theologische Ausbildung der künftigen Priester« am 22. Februar 1976, Nr. 85-88, in der Instruktion für die Intensivierung der Ostkirchlichen Theologie an allen Theologischen Fakultäten und Hochschulen im Jahre 1987 und im Jahre 1989 in der Instruktion über das Studium der Kirchenväter in der Priesterausbildung. Vgl. auch J. Ratzinger, Die Bedeutung der Väter für die gegenwärtige Theologie, in: Κληρονομία (wie Anm. 1), 15f.

che der Anfänge in direkter Verbindung stehen bzw. existieren wollen und wenn sie auch das Prädikat »katholisch« in seiner überkonfessionellen und ursprünglichen Bedeutung, nicht im quantitativen, sondern im qualitativen Sinn für sich in Anspruch nehmen wollen. Denn die Kirche ist »katholisch«, so wie es im Glaubensbekenntnis vom zweiten ökumenischen Konzil in Konstantinopel aus dem Jahre 381 zum Ausdruck gebracht wird. Diese Charakterisierung muß auch für die Evangelische Kirche gelten, wie W.-D. Hauschild betont[3]. Aus diesem Grund hoffe ich, daß dieser Ausdruck bei der Verwendung des Glaubensbekenntnisses auch im Gottesdienst beibehalten bleibt und nicht durch andere nicht ganz adäquate Begriffe, aus konfessionellen Ängsten, ersetzt wird. Ich hoffe dies übrigens auch im Hinblick auf die grundsätzliche Verwendung dieses Glaubensbekenntnisses überall, auch in der Evangelischen Kirche, in seiner ursprünglichen, also unveränderten Fassung.

Ich möchte nun einige grundsätzliche Auffassungen über die Bedeutung der Kirchenväter für uns heute und für die Ökumene aus orthodoxer Sicht versuchen zu vermitteln.

Die Kirchenväter[4] spielen für uns heute[5] eine unersetzliche Rolle als Zeugen der Frohbotschaft Christi, als Träger der Kontinuität der christlichen Wahrheit, als Zeugen einer lebendigen Tradition der Kirche in einem dynamischen Wachstum auf dem Fundament der Bibel. Sie haben die jeweils aktuellen Probleme ihrer Epoche wahrgenommen und sie mit den soziopolitischen und kulturellen Mitteln ihrer Epoche behandelt, um eine entsprechende, für ihre Epoche und in der Sprache ihrer Zeit verständliche Antwort zu geben. Das heißt die Kirchenväter haben die dynamische Entwicklung der Kirche im Laufe der Zeit durch

[3] S. unten Anm. 43.

[4] Über die Definition eines »Kirchenvaters« und über die Zeit der Kirchenväter bzw. der Patristik gibt es verschiedene Auffassungen und Darstellungen. Hier meine ich hauptsächlich für das ökumenische Anliegen die gemeinsame Zeit des ersten Jahrtausends. Vgl. T. Nikolaou, Die Bedeutung der Patristischen Tradition für die Theologie heute, OrthFor 1, 1987, 7f. Ich meine aber, so lange die Kirche existiert, d.h. in Vergangenheit, Gegenwart und Zukunft, kann es Kirchenväter und Kirchenmütter geben.

[5] Vgl. G. Larentzakis, Diachrone ekklesiale Koinonia. Zur Bedeutung der Kirchenväter in der orthodoxen Kirche, in: N. Brox/A. Felber/W.L. Gombocz/M. Kertsch (Hgg.), Anfänge der Theologie: XAPICTEION Johannes B. Bauer zum Jänner 1987, Graz/Wien/Köln 1987, 355f.; Nikolaou, Die Bedeutung der Patristischen Tradition (wie Anm. 4), 6f.

die Jahrhunderte hindurch mitbestimmt und mitgestaltet. Als Interpreten der Heiligen Schrift haben sie große Verdienste erworben. Ihre Exegese ist für uns heute genauso wichtig wie die Arbeiten moderner Autoren[6]. Auch die Formulierungen und Definitionen der ökumenischen Konzilien haben sie naturgemäß sehr stark beeinflußt und mitgestaltet, und schließlich tragen die verschiedenen Liturgien in der reichhaltigen Vielfalt ihrer ortsgebundenen bzw. kontextuellen Gestaltung alle Merkmale ihrer Theologie und ihres Geistes. Aus diesem Grunde sind sie die »Kirchenväter« auch für uns geworden und geblieben. Sie haben den Glauben von Jesus Christus durch die Apostel und durch die Väter übernommen und weitergegeben mit der Lebendigkeit ihres Zeugnisses in der Auseinandersetzung und Konfrontation der jeweiligen Herausforderungen[7]. Wir können hier auch von einer *apostolischen Sukzession* des rechten Glaubens durch die Väter bzw. der Lehrer sprechen, die nicht isoliert werden darf von der *Apostolischen Sukzession* der bischöflichen Amtsträger, abgehoben vom Gesamt, vom Pleroma der Kirche[8]. Und die Lehrer in der Kirche müssen ja nicht immer Bischöfe sein und auch nicht nur Männer[9].

Für die Orthodoxe Kirche haben also Kontinuität, Identität und Wachstum oder das »Alte« und das »Neue« in der Kirche eine lebenswichtige Bedeutung mit einem Eigenwert und einem ekklesiologischen und theologischen Sinn, selbst für die Formulierung von Dogmen durch die Jahrhunderte hindurch – diachron, jedoch ohne jemals die doxologische und soteriologische Zielsetzung zu verlassen. Damit das neue Leben in Christus, das heißt damit das Heil der Menschen durch die neuen Herausforderungen der jeweiligen Zeit nicht gefährdet wird, sah sich die Kirche verpflichtet, diesen Gefahren zu begegnen und voller seelsorgerischer Verantwortung Hinweise zu geben, woran die Christen

[6] Vgl. u.a. G. Galitis, Historisch-kritische Bibelwissenschaft und orthodoxe Theologie, in: D. Papandreou (Hg.), La Theologie dans L'Église et dans le monde, Chambésy-Genève 1984, 116.

[7] Vgl. N. Brox, Zur Berufung auf »Väter« des Glaubens, in: T. Michels (Hg.), Heuresis. FS A. Rohracher, 25 Jahre Erzbischof von Salzburg, Salzburg 1969, 42f.

[8] Brox, Zur Berufung auf »Väter« (wie Anm. 7), 49. Mit Verweis auf eine Äußerung von Eusebius von Cäsarea, Eus. h.e. I 1,1, vgl. V 11,2; VII 32,32.

[9] Mehr darüber in: Johannes Karmiris, »Πληρεστέρα συμμετοχή τοῦ λαϊκοῦ στοιχείου ἐν τῇ λατρευτικῇ καί τῇ ἄλλῃ ζωῇ τῆς Ἐκκλησίας«, Athen 1973, 43f. mit Verweis auf 1Kor 12,28, wo von den Aposteln, den Propheten und den Lehrern die Rede ist mit der Feststellung: »ὧν δέον νά νοῆται ὑφισταμένη ἐν τῇ Ἐκκλησίᾳ ἀποστολική διαδοχή«. Vgl. auch ebd. 45, wo die Rede von Laien, Männern und Frauen, im Dienste des Lehramtes der Kirche ist.

glauben und wie sie leben sollen. Die Kirche sah sich genötigt, die falschen Lehren der Häretiker zu bekämpfen und zu widerlegen, die richtige Lehre zum Ausdruck zu bringen und in der Form der Dogmen in ökumenischen Konzilien zu definieren – unter der Hilfe und dem Beistand des Heiligen Geistes.

Demnach sind die Dogmatisierungen konkrete Handlungen der Kirchenväter innerhalb der Kirche mit einem bestimmten und konkreten historischen und kulturellen Kontext. »Der Beistand des von Jesus seiner Kirche verheißenen *Parakleten* bedeutet keine Ausstattung der menschlichen Erkenntnisfähigkeit der Amtsträger mit übernatürlichen Kräften, so daß die *Hierarchie* als ein *Orakel* wirkte.«[10] Diese Grundhaltung der Orthodoxen Kirche dem Dogma gegenüber spiegelt auch die Haltung und die Überzeugung der Kirchenväter in der frühen Kirche wider. Als Beispiel dazu nenne ich hier den heiligen Athanasios, der erstens betont hat, daß wir, um etwas richtig zu verstehen, wissen müssen, wann, für wen und wofür es gesagt wurde[11]; zweitens, daß die dogmatischen Formulierungen bzw. die dazu verwendeten Termini nicht als absolut und als unersetzlich zu betrachten sind; das gilt auch für den wichtigsten theologischen Begriff des vierten Jahrhunderts, nämlich für das »Homoousios«[12], und drittens, daß alle Begriffe nur unvollkommen einen Bruchteil der göttlichen Wahrheiten zu erfassen und auszudrücken vermögen[13]. Natürlich sind die Begriffe nicht wertlos, und wenn man im Wesen übereinstimmt, kann leichter auch bei den Begriffen und bei der Artikulierung des Glaubens Übereinstimmung erzielt werden. Man muß aber nicht immer den Begriff verlangen, auch nicht eine uniforme Ausdrucksweise. In diesem Sinn besteht ein dynamischer Prozeß in der Darstellung der christlichen Lehre.

Demnach bedeutet die christliche Tradition[14] – und das ist die orthodoxe Auffassung bis heute – nicht eine statische Übernahme und Über-

[10] A. Kallis, Orthodoxie, Was ist das?, Münster [6]1999, 52.

[11] Ath., apol. sec. I 54 (PG 26, 124B).

[12] Vgl. Ath., decr. 21,1 (Werke II, 17 Opitz). Zunächst hat auch Luther diesen Begriff als nicht notwendig betrachtet (in: M. Luther, Rationis Latomianae-Lutheriana Confutatio, WA 8, Weimar 1889, 117, 33f.), was er jedoch später revidierte (in: M. Luther, Von den Konziliis und Kirchen, WA 50, Weimar 1914, 571f.). Dazu W. Bienert, Das vornicaenische ὁμοούσιος als Ausdruck der Rechtgläubigkeit, ZKG 90, 1979, 151, Anm. 2.

[13] Vgl. Ath., ep. mon. 12,2 (Werke II, 181 Opitz). Über diese sehr aktuelle Problematik vgl. G. Larentzakis, Einheit der Menschheit Einheit der Kirche bei Athanasius, GrTS 1, Graz [2]1981, 253.

[14] Vgl. G. Larentzakis, Die Orthodoxe Kirche. Ihr Leben und ihr Glaube, Graz/Wien/Köln [2]2001, 125f.

gabe der vorhandenen Glaubensform, sondern ein dynamisches kontinuierliches Wachstum innerhalb des lebendigen Organismus der Kirche. Von dieser Überlegung her bedeutet das Leben in der Tradition der Kirche nicht unbedingt »konservativ« sein. Wenn man die Tradition so dynamisch versteht, braucht man keine Angst zu haben und ist man nicht versucht, neue Impulse zu unterbinden, damit die christliche Identität nicht verloren gehe. »Die Angst vor der *Häresie* kann für die Kirche eine größere Gefahr werden als die Häresie, indem zur ‚Sicherung' der Wahrheit jede unkonventionelle Initiative mit administrativen Maßnahmen im Keime erstickt wird. In der Orthodoxen Kirche ... genießt die Theologie einen hohen Grad an Freiheit, die allerdings an die Gemeinschaft gebunden ist.«[15]

Damit besteht in der Orthodoxen Kirche im Geiste der Haltung der Kirchenväter eine Beweglichkeit und Freiheit »für die theologische Erörterung neuer Probleme«, wie auch Edmund Schlink feststellte[16]. Auf Grund dieser Freiheit konnten auch die Kirchenväter so viel Bewundernswertes leisten, was Schlink großartig zum Ausdruck bringt: »Die geistige Lebendigkeit und Intensität, mit der die Kirchenväter die Probleme ihrer Zeit durchdrungen und beantwortet haben, ist ein bleibender Ansporn und eine eindringliche Verpflichtung für jede Kirche, die ganz anderen Probleme und Bedrohungen des Glaubens späterer Zeiten mit gleicher Wahrheit, Lebendigkeit und Klarheit aufzuspüren und zu beantworten.«[17] Dieser Aufforderung Schlinks, eine nachahmenswerte Haltung eines evangelischen Theologen den Kirchenvätern gegenüber, kann man nur zustimmen. Ich würde noch dazu ergänzend sagen, daß es nicht nur »die eindringliche Verpflichtung für jede Kirche«, sondern ebenfalls die eindringliche Verpflichtung der christlichen Kirchen gemeinsam darstellt, die heutigen gemeinsamen Probleme der Christenheit zu erörtern bzw. zu lösen. Darin existiert trotz der vorhandenen Schwierigkeiten eine praktikable Möglichkeit für eine ökumenische intensive Zusammenarbeit aller Kirchen.

Für die Wiederherstellung der zerrütteten Kirchengemeinschaft haben sich die Kirchenväter immer wieder eingesetzt. Sie wollten die kirchliche Einheit auf ein richtiges Fundament setzen, so wie es z.B. Jesus selbst in seinem letzten Gebet, in seinem »Testament« zum Ausdruck gebracht

[15] Kallis, Orthodoxie (wie Anm. 10), 53f.

[16] E. Schlink, Die Bedeutung der orthodoxen Kirche für die ökumenische Bewegung, ÖR 22, 1973, 433.

[17] Schlink, Bedeutung (wie Anm. 16), 433.

hat; gemäß seinem Wunsch, wie es im Johannes-Evangelium Kapitel 17 formuliert ist, ist das Ur- und Vorbild der kirchlichen Einheit die trinitarische Gemeinschaft[18]. Wir sollen nach der Aussage Jesu so eins werden, wie der Vater mit dem Sohn eins ist. Das bedeutet natürlich keine ontologische oder im pantheistischen Sinne gemeinte Gleichwerdung. Der heilige Athanasios betont mit Nachdruck: Die Gemeinschaft zwischen dem Vater und dem Sohne soll ein τύπος[19], ein Vorbild und eine εἰκών sein. Das bedeutet also, daß die gewünschte Einheit keine bloße Koexistenz, auch kein friedliches Nebeneinander sein darf, sondern eine echte, perichoretische Koinonia auf dem Fundament desselben Glaubens und der Liebe, die die konkrete, unverwechselbare und unaustauschbare Existenzweise des Vaters und des Sohnes und des Heiligen Geistes mitberücksichtigt. Die Trinität als Vorbild für die Einheit wird vom heiligen Athanasios nicht willkürlich genommen, auch nicht nur rein formal, weil Jesus es so gewünscht hat, sondern weil das Mysterium des Dreieinigen Gottes auch das Fundament unseres Christseins durch die Taufe darstellt, und schließlich, weil dadurch die Erlösung und Vervollkommnung des Menschen erreicht werden kann. Das bedeutet, daß hier das Prinzip der Ekklesiologie und der Soteriologie eine sehr wichtige, eine fundamentale Bedeutung hat[20]. In diesem Sinne denkt, schreibt und handelt auch der heilige Basilius der Große. H.J. Schulz dazu: »Der theologische und pastorale Weg der Einheit, den Basilius weist, ist kein Weg der Spekulation oder der Kirchenpolitik, sondern im letzten ein Weg der Erfahrung des Mysteriums, das gründet im Dreieinigen Gott und das im Leben des Christen sich realisiert vor allem in den Mysterien von Taufe und Eucharistie.«[21] Das Prinzip der Einheit in der Vielheit oder Pluriformität finden wir in eindrucksvoller Weise zunächst in der Existenz des Dreieinigen Gottes selbst. Wir haben einen Gott dem Wesen nach in drei Hypostasen bzw. Personen. Diesbezüglich spricht der heilige Gregor von Nazianz kategorisch: »Wenn wir auch an

[18] Vgl. Larentzakis, Die Orthodoxe Kirche (wie Anm. 14), 183f.

[19] »Οὐκοῦν οὐχ ἵνα ὡς αὐτὸς γινώμεθα ἔλεγεν, ʿ Ἵνα ὦσιν ἓν, καθὼς καὶ ἡμεῖς» ʿ (Joh 17,21), ἀλλ' ἵνα ὥσπερ ἐκεῖνος λόγος ὢν ἔστιν ἐν τῷ ἰδίῳ πατρὶ, οὕτως ἵνα καὶ ἡμεῖς, τύπον τινὰ λαβόντες, καὶ εἰς ἐκεῖνον βλέποντες, γενώμεθα ἓν πρὸς ἀλλήλους τῇ ὁμοψυχίᾳ, καὶ τῇ τοῦ πνεύματος ἑνότητι ... τό αὐτὸ δὲ φρονῶμεν...« (Ath., apol. sec. III 20 [PG 26, 364C]). »ἀλλὰ παρὰδειγμα καὶ εἰκών...« ʿ(ebd. 368A); »...οὐ ταυτότητα, οὐδὲ ἰσότητα δείκνυσιν ὁ λέγων τὸ, καθὼς, ἐπίρρημα, ἀλλὰ παράδειγμα τοῦ λεγομένου...« (ebd. 369B).

[20] Mehr darüber siehe Larentzakis, Einheit der Menschheit (wie Anm. 13), 240f.

[21] H.J. Schulz, Eucharistie und Einheit der Kirche nach Basilius dem Großen, in: A. Rauch/P. Imhof (Hgg.), Basilius Heiliger der Einen Kirche, München 1981, 199.

drei glauben, so werden die doch auf einen zurückgeführt, die aus ihm ihren Ursprung haben. Denn das eine ist nicht mehr, das andere weniger Gott, das eine ist nicht früher, das andere später. Auch besteht kein Unterschied im Wollen, keine Teilung in der Macht, und es ist überhaupt nichts vorhanden, was einer Trennung ähnlich wäre, sondern, wenn man es knapp sagen will, so ist ungeteilt in den Verschiedenen die Gottheit.«[22] Wenn man diese Vielfalt der drei göttlichen Personen in der Trinität auch für die Einheit der Kirche in der Vielfalt als Abbild und Konsequenz betrachtet, dann stellen wir fest, daß dieses Prinzip nicht neu ist. Bedenkt man noch, daß in der Frühkirche die Subordination in der Existenzweise der drei göttlichen Personen in der Trinität als Häresie verurteilt wurde, dann können wir den großen Wert dieses Vorbildes auch für die Gemeinschaft der vielen Kirchen in der Koinonia Ecclesiarum besser verstehen, ja sogar fundieren. Der Glaube also an die Heilige Dreieinigkeit ist nicht nur für das Christsein durch die Taufe erforderlich, sondern auch für die Gemeinschaft mit Gott innerhalb der Kirche. Und wenn jemand an den Dreieinigen Gott nicht glaubt, entfernt er sich auch von dieser Gemeinschaft, betont der heilige Gregor von Nyssa[23].

Bedenkt man die große Bedeutung des trinitarischen Glaubens für die Ökumene heute, nicht zuletzt durch den ersten Basis-Artikel des Weltkirchenrates seit Neu Delhi 1961, dann kann man auch die Bedeutung der Arbeit, die die Kirchenväter für die Klarstellung und Artikulierung dieses Glaubens geleistet haben, ermessen, eine Leistung, die bis heute unübertroffen ihre Gültigkeit hat. M.E. konnten alle späteren Versuche, das Mysterium der heiligen Trinität erklären zu wollen, bis heute keine bessere Klarheit schaffen.

Die Kirchenväter geben uns auch konkrete Hinweise, wie man die die Gemeinschaft der Kirche gefährdenden Probleme behandeln kann. Das heißt wie man Konfliktsituationen begegnet, welche Methoden man anwendet und wie man die kirchliche Eintracht und Gemeinschaft wiederherstellt.

Ein wichtiges, unersetzliches Mittel dazu ist der *Dialog*. Die Kirchenväter scheuen das aufklärerische Gespräch mit den Herausforderern überhaupt nicht. Sie nehmen deren Argumente in ihrer Sprache auf und

[22] Gr. Naz., or. 31,14, Deutsch: J. Barbel (Hg.), Gregor von Nazianz, Die fünf theologischen Reden, Text und Übersetzung mit Einleitung und Kommentar, Düsseldorf 1963, 245.

[23] Vgl. Gr. Nyss., Maced., ed. F. Müller, GNO 3, 109.

versuchen zu verstehen, was sie meinen, wenn auch in einer anderen Formulierung oder sogar mit nicht-biblischen Begriffen. Und nach der Durchführung des notwendigen Dialogs stellen sie fest, daß auch unterschiedliche Formulierungen das Gleiche meinen; wichtig ist die gleiche Gesinnung, dasselbe φρόνημα; dann empfehlen sie ihren Leuten, die Kirchengemeinschaft wiederherzustellen und die Brüder aufzunehmen. Psalm 132,1 wird immer wieder zitiert: »Was ist so gut oder was ist so erfreulich wie das Wohnen der Brüder ἐπὶ τὸ αὐτό?« Es handelt sich hier nicht um den selben Ort des Zusammenwohnens der Brüder, sondern um die gleiche Gesinnung, um die Eintracht, um den Frieden. Eusebius verweist auch in diesem Zusammenhang auf 1Kor 1,10, wo es heißt: »Seid alle einmütig im Reden und laßt es nicht zu Spaltungen unter euch kommen; seid vielmehr wohlgeordnet in gleicher Gesinnung und gleicher Überzeugung.« Auch Johannes Chrysostomos betont, daß mit diesem Ausdruck ἐπὶ τὸ αὐτό der Psalmist »nicht das einfache Wohnen gemeint hat, auch nicht das Sich-mitsammen-Befinden im selben Haus, sondern ἐπὶ τὸ αὐτό wohnen, nämlich mit Eintracht und Liebe; das bewirkt nämlich die Einheit der Seelen.«[24] Es handelt sich also um keine starre Uniformität oder eine rein organisatorische, juridische Einheit, die möglicherweise zentralistisch strukturiert ist.

Ein Beispiel möchte ich auch hier vom heiligen Athanasios bringen. Zunächst ist seine Feststellung sehr wichtig, daß das Mysterium des Göttlichen für den unzulänglichen menschlichen Verstand überhaupt unzugänglich ist. Jeder Versuch, das göttliche Wesen zu erfassen, muß scheitern. Daher ist auch jeder Versuch, dieses Mysterium zu artikulieren und in konkrete Sätze zu fassen und zu formulieren, unmöglich. Jeder Versuch bleibt nur ein Schatten der Wirklichkeit[25]. Aus dieser Überzeugung und Selbsterkenntnis sagt Athanasios immer wieder, daß seine Ausführungen nur ein Darstellungsversuch, ergänzungsbedürftig und unvollkommen und schließlich nur als ein kleiner Beitrag und als eine Orientierungshilfe zu verstehen sind[26]. Er war sehr bescheiden und demütig vor der Wahrheit des göttlichen Mysteriums und vor dem christlichen Glauben überhaupt. Vergessen darf man auch nicht das wiederholt von Johannes von Damaskus Gesagte: »Ich werde nichts von mir sagen, (ἐρῶ γὰρ ἐμὸν οὐδέν) Vergleicht man diese Haltung der Kir-

[24] Eus., Comm. in Ps. 132,1 (PG 24, 28BC); Ioh. Chrys., In ps. 132 (PG 55, 384).

[25] Ath., ep. mon. 1,2 (Werke II, 181 Opitz).

[26] Vgl. z.B. Ath., ep. mort. Ar. 5,2 (Werke II, 180 Opitz). Mehr darüber in: Larentzakis, Einheit der Menschheit (wie Anm. 13), 254f.

[27] Vgl. Larentzakis, Diachrone ekklesiale Koinonia (wie Anm. 5), 359f.

chenväter mit der selbstbewußten Haltung mancher Theologen und Professoren heute, muß man wohl den großen Unterschied zur echten Größe der Kirchenväter voll akzeptieren und respektieren; vielleicht auch nachahmen!

Wichtig ist nun auch im ökumenischen Dialog der Kirchen festzuhalten, daß es nicht so tragisch ist, wenn wir wissen, daß der rechte Glaube nicht in erschöpfender Weise formuliert werden kann. Denn wichtiger ist der Inhalt und das Wesen des Glaubens, das *vor* den Wörtern existiert. Es geht nicht um die begriffliche Formulierung, sondern um den lebendigen Glauben. Auch die unterschiedliche Formulierung muß nicht a priori Gegensatz bedeuten, weil es »in solchen Fällen nicht auf das Wort ankommt, so lange im Wesen Übereinstimmung herrscht«, betont Athanasios[28]. Und genau dies hat er auch immer wieder in seiner bischöflichen Tätigkeit und in der dogmatisch sehr bewegten Zeit praktiziert. Interessant ist es hier zu erwähnen, daß auch der heilige Gregor von Nazianz diese pastorale Handlungsweise des »großen Seelsorgers (μέγας τῶν ψυχῶν οἰκονόμος)«[29] Athanasios kennt, sie akzeptiert und lobend als ein Heilmittel, als φάρμακον bezeichnet. Gregor von Nazianz sagt, nachdem Athanasios im Gespräch, also im Dialog mit den Partnern ruhig, sachlich und menschenfreundlich festgestellt hat, daß sie die gleiche Gesinnung haben, also das Gleiche meinen, hat er die Verwendung der verschiedenen Begriffe bzw. die verschiedenen Namen verziehen[30]. Die ähnliche Haltung des heiligen Basilius in der theologischen, trinitarischen Auseinandersetzung ist auch bekannt. Sein Bekenntnis zum Dreieinigen Gott ist unerschütterlich. Und wir wissen auch, daß seine Theologie für die Formulierung des ganzen Glaubensbekenntnisses durch das zweite ökumenische Konzil in Konstantinopel (381) maßgeblich war, das er selbst nicht mehr erleben konnte. Er vermeidet es aber, über das Wesen und das *Wie* der Existenz des Dreieinigen Gottes zu sprechen. Man spricht jedoch von der Ökonomie des heiligen Basilius bezüglich seiner Darstellung der Pneumatologie, indem er aus pastoralen Gründen nicht genau über die Gottheit des Heiligen Geistes spricht. Das haben ihm manche zum Vorwurf gemacht. Athanasios der Große

[28] Ath., apol. sec. II 3 (PG 26, 152C).

[29] Gr. Naz., or. 21,35, In laudem Athanasii, (PG 35, 1125A).

[30] Gr. Naz., or. 21,35, In laudem Athanasii, (PG 35, 1125AB): »Τὸ δὲ παρ᾽ ἑαυτοῦ φάρμακον ἐπάγει τῷ ἀρρωστήματι. Πῶς οὖν τοῦτο ποιεῖ; Προσκαλεσάμενος ἀμφότερα τὰ μέρη οὑτωσὶ πράως καὶ φιλανθρώπως, καὶ τὸν νοῦν τῶν λεγομένων ἀκριβῶς ἐξετάσας, ἐπειδὴ συμφρονοῦντας εὗρε καὶ οὐδὲν διεστῶτας κατὰ τὸν λόγον, τὰ ὀνόματα συγχωρήσας συνδεῖ τοῖς πράγμασιν.«

kennt diese Haltung des Basilius und verteidigt ihn. A. Laminski spricht davon, daß Athanasios sich auf die Seite des Basilius stellte[31]. Auch Gregor von Nazianz stellt sich auf dessen Seite und betont, daß es dabei nicht um bestimmte Formulierungen gehe, sondern um die Sache. »Denn für uns bedeutet es keinen Nachteil, wenn wir auch aus anderen Ausdrücken, die das bewirken, Gott den Heiligen Geist erkennen. Denn die Wahrheit liegt nicht so sehr im (Wort)-Laut als vielmehr im Gedanken.«[32] Wichtig ist also der Geist und nicht der Buchstabe der Formulierungen, der das Leben ersticken läßt. Der heilige Basilius ändert sogar die Doxologie, indem er sagt, der trinitarische Lobpreis sei *mit* dem Geist und nicht *im* Geist, womit er auch die Personalität des Heiligen Geistes deutlicher zum Ausdruck bringt. Somit hat sich der heilige Basilius auch als ein Vertreter der dynamischen und nicht der statischen Tradition erwiesen und dies auch im liturgischen Bereich, indem er sich nicht an den Buchstaben klammert[33]. Diese Gesinnung und der Geist der Koinonia im Osten und im Westen sind für den heiligen Basilius sehr wichtig, wie auch eine effektive Zusammenarbeit, trotz der großen Distanz, nicht nur notwendig, sondern auch möglich ist. Dies bezeugen auch seine vielen vergeblichen Briefe an den Bischof von Rom Damasus und an andere Bischöfe des Ostens und des Westens in seiner turbulenten Zeit der dogmatischen Auseinandersetzungen[34].

Fassen wir zusammen: Aus ihrer dynamischen Haltung heraus haben die Kirchenväter das heute so modern klingende Prinzip der »Einheit in der Vielfalt« angewandt in der Überzeugung, daß

a) jede Formulierung des Glaubens das unfaßbare und unsagbare Geheimnis, das Mysterium, nur unvollkommen zum Ausdruck

[31] A. Laminski, Der Heilige Geist als Geist Christi und Geist der Gläubigen. Der Beitrag des Athanasios von Alexandrien zur Formulierung des trinitarischen Dogmas im vierten Jahrhundert, Leipzig 1969, 124, Anm. 26 und 175. Mit den Belegen: Ath., ep. Jo. et Ant. (PG 26, 1168A); ep. Pall. (PG 26, 1168C). Vgl. auch H. Dörries, De Spiritu Sancto, Der Beitrag des Basilius zum Abschluß des trinitarischen Dogmas, Göttingen 1956, 25.

[32] Gr. Naz., ep. 58 (GCS 53, 52-54 Gallay); M. Wittig, Gregor von Nazianz, Briefe, Stuttgart 1981, 122.

[33] Vgl. Schulz, Eucharistie und Einheit (wie Anm. 21), 207.

[34] Vgl. u.a. G. Larentzakis, Die Notwendigkeit der Zusammenarbeit der Bischöfe des Ostens und des Westens nach dem hl. Basilius, in: Die Griechisch-orthodoxe Metropolie der Schweiz und die Stiftung für die christliche Einheit, A. Danial (Hg.), Ἀναφορά εἰς μνήμην Μητροπολίτου Σάρδεων Μαξίμου 1914-1986, Bd. 3, Genf 1989, 273-293.

bringen kann, weshalb die Begriffe nie einen Absolutheitsanspruch dem Inhalt gegenüber erheben können;

b) daß Vertiefung in der Wahrheit immer wieder notwendig ist;
c) daß eine und dieselbe »Sache« auch mit verschiedenen Begriffen ausgedrückt werden kann;
d) daß oft verschiedene Darstellungen verschiedene Seiten ein und derselben Sache bzw. Wirklichkeit sein können;
e) daß die uniformistische Formulierung bzw. die verbale Orthodoxie nicht immer die Übereinstimmung im Inhalt bzw. die tatsächliche Orthodoxie, das heißt die Rechtgläubigkeit garantieren[35].

Dieses Prinzip der Einheit in der Vielfalt der Kirchenväter stellt eine Grundbedingung auch für die Ökumene von heute dar, wie es in der Orthodoxen Kirche immer wieder zum Ausdruck gebracht wird, auch wenn es im Westen entweder kaum bekannt ist oder kaum bewußt wahrgenommen wird. Hier möchte ich nur eine Stimme zu Gehör bringen: Der Ökumenische Patriarch von Konstantinopel, Dimitrios I. (1972-1991), betonte: »Ohne Vorbehalt sagen wir, daß die Pluriformität auf keinen Fall dem Wesen des Dialogs schadet, sondern im Gegenteil: die Vielfalt der liturgischen, pastoralen, historisch-kanonischen und anderen Ausdrucksformen fördert unsere angestrebte Einheit. Diese Einheit wird nicht allgemein eine verdrießliche Gleichheit und unbewegliche Uniformität sein, sondern Identität des Glaubens, der Lehre, der Gnade und des Bekenntnisses Christi, in voller Respektierung der überlieferten und historisch-theologisch bezeugten Bräuche jeder Kirche.«[36]

Bei aller Dynamik, Flexibilität, Anpassungsfähigkeit und Toleranz haben die Kirchenväter nun aber nicht das *Wesentliche* des christlichen Glaubens relativiert oder aufgegeben.

Gregor von Nazianz z.B. ist diesbezüglich kategorisch. Er sagte zwar den Synodalen in seiner Abschiedsrede auf dem zweiten ökumenischen Konzil in Konstantinopel (381), sie dürften bei der Darstellung des Glaubens der Heiligen Dreieinigkeit wegen der Begriffe Person (Prosopon) und Hypostase (Hypostasis) nicht streiten, denn sie besagen dasselbe[37]. Er betonte aber mit Nachdruck, daß das Wesentliche des Glau-

[35] Vgl. G. Larentzakis, Vielfalt in der Einheit aus der Sicht der orthodoxen Kirche, Versuch einer Selbstdarstellung, OeFo 8, 1985, 65.

[36] In: Στάχυς 52-67, 1977-1981, 114f.

[37] Gr. Naz., or. 42, Abschiedsrede 16 (PG 36, 477).

bens und der christlichen Wahrheit unter keinen Umständen geopfert werden dürfe, nicht einmal wegen eines angeblichen Friedens in der Kirche: »Uns steht der Friede nicht höher als das Wort der Wahrheit, so daß wir etwa ein Zugeständnis machten bloß um des Ruhms der Toleranz willen.«[38] Adolf-Martin Ritter sagt ganz richtig zu dieser Äußerung: »Diese Maxime sollten sich alle zum Gesetz machen, denen die Seelsorge und die Verwaltung des kostbaren göttlichen Wortes anvertraut ist.«[39] Das heißt, daß man die Offenheit und den weiten Horizont der Kirchenväter nicht benützen darf, um jede Grunddifferenz beliebig legitimieren bzw. begründen zu wollen, etwa im Sinne einer angeblichen Einheit in der Vielfalt. Auch eine »versöhnte Verschiedenheit« muß unter diesem Aspekt betrachtet werden. Daher bleibt für uns alle eine wichtige Frage, die wir gemeinsam zu beantworten haben: Wo liegen die Grenzen zwischen der notwendigen *Einheit im Wesentlichen des christlichen Glaubens* und der sinnvollen, legitimen und notwendigen *Vielfalt bzw. Verschiedenheit* im Leben der Kirche? Diese Frage ist sicherlich nicht leicht zu beantworten. Unsere Kirchenväter können uns dabei helfen.

Tatsächlich sind die Kirchenväter für uns Christen und vor allem für uns Theologen von heute für unsere theologisch-kirchliche Aufgabe ein existentielles Vorbild. Denn die Kirchenväter haben den Inhalt der Botschaft des Evangeliums nicht als ein Objekt betrachtet. Sie haben Theologie betrieben, nicht als unbeteiligte Beobachter, als »Erkenntnistheoretiker«, als »Analytiker«, als »Systematiker« oder als »Erfinder« von neuen theologischen »Modellen«, die sie als *den* christlichen Glauben hingestellt haben, quasi von außen her. Ihre Absicht und ihre Motive waren es nicht, theologische Systeme zu entwickeln, von oben herab, die mit dem konkreten Leben und mit den Bedürfnissen der Menschen nichts zu tun haben. Im Gegenteil, sie fühlten sich innerhalb des Lebens der Kirche direkt und unmittelbar betroffen. Ihre Theologie war auf das Wohl und das Heil der Menschen ausgerichtet und für die Verwirklichung im konkreten Leben bestimmt, womit die enge Verbindung zwischen Theorie und Praxis und die soteriologische Motivation ganz deutlich zum Ausdruck kommt[40].

[38] Gr. Naz., or. 42, Abschiedsrede 13 (PG 36, 473).

[39] A.-M. Ritter, Das Konzil von Konstantinopel und sein Symbol. Studien zur Geschichte und Theologie des II. Ökumenischen Konzils, FKDG 15, Göttingen 1965, 266.

[40] Vgl. Gr. Naz., or. 2,31 (PG 35, 480); Gr. Naz., or. 1,4 (PG 36, 16); Chrys., hom. in

Aus diesen Gründen sind die Kirchenväter für uns heute *Partner im Dialog* bei der Behandlung unserer zeitgenössischen Herausforderungen wie auch sehr wichtige Berater in vielen ökumenischen Fragen und nicht nur Untersuchungsobjekte aus wissenschaftlich-theoretischem bzw. historischem Interesse.

Auf die Frage der Relevanz patristischer Forschung für die Ökumene stellt Frau Eva M. Synek in einer ihrer letzten Forschungen zu konkreten Fragen fest, daß gerade »das Bewußtmachen von Uneinheitlichkeit in Fragen der Kirchenordnung entspannend wirken konnte. Wenn es von Anfang an in einem sehr hohen Ausmaß Pluralität in disziplinären Fragen gab, auch in solchen, die doktrinär stärker vernetzt sind ... wenn sich bezüglich dieser Pluralität weiteres nicht nur eine Konfliktgeschichte nachzeichnen läßt (die es selbstverständlich gibt), sondern auch in einem hohen Maß eine Geschichte von Toleranz und Akzeptanz – müßte dann nicht auch heute eine versöhnte Verschiedenheit möglich sein, ein Aushalten von divergierenden Lösungen? Und könnte das damit vernetzte Aufgeben von Absolutheitsansprüchen nicht auch zu einer größeren Offenheit für – gegenüber der je eigenen Tradition – neue Regelungen führen, um aktuellen Problemen besser zu begegnen? Die in den Traditionen der orthodoxen Schwesterkirchen bewahrten spätantiken Modelle können vielleicht da und dort genauso inspirierend wirken wie umgekehrt neue Regelungen, die im westlichen Kontext seit dem Mittelalter gewachsen sind. Im übrigen wird es aber wahrscheinlich angesichts einer vielfach veränderten und sich immer schneller verändernden Welt in manchen Fragen auch nicht zu vermeiden sein, ganz neue Wege zu suchen – womöglich in einem gemeinsamen Ringen der Kirchen des Ostens und des Westens.«[41]

Dies möchte ich an den Dokumenten des offiziellen theologischen Dialogs zwischen der Gesamtorthodoxie und dem Lutherischen Weltbund zeigen.

Bevor ich zu diesen Dokumenten komme, möchte ich kurz auf die neueren evangelischen Auffassungen über *Kontinuität und Katholizität in der Kirche* hinweisen, die mir wichtig zu sein scheinen für den theologischen Dialog unserer Kirchen, und zwar auch im Zusammenhang

Gen. XIII (PG 53, 107). Vgl. auch G. Larentzakis, Die orthodoxe Kirche. Ihr Leben und ihr Glaube, Graz u.a [2]2001, 112f.

[41] E.M. Synek, Die Relevanz patristischer Forschung für die ökumenische Entwicklung der Gegenwart unter besonderer Berücksichtigung der Beziehungen zwischen der katholischen und den orthodoxen Kirchen, ThPh 75, 2000, 86.

mit unserem Thema, nämlich der Bedeutung der Kirchenväter für das ökumenische Gespräch unserer Kirchen.

Das Anliegen der Reformatoren, die Tradition, die Lehre der Alten Kirche kontinuierlich zu bewahren und weiterzuführen, wurde auch innerhalb der Evangelischen Kirche nicht immer für wichtig betrachtet und nicht immer respektiert, so daß durch die in manchen Bereichen festgestellte Autonomisierung und Individualisierung von theologischen Positionen die Gefahr der Diskontinuität und der Isolierung bestand und damit auch die Frage nach der Identität des Glaubens bzw. nach der Zugehörigkeit der Evangelischen Kirche selbst gestellt werden mußte. Diese Gefahr wird nun auch innerhalb der Evangelischen Kirche zunehmend erkannt und davor richtigerweise gewarnt. In diesem Sinne ist das, was Georg Kretschmar mit Nachdruck betont, zu verstehen: »Wenn heute der Weg von den Aposteln zu den Lehraussagen der großen Konzile des vierten und fünften Jahrhunderts als Irrweg erkannt würde, wäre damit nach Luthers eigener Sicht nicht nur der reformatorischen Theologie weithin der Boden entzogen, sondern der Konsens der Kirche zutiefst bedroht und damit die Kontinuität der Kirche, weil dieser Lehrkonsens nicht mehr aufzuzeigen wäre. Wer dies in Kauf nimmt und sich dennoch in seiner Theologie auf die Reformation berufen will, muß eingestehen, daß er zwar Impulse von dort aufnehmen, aber die reformatorische Lehre nicht mehr vertreten kann.«[42] Diese Sprache von Kretschmar ist unmißverständlich und für die Klärung der Positionen der Partner hilfreich. Damit hat auch das Thema Schrift, d.h. apostolischer Glaube und Lehrentscheidungen der Konzilien, d.h. Tradition, seinen ihm gebührenden Platz bekommen. Zu diesem Thema betont mit gleicher Deutlichkeit Wolf-Dieter Hauschild: »Hinsichtlich der historisch-formalen Betrachtung wäre es nicht schlüssig, als ‚Kanon' nur bestimmte altkirchliche Schriften des ersten und zweiten Jahrhunderts gelten zu lassen und demgegenüber einer Lehrentscheidung, an welcher die alte Kirche gleichsam seit den Anfängen gearbeitet hat, geringere Dignität zuzusprechen. So gibt das Dogma von 381 (also des zweiten Ökumenischen Konzils von Konstantinopel) ein gutes Paradigma für die Diskussion um die Irreversibilität von kirchlichen Lehrentscheidungen.«[43]

[42] G. Kretschmar, Luther und das altkirchliche Dogma, in: Centre Orthodoxe du Patriacat Oecumen (Hg.), Luther et la réforme Allemande dans un perspective oecuménique, Les études théologiques de Chambésy 3, Chambésy-Genève 1983, 292.

[43] W.-D. Hauschild, Das trinitarische Dogma von 381 als Ergebnis verbindlicher Konsensusbildung, in: K. Lehmann/W. Pannenberg (Hg.), Glaubensbekenntnis und Kir-

Charakteristisch für die Lutherische Kirche im Gegensatz zu anderen ist, betont Hauschild weiter, »daß sie ihre Katholizität auch als geschichtliche Kontinuität und damit als Verpflichtung gegenüber den Lehrentscheidungen der Väter ernstnimmt«[44]. Und am Beispiel des Dogmas vom zweiten ökumenischen Konzil von Konstantinopel 381 zieht er die Schlußfolgerung: »Den Text des Dogmas von 381 (als Credo und als trinitarische Formel) beizubehalten, gehört unabdingbar zu dieser Kontinuität ... Andernfalls verlöre unsere Kirche ein erhebliches Stück ihrer beanspruchten Katholizität.«[45] Und W. Pannenberg sagt selbstkritisch: »Wir Protestanten sind häufig in Gefahr, die Bedeutung der Einheit und Gemeinschaft der Kirche durch die Zeiten hin zu unterschätzen, obwohl doch auch wir uns zu der einen, katholischen und apostolischen Kirche bekennen.« Und im Zusammenhang mit dem großen Glaubensbekenntnis betont er: »Wenn es uns mit diesem Bekenntnis (das heißt von 381) ernst ist, dann können wir uns nicht so verhalten, als ob zwischen der Zeit der Apostel und der Reformation nichts von bleibender Bedeutung geschehen wäre.«[46]

Ich glaube, wir müssen solche Feststellungen sehr ernst nehmen, waren und sind sie doch nicht immer und überall innerhalb der lutherischen Kirche selbstverständlich. Deshalb bedauere ich die Entscheidung des Vorstandes der VELKD vom 26. Juni 1997, genauso wie Prof. Bienert sie bedauert[47], dieses Glaubensbekenntnis von Konstantinopel in seiner Urfassung nur bei ökumenischen Gottesdiensten und nur wenn ausreichend Orthodoxe dabei sind zu verwenden, dagegen bei den eigenen Gottesdiensten das durch den Zusatz *Filioque* abgeänderte zu belassen.

Auf alle Fälle und trotzdem sind evangelischerseits genug Aussagen vorhanden, die zur Feststellung des Wiener evangelischen Theologen Gottfried Fitzer führen und sie rechtfertigen: »Von einer deutlich und polemisch ausgesprochenen Ablehnung der Tradition kann im Lager des

chengemeinschaft. Das Modell des Konzils von Konstantinopel (381), Freiburg/Göttingen 1982, 45.

44 Hauschild, Das trinitarische Dogma (wie Anm. 43), 48.

45 Hauschild, Das trinitarische Dogma (wie Anm. 43), 48.

46 W. Pannenberg, Die Bedeutung des Bekenntnisses von Nicaea-Konstantinopel für den ökumenischen Dialog heute, ÖR 31, 1982, 133f. Zur Frage der Patristik und der Tradition vgl. z.B. Schneemelcher, Die Patristische Tradition (wie Anm. 1), 227.

47 Vgl. W. Bienert, Orthodox-evangelische Beziehungen am Beispiel der theologischen Begegnung auf Rhodos im Oktober 1997, in: Bischof Evmenios von Lefka (Hg.), Die Orthodoxe Kirche. Eine Standortbestimmung an der Jahrtausendwende, Festgabe für Prof. Dr. Dr. A. Kallis, Frankfurt/M. 1999, 285.

evangelischen Bekenntnisses keine Rede sein, und an dieser Stelle wäre das ökumenische Gespräch offen.«[48]

Wichtig ist nun, daß diese Thematik[49] auch vom offiziellen theologischen Dialog zwischen der Gesamtorthodoxie und dem Lutherischen Weltbund aufgegriffen und in den bis jetzt verabschiedeten Dokumenten als die gemeinsame Lehre der zwei Kirchen dargestellt wurde.

Der zeitgenössische offizielle theologische Dialog zwischen der Gesamtorthodoxie und dem Lutherischen Weltbund und die Frage nach der Bedeutung der Kirchenväter und der Tradition überhaupt für die kirchliche Einheit

Der offizielle orthodox-lutherische theologische Dialog unserer Zeit geht auf die Entscheidungen und Empfehlungen der ersten panorthodoxen Konferenz von Rhodos 1961 zurück. Nach entsprechenden Vorbereitungen fand die erste Plenarsitzung des offiziellen theologischen Dialogs vom 27.8. bis 4.9.1981 in Espoo/Helsinki statt. Die gemeinsamen Dokumente, die bei den nächsten Plenarsitzungen verabschiedet wurden, sind für unsere Fragen nicht nur sehr interessant, sondern auch höchst relevant, und ich hoffe sehr, daß sie innerhalb unserer Kirchen auch rezipiert werden.

Die göttliche Offenbarung

Das erste Dokument von Pennsylvanien (1985) behandelt die göttliche Offenbarung. Gleich am Anfang wird betont, daß Gott sich durch seinen Logos und die Kraft seiner Wirkung den Menschen offenbart, angefangen durch die Schöpfung der Welt und vollendet durch die Erlösungstat Christi und die Ausgießung des Heiligen Geistes[50]. Wir

[48] G. Fitzer, Die Heilige Schrift und die Tradition, OeFo 3, 1980, 16.

[49] Mehr darüber vgl. Michael Staikos, Metrop. von Austria, Sola scriptura sine traditione? Aktuelle Perspektiven über »Schrift und Tradition« im Ökumenischen Dialog insbesondere zwischen der Orthodoxie und dem Lutherischen Weltbund, in: M. Bünker/Th. Krobath (Hgg.), Kirche: Lernfähig in die Zukunft? FS für J. Dantine zum 60. Geburtstag, Innsbruck/Wien 1998, 49f.

[50] La IIIe session du dialogue orthodoxes-luthériens, Episkepsis 339, 1985, 5f. Die Texte des Kommuniques und des Dokuments über die göttliche Offenbarung in: La troisième session de la commission pour le dialogue théologique entre Orthodoxes et Luthériens. Le communique et le texte adopté, Episkepsis 341, 1985, 12, und in:

sehen also gleich den trinitarischen Charakter der göttlichen Offenbarung, die sich in der Schöpfung – natürliche Offenbarung – und in der Soteriologie konkretisiert. Vom Vater durch den Sohn wird der Heilige Geist auf sein Volk ausgegossen, damit er dieses Volk in die ganze rettende Wahrheit führt und somit die Offenbarung bis in die Eschata vollendet.

Im zweiten Abschnitt wird die Verbindung der göttlichen Offenbarung mit der Kirche artikuliert. Innerhalb der auf Erden gegründeten Kirche »wird die Offenbarung erlebt, verkündet und weitergegeben. Der Heilige Geist bewahrt das Leben und das Wachstum der Kirche bis zum letzten Tag durch die Verkündigung des Evangeliums in der Fülle der apostolischen Tradition und ihrer Weitergabe von Ort zu Ort und von Generation zu Generation, nicht nur durch Worte, sondern auch durch das ganze Leben der Kirche.«[51] Wir stellen also hier fest, wie die göttliche Offenbarung wirkt und weitergegeben wird, nicht statisch und mechanisch, sondern dynamisch durch das Wachstum der Kirche und zwar nicht nur verbal, sondern durch das ganze Leben. »Die Heiligen Schriften« – betont das Dokument weiter – »stellen den gottinspirierten und authentischen Ausdruck der Offenbarung Gottes und der Erfahrung der Kirche in ihren Ursprüngen dar.« Die enge Verbindung zwischen Heiliger Schrift und Kirche wird dadurch sehr deutlich zum Ausdruck gebracht, eine Auffassung, auf die ich bereits hingewiesen habe.

Die Konsequenz daraus ist, wie im Dokument ausgedrückt wird, daß deshalb auch das Dogma der Kirche nicht im Gegensatz zu den Heiligen Schriften steht, »sondern das Dogma wird zum unerschütterlichen Zeugen der Offenbarungswahrheit. In diesem Sinne lebt unter der Führung des Heiligen Geistes die göttliche Offenbarung in der Kirche durch die Heilige Schrift und die heilige Tradition.« Das Dokument schließt mit einem aufschlußreichen Zitat des heiligen Athanasios: »Es genügen ja die heiligen und inspirierten Schriften zur Verkündigung der Wahrheit; doch gibt es daneben auch viele Kommentare, die unsere seligen Lehrer dazu verfaßt haben. Wer diese nachsieht, der wird ja wohl die (nötige) Schriftexegese finden und die Erkenntnis, nach der er verlangt, gewinnen können.«[52]

Damaskinos, Metr. von der Schweiz, Theologische Dialoge, Thessaloniki 1986, 331f. bes. 353. (griech.).

51 Ebd.

52 Ath., C. gent. 1, deutsch: A. Stegmann, Des hl. Athanasius Schriften, BKV² 31, Kempten/München 1917, 11.

Schrift und Tradition

Das zweite Dokument von Kreta (1987)[53] ist praktisch die Fortsetzung des ersten und bildet damit eine Einheit. Nach der Wiederholung des trinitarischen und soteriologischen Charakters der Offenbarung, vom Vater durch den inkarnierten Logos, im Heiligen Geist, stellt das Dokument fest, daß das Evangelium »diese Frohbotschaft der Erlösung, die durch das Wirken des Heiligen Geistes von der Kirche bis zum Ende der Zeiten vermittelt wird, die Heilige Tradition ist«. Sie ist daher »der authentische Ausdruck der göttlichen Offenbarung in der lebendigen Erfahrung der Kirche als des Leibes des menschgewordenen Gottes«. Wenn man diese Beschreibung der Tradition mit der Beschreibung der Heiligen Schrift des ersten Dokuments vergleicht, wird man eine sehr starke Ähnlichkeit feststellen. Auch hier wird die Tradition mit der lebendigen Erfahrung der Kirche verbunden, das heißt sie wird dynamisch und lebendig verstanden, als Ergebnis der Wirkung des Heiligen Geistes, und zwar in allen Bereichen des kirchlichen Lebens. »Die Beschlüsse von ökumenischen Konzilien und lokalen Synoden der Kirche, das Lehren der heiligen Väter, liturgische Texte und Riten sind besonders wichtige und verbindliche Ausprägungen dieses mannigfaltigen Wirkens des Heiligen Geistes«, betont das Dokument. Ähnlich ist auch das Dokument des altkatholisch-orthodoxen Dialogs formuliert.

Allerdings weiß auch unser Dokument zu differenzieren, daß nur die Entscheidungen als authentische Kriterien für Glaube und Bekenntnis zu betrachten sind, die von der Gesamtkirche rezipiert wurden. Die Geschichte der gemeinsamen sieben ökumenischen Konzilien des ersten Jahrtausends bezeugen tatsächlich diesen Weg der Beschlußfassung und ihrer Rezeption, ein Weg, der auch heute hilfreich sein kann.

Was für eine Rolle spielt dann die Heilige Schrift selbst? Das Dokument formuliert: »Die Funktion der Heiligen Schrift besteht darin, der Authentizität der lebendigen Erfahrung der Kirche dadurch zu dienen, daß die Heilige Tradition vor allen Versuchen der Verfälschung des wahren Glaubens (vgl. Hebr 4,12 u.a.) bewahrt wird, und nicht darin, die Autorität der Kirche, des Leibes Christi, zu untergraben.« Damit ist dem übertrieben und einseitig betonten Gegensatz zwischen der Auto-

[53] Reunion de la commission mixte orthodoxes-luthériens en Crète, Episkepsis 381, 1987, 13f. Die Texte des Kommuniques und des Dokuments, in: Reunion de la commission, ebd. 15. Vgl. auch Auszüge auf deutsch in: G. Larentzakis, Orthodoxe Kirche und Lutherischer Weltbund, OeFo 10, 1987, 348f.

rität der Heiligen Schrift und der Autorität der Kirche ein Ende gesetzt, wenn man natürlich Kirche richtig versteht.

Und wie ist das jahrhundertealte Problem des *sola scriptura* zu überwinden? Die Vertreter des Lutherischen Bundes gaben dazu auch eine wichtige Erklärung. Im Dokument heißt es: »Die Orthodoxen nehmen mit Befriedigung die Versicherung der lutherischen Theologen zur Kenntnis, daß die Intention der Wendung *sola scriptura* es immer gewesen ist, auf die göttliche Offenbarung, Gottes Heilshandeln in Christus in der Kraft des Heiligen Geistes und somit auf die Heilige Tradition der Kirche hinzuweisen, wie sie in diesem Dokument beschrieben ist, und sich gegen menschliche Traditionen richtet, die die authentische Lehre der Kirche verdunkeln.« Diese Feststellungen wurden auch beim bilateralen Dialog zwischen der EKD und dem ökumenischen Patriarchat bei ihrem zehnten Theologischen Gespräch in Iserlohn (1994) wörtlich aufgenommen[54]. Ich bin sicher, daß auch die römisch-katholischen Theologen diese Erklärung der Lutheraner bzw. der EKD mit Genugtuung zur Kenntnis nehmen werden. – All das hilft »die Einheit und Katholizität der Kirche zu betonen, zum freudigen gemeinsamen Lob des Dreieinigen Gottes«.

»Kanon und Inspiration der Heiligen Schrift«[55]

In einer allgemeinen Einleitung wird in diesem Dokument (Bad Segeberg 1989) die Wirkung des Dreieinigen Gottes sowohl für das Alte als auch für das Neue Testament bezeugt. Damit ist die Kontinuität der Heilsgeschichte zum Ausdruck gebracht. »So öffnete der Dreieinige Gott allen Glaubenden aus allen Völkern das Tor zum ewigen Leben. Die eine Kirche aus Juden und Heiden, im Heiligen Geist zum Leibe Christi gesammelt, hat die hebräischen Schriften, die der heilige Paulus den ‚Alten Bund' oder das ‚Alte Testament' (2Kor 3,14) oder ‚heilige Schriften' (Mk 12,24; 1Kor 15,3.4) nannte, angenommen und später den Kanon der Bücher des Neuen Testamentes festgelegt. Altes und Neues Testament miteinander umfassen die Fülle der Heiligen Schrif-

[54] »Das Handeln der Kirche in Zeugnis und Dienst«, Das Kommunique der zehnten Begegnung im bilateralen theologischen Dialog zwischen dem ökumenischen Patriarchat und der Evangelischen Kirche in Deutschland, OeFo 17, 1994, 309f.

[55] Der deutsche Text in: T. Nikolaou, Der Offizielle Orthodox-Lutherische Dialog. Geschichtlicher Überblick und gemeinsame Texte, OrthFor 4, 1990, 93f.

ten, die Bibel der Kirche.«[56] Die Bezeichnung »Bibel der Kirche« ist charakteristisch, denn damit wird eindeutig klar, daß die Bibel im Kontext der Kirche gesehen werden muß und nicht außerhalb der Kirche, wo sie nicht selten mißbraucht wird. Dieser enge Zusammenhang wird später noch einmal deutlich.

Für unsere Thematik ist das erste Kapitel sehr interessant: »A. Der Kanon der Heiligen Schrift«, wo es heißt: »Die Kirche hat den Kanon bestimmt, weil sie in diesen Schriften die göttliche Offenbarung in der authentischen Stimme der Apostel als der berufenen Zeugen Jesu Christi hörte. Später hat sie durch Synoden die genauen Grenzen des Neuen Testaments festgelegt. Die Anerkennung der Heiligen Schriften des Alten und Neuen Testaments, der christlichen Bibel, ist eine der wichtigsten Entscheidungen der Kirche auf ihrem Weg von Pfingsten bis zum Jüngsten Gericht. Wir glauben und lehren gemeinsam, daß die Kirche bei dieser Entscheidung vom Heiligen Geist geleitet wurde.«[57]

Immer wieder betont das Dokument die Wirkung des Heiligen Geistes innerhalb der Kirche und für den Konsens der Kirche bei dieser sehr wichtigen Entscheidung, der Festlegung der Kanonizität der Bücher der christlichen Bibel. Ich hoffe sehr, daß dieser gemeinsame Glaube unserer Kirchen auch innerhalb unserer Kirchen von heute und morgen rezipiert wird, ohne damit die neutestamentliche Forschung in ihrer wissenschaftlichen Arbeit beeinflussen oder beeinträchtigen zu wollen. Aber wir wissen, daß viele Forscher in die Versuchung geraten, *ihre* jeweiligen wissenschaftlichen Ergebnisse besonders hervorzuheben, ja manchmal so zu verabsolutieren, daß sie an die Stelle der in diesem Dokument beschriebenen Entscheidung der Kirche zu stehen kommen. Von solchen Versuchungen wußte natürlich auch die gemischte Kommission des offiziellen theologischen Dialogs unserer Kirchen, weshalb sie auch in diesem Dokument feststellte: »Über die Kanonizität der Bücher der heiligen Schrift entschied letztlich der Konsens der Kirche unter der Leitung des Heiligen Geistes. Dieser Konsens bleibt für uns gültig, unabhängig davon, zu welchem Urteil heutige historische Forschung über die Verfasserschaft einzelner Schriften kommen mag. In Bezug auf den Umfang des neutestamentlichen Kanons gibt es keine Unterschiede zwischen unseren Kirchen.«[58] – Im Anschluß daran werden die einzelnen Bücher aufgezählt und der Gebrauch der Bibel in unseren Kirchen beschrieben.

[56] Nikolaou, Orthodox-Lutherischer Dialog (wie Anm. 55), 93f.
[57] Nikolaou, Orthodox-Lutherischer Dialog (wie Anm. 55), 94.
[58] Nikolaou, Orthodox-Lutherischer Dialog (wie Anm. 55), 94f.

Das zweite Kapitel dieses Dokuments behandelt die Frage: »B. Die Inspiration der Heiligen Schrift«[59] und wiederholt nachdrücklich die feste Überzeugung, daß so wie in der Kirche überhaupt auch bei der Entstehung der Heiligen Schrift der Heilige Geist gewirkt hat. »Die wechselseitige Durchdringung von Offenbarung und Inspiration, die in Pfingsten gipfelt, setzt sich im Leben der Kirche fort.«[60] Die Verbindung zwischen Schrift, Tradition und Kirchenvätern wird noch einmal an der Stelle sichtbar, an der die Rede von der Interpretation der Heiligen Schrift ist. »Die Orthodoxen glauben, daß solche authentische Auslegung der Dienst der Kirchenväter ist, wie er besonders in den Entscheidungen der ökumenischen Konzile zum Ausdruck kommt. Lutheraner stimmen im Grundsatz zu.«[61] – Mehr zum Thema Schrift und Tradition enthält das nächste Dokument, über das ich hier noch einige kurze Bemerkungen machen möchte.

»Die ökumenischen Konzile und die Autorität der Kirche und in der Kirche«

Am Beginn des Dokuments (Sandbjerg/Dänemark, 1993) wird der enge Zusammenhang hervorgehoben: »Die Autorität der Kirche gründet auf der in den Schriften des Alten und Neuen Testaments und der heiligen Tradition bezeugten Heilsoffenbarung Gottes in Jesus Christus.«[62] Über die Bedeutung der ökumenischen Konzile in der Kirche spricht das Dokument die gemeinsame Auffassung aus: »Sowohl Orthodoxe als auch Lutheraner bestätigen, daß apostolische Autorität in den ökumenischen Konzilen der Kirche ausgeübt wurde, bei denen die Bischöfe durch vom Heiligen Geist bewirkte Erleuchtung und Verherrlichung ihre Verantwortung wahrnahmen. Ökumenische Konzile sind eine besondere Gabe Gottes an die Kirche und ein verbindliches Erbe durch die Zeitalter. Durch ökumenische Konzile hat der Heilige Geist die Kirche dazu geführt, den ein für allemal den Heiligen überlieferten Glauben (Jud 3) zu bewahren und zu vermitteln. Sie gaben die prophetische und apostolische Wahrheit weiter, formulierten sie gegen die Häresien

[59] Nikolaou, Orthodox-Lutherischer Dialog (wie Anm. 55), 96.
[60] Nikolaou, Orthodox-Lutherischer Dialog (wie Anm. 55), 97.
[61] Nikolaou, Orthodox-Lutherischer Dialog (wie Anm. 55), 97f.
[62] Deutscher Text in: Gemeinsame Erklärung der internationalen gemischten Orthodox-Lutherischen Kommission (Sandbjerg/Dänemark), OrthFor 8, 1994, 106.

ihrer Zeit und gewährleisteten die Einheit der Kirche.«[63] Anschließend werden die sieben gemeinsamen ökumenischen Konzilien aufgezählt. – Das Dokument wiederholt die Feststellungen aus dem Dokument von Kreta (1987) und formuliert weiter: »Ökumenische Konzile sind die Summe biblischer Theologie, und sie fassen Hauptthemen der Heiligen Tradition zusammen. Sie haben nicht nur historische Bedeutung, sondern sind für das kirchliche Leben unverzichtbar ... Die Lehren der ökumenischen Konzile der Alten Kirche sind für den Glauben und das Leben unserer Kirchen heute normativ. Die trinitarischen und christologischen Formulierungen dieser Konzile sind eine unerläßliche Anleitung zum Verständnis von Gottes Heilswerk in Christus und die Grundlage für alle späteren dogmatischen Klärungen.«[64] Und später wird nochmals bekräftigt: »Als Lutheraner und Orthodoxe versichern wir, daß die Lehren der ökumenischen Konzile für unsere Kirchen verbindlich sind. Die ökumenischen Konzile bewahren die Integrität des Lehrens der ungeteilten Kirche in bezug auf das erlösende, erleuchtende/rechtfertigende und verherrlichende Handeln Gottes und verwerfen Häresien, die das Heilswerk Gottes in Christus untergraben.«[65] Diese gemeinsamen Erklärungen sind nicht nur neu ausgesprochene leere Formeln, sondern sie verpflichten uns.

Noch etwas Konkretes wird in diesem Dokument erwähnt, das mir auf Grund der ökumenischen Entwicklung der letzten Jahre ebenfalls als sehr wichtig erscheint, nämlich die Bedeutung des Glaubensbekenntnisses des zweiten ökumenischen Konzils von Konstantinopel (381): »Das nikaino-konstantinopolitanische Glaubensbekenntnis ist die bekannteste Glaubensaussage aus den alten Konzilien, und da jetzt seine ursprüngliche Form im Westen immer gebräuchlicher wird, ist es ein immer lebendigeres Band zwischen unseren Kirchen.«[66] Auch hier möchte ich wiederholen, daß ich die Entscheidung der Kirchenleitung

[63] Gemeinsame Erklärung (wie Anm. 62), 106f.

[64] Gemeinsame Erklärung (wie Anm. 62), 107.

[65] Gemeinsame Erklärung (wie Anm. 62), 108.

[66] Gemeinsame Erklärung (wie Anm. 62), 107. Ich kenne die Probleme um das *filioque*, das auch in diesem Dokument später erwähnt wird. Ich hoffe jedoch, daß auch dieses Problem im Sinne der ökumenischen Entwicklungen gelöst wird, damit das Glaubensbekenntnis in der ursprünglichen, reinen Form von allen wieder verwendet wird. Vgl. Studiendokument von Glauben und Kirchenverfassung, Gemeinsam den einen Glauben bekennen. Eine ökumenische Auslegung des apostolischen Glaubens, wie er im Glaubensbekenntnis von Nizäa-Konstantinopel (381) bekannt wird, Frankfurt/M./Paderborn [2]1993.

der Vereinigten Evangelisch-Lutherischen Kirche Deutschlands vom 26. 6. 1997 nicht verstehe[67].

Abschließend sei hier festgestellt, daß mit diesen Dokumenten, die von Delegierten der Gesamtorthodoxie und des Lutherischen Weltbundes, das heißt von offiziellen Vertretern im Dienste ihrer Kirchen und nicht privat, erarbeitet wurden, wichtige, jahrhundertealte Probleme behandelt und zu einer glücklichen Lösung geführt wurden.

Es bleibt nur zu hoffen, daß diese Lösungen und Erklärungen innerhalb der Partnerkirchen, vor allem innerhalb der lutherischen Kirche, rezipiert werden, auch bei der Rezitation des Glaubensbekenntnisses.

Ich bin außerdem fest davon überzeugt, daß die hier gefundene Lösung auch dem Verhältnis zwischen der lutherischen und der Römisch-Katholischen Kirche einen wichtigen ökumenischen Dienst erweisen wird, da bekanntlich die gleiche Problematik beide Kirchen seit Jahrhunderten schwer belastet.

Hier möchte ich nur einen Satz aus dem letzten gemeinsamen Dokument zitieren, das im Juni 1987 in Bari bei der Plenarsitzung der internationalen gemischten Kommission des offiziellen theologischen Dialogs zwischen der Römisch-Katholischen und der Orthodoxen Kirche verabschiedet wurde, damit die Ähnlichkeit der dort formulierten gemeinsamen Lehre mit der gemeinsamen Lehre des lutherisch-orthodoxen Dialogs deutlich wird. Im katholisch-orthodoxen Dokument heißt es: »Der Ort der Gemeinschaft ist die Kirche. In ihr wird die

[67] Als Reaktion darauf und wegen meiner offen ausgesprochenen Enttäuschung bei der elften Begegnung des bilateralen Dialogs zwischen dem Ökumenischen Patriarchat und der EKD auf Rhodos vom 21.-27. Oktober 1997 wurde dort im gemeinsamen Kommuniqué u.a. festgehalten: »Sowohl durch die Referate als auch durch die Diskussionen wurden grundsätzliche Übereinstimmungen festgestellt, die für eine weitere Verständigung hilfreich sind. Dazu gehören die biblische Grundlage und das altkirchliche Bekenntnis von Nicäa-Konstantinopel. Das schließt einerseits das trinitarische Verständnis Gottes als Schöpfer ein, andererseits *die Verpflichtung, dieses Bekenntnis in seiner ursprünglichen Fassung in den Gemeinden ins Bewußtsein zu bringen.«* (Von mir hervorgehoben). In: T. Bremer/J. Oeldemann/D. Stoltmann (Hgg.), in Verbindung mit Miguel María Garijo Guembe (†), Orthodoxie im Dialog. Bilaterale Dialoge der orthodoxen und der orientalisch-orthodoxen Kirchen 1945-1997. Eine Dokumentensammlung, Trier 1999, 395. Vgl. auch: Chronik, Die 11. Begegnung zwischen dem ökumenischen Patriarchat und der EKD, OrthFor 12, 1998, 154. Mein Referat, in dem ich den Beschluß der VELKD kritisiere, siehe G. Larentzakis, Wir glauben an den einen Gott, den Vater, den Allmächtigen, Schöpfer des Himmels und der Erde, OeFo 20, 1997, 187f. Das Kommuniqué der 11. Begegnung im bilateralen Theologischen Dialog zwischen dem ökumenischen Patriarchat von Konstantinopel und der evangelischen Kirche in Deutschland, siehe ebd. 202.

offenbarte Wahrheit gemäß der Überlieferung der Apostel und auf der Grundlage der Heiligen Schrift durch die ökumenischen Konzilien, das liturgische Leben und die Väter der Kirche weitergegeben und durch die Glieder des Leibes Christi in die Tat umgesetzt.«[68]

Erwähnen möchte ich an dieser Stelle auch, daß das erste Thema des offiziellen theologischen Dialogs zwischen der Gesamtorthodoxie und dem *Reformierten Weltbund*, der im Jahre 1988 begann[69], lautete: »Das Trinitätsdogma auf der Basis des Nizäno-Konstantinopolitanischen Glaubensbekenntnisses«[70], womit wir wiederum feststellen können, daß auch bei diesem ökumenischen Dialog die Theologie der Kirchenväter unabdingbar ist. Im Dokument selbst heißt es: »Unsere Kommission wurde beauftragt, die Lehre von der Trinität, wie sie durch die Kirchen im Nizäno-Konstantinopolitanischen Bekenntnis definiert wurde, zu untersuchen. Dieses Bekenntnis ist aus dem Gottesdienst der Kirche und den Lehren der Kirchenväter hervorgegangen, die die Schrift unter Anleitung des Heiligen Geistes ausgelegt haben.«[71] Die weitere reichhaltige, patristische Fundierung des Dokuments ist sehr interessant und ökumenisch sehr wichtig. Übrigens, auch in diesem Dokument des offiziellen theologischen Dialogs zwischen dem Reformierten Weltbund und der Gesamtorthodoxie wird empfohlen: »Das Nizäno-Konstantinopolitanische Bekenntnis sollte grundsätzlich in seiner ursprünglichen Fassung von 381 n.Chr. verwendet werden.«[72] Ich hoffe, daß auch dieses Dokument künftig mehr Beachtung finden wird.

Zusammenfassend kann ich hier feststellen, daß unsere Kirchen, im Osten und im Westen, die Bedeutung der Kirchenväter, der östlichen und der westlichen, und damit auch der Tradition der Gesamtkirche wieder erkannt haben und allmählich in ihrem Leben noch intensiver und bewußter wahrnehmen, selbst für den patristischen Hintergrund der Theologie Luthers, indem der hermeneutische Grundsatz »im Zwei-

[68] Siehe: Dialog zwischen der römisch-katholischen und der orthodoxen Kirche. Glaube, Sakramente und Einheit der Kirche, OeFo 10, 1987, 336.

[69] Vgl. D. Papandreou, Reformiert/Orthodoxe (Chalkedonensische Orthodoxie) Dialoge, Historische Einleitung, in: H. Meyer/D. Papandreou/H.J. Urban/L. Vischer (Hgg.), Dokumente wachsender Übereinstimmung, Bd. II, Paderborn/Frankfurt/M. 1992, 316f.

[70] Papandreou, Reformiert/Orthodoxe Dialoge (wie Anm. 69), 321f.

[71] Papandreou, Reformiert/Orthodoxe Dialoge (wie Anm. 69), 321.

[72] Papandreou, Reformiert/Orthodoxe Dialoge (wie Anm. 69), 328.

fel näher bei Augustin« als zu kurz in Frage gestellt, während die gesamtpatristische Tradition, von Augustin zu Athanasius, in den Vordergrund gerückt wird[73]. Der große Patristiker Wilhelm Schneemelcher hat das auch richtig erkannt, als er sagte: »Wir sind in der evangelischen Theologie heute besser über die Väter der Kirche unterrichtet und können daher besser verstehen, was die patristische Tradition bedeutet, als es unsere lutherischen Väter vor 400 Jahren konnten.«[74] Diese Einsicht kann uns tatsächlich auf dem Weg des Ökumenismus nachhaltig helfen, wofür ich doch optimistisch bin[75]. Denn wir können und wir müssen auf unsere kontroversen Fragen, die wir noch haben, – seien es die kirchlichen Ämter und kirchlichen Strukturen bis hin zur Ekklesiologie der Gestaltung der autonomen und selbständigen Regionalkirchen, der bekannten Patriarchate bis zum Papsttum, auf die trinitarische Gottesfrage bis hin zum Filioque-Problem, die sakramentalen Probleme bis hin zu der Zahl der Sakramente in der Kirche – tatsächlich noch viele Antworten aus der Zeit der Kirchenväter, also aus der Zeit unserer gemeinsamen Tradition, gewinnen.

[73] Vgl. W. Bienert, »Im Zweifel näher bei Augustin?« Zum patristischen Hintergrund der Theologie Luthers, in: D. Papandreou (Hg.), Oecumenica et Patristica, FS für W. Schneemelcher, Stuttgart 1988, 290.

[74] Schneemelcher, Die Patristische Tradition (wie Anm. 1), 230.

[75] T. Nikolau sagt dazu: »Die Tradition der Väter ist ökumenisch in einem vierfachen Sinn: *Erstens,* weil die Väter die christliche Botschaft in die Sprach- und Kulturformen von damals übertragen und somit ihre Universalität gesichert haben. *Zweitens,* weil die Tradition der Väter in der damaligen Ökumene von allen Christen als verbindlich angesehen und erlebt wurde. *Drittens,* weil sie auch heute allen Christen gleichermaßen zugehört und nicht das ausschließliche Erbe dieser oder jener Kirche ist. *Viertens,* weil sie die Chance zur Verwirklichung der ersehnten ökumenischen Einheit bietet.« Nikolaou, Die Bedeutung der Patristischen Tradition für die Theologie heute (wie Anm. 4), 18.

Vom Nutzen und Nachteil von Traditionen für das Leben

Die Kirchenväter und die Kirche von morgen

WOLFGANG HUBER

Alfred Schindler dankbar zugeeignet

Ziemlich genau vor fünfunddreißig Jahren, im Februar 1966, wurde ich in Tübingen mit einer patristischen Dissertation zum Doktor der Theologie promoviert. Meine jugendliche Entscheidung für die Patristik hatte mit der Überzeugung zu tun, die Beschäftigung mit den altkirchlichen Schriftstellern eröffne den besten Zugang zur Sache der Theologie wie zum wissenschaftlichen Arbeiten in der Theologie. Meine patristischen Lehrer – Walther Eltester vor allem, aber auch Hermann Dörries, Carl Andresen und Hans-Dietrich Altendorf – hatten mir diese Überzeugung vermittelt, die auf die Generation ihrer eigenen Lehrer zurückging. Walther Eltester vor allem berief sich dafür immer wieder auf Hans Lietzmann, aber auch auf Karl Holl, auf Adolf von Harnack und nicht zuletzt auf Eduard Schwartz. Hermann Dörries behauptete, die Genauigkeit patristischen Arbeitens lerne man am ehesten in der Beschäftigung mit einem Autor, ja am besten mit einer seiner Schriften. Insofern war Dörries mit der Thematik meiner Dissertation überhaupt nicht zufrieden und fragte nach deren Abschluß, wann ich denn nun eine wirklich patristische Arbeit anpacken werde. Aber auch wenn ich keine so klar strukturierte Aufgabe hatte, wie sie mit einer Untersuchung über Theodor von Mopsuestia, Severian von Gabala oder Symeon von Mesopotamien gegeben ist, hatte das Thema, das Walther Eltester mir nahegelegt hatte, doch den für mich unschätzbaren Vorteil, daß es mich durch die Gesamtzeit der Alten Kirche führte und gleichzeitig, wie mir schien, von offenkundiger theologischer Relevanz war. Die Entwicklung vom quartodezimanischen Passa zur altkirchlichen Osterfeier sollte ich untersuchen; alle erreichbaren altkirchlichen Osterpredigten waren dabei zu berücksichtigen.

Unter dem Titel »Passa und Ostern. Untersuchungen zur Osterfeier der alten Kirche« wurde das Ergebnis – nach einiger Zeit des Wartens auf den nötigen Druckkostenzuschuß – veröffentlicht[1]. Das trug mir bei meiner ersten Begegnung mit Alfred Schindler wenig später die Frage ein: »Sind Sie der Passa-und-Ostern-Huber?« Daraus entstand eine Freundschaft, der sich auch der heutige Vortrag verdankt. Ohne die Initiative von Alfred Schindler – und ohne das beharrliche Drängen von Christoph Markschies – hätte ich mich zu diesem Vortrag nicht verleiten lassen.

Ich habe ihm den Titel gegeben: »Vom Nutzen und Nachteil von Traditionen für das Leben. Die Kirchenväter und die Kirche von morgen.« Dieser Titel soll, biographisch betrachtet, das Interesse für die Kirchenväter, das meine theologischen Anfänge bestimmte, mit der Frage nach der künftigen Gestalt der Kirche verbinden, der ich mich jetzt durch das Bischofsamt verpflichtet fühle.

Natürlich hat Nietzsches Unzeitgemäße Betrachtung »Vom Nutzen und Nachteil der Historie für das Leben« bei der Titelwahl Pate gestanden. So kurz nach dem Ende eines Nietzsche-Jahres erschien mir das als passende Reminiszenz. Als ich den Titel wählte, hatte ich nicht mehr im Sinn, daß Alfred Schindler genau vor zwanzig Jahren seiner Berner Antrittsvorlesung den Titel gegeben hat: »Vom Nutzen und Nachteil der Kirchengeschichte für das Verständnis der Bibel heute«[2]. So kann ich nicht einmal für die Anwendung von Nietzsches Formulierung auf unser Problem Originalität beanspruchen. Um so mehr Grund habe ich dazu, diese Überlegungen Alfred Schindler in dankbarer Verbundenheit zu widmen – sozusagen als ein um Jahresfrist verspätetes Geschenk zu seinem 65. Geburtstag.

Ich will in diesem Vortrag zunächst der Anknüpfung an Nietzsche etwas mehr Substanz verleihen. Ich will sodann fragen, ob und wenn ja in welcher Hinsicht die Epoche der Kirchenväter für die evangelische Theologie eine herausgehobene Bedeutung beanspruchen kann. Eine Zwischenüberlegung zur Rolle von Tradition im Protestantismus führt mich zu der abschließenden Erwägung, ob die Klärung gegenwärtig strittiger Fragen durch einen Rückgriff auf die patristische Epoche gefördert werden kann.

[1] W. Huber, Passa und Ostern. Untersuchungen zur Osterfeier der alten Kirche, BZNW 35, Berlin 1969.

[2] A. Schindler, Vom Nutzen und Nachteil der Kirchengeschichte für das Verständnis der Bibel heute, Ref. 30, 1981, 261-277.

I.

Vor etwas mehr als 125 Jahren, im Jahr 1874, veröffentlichte Friedrich Nietzsche seine Unzeitgemäße Betrachtung »Vom Nutzen und Nachtheil der Historie für das Leben.« Die Notwendigkeit, sich mit der Geschichte zu beschäftigen, erläuterte er folgendermaßen: »Gewiß brauchen wir die Historie, aber wir brauchen sie anders, als sie der verwöhnte Müssiggänger im Garten des Wissens braucht, mag derselbe auch vornehm auf unsere derben und anmuthlosen Bedürfnisse und Nöthe herabsehen. Das heißt, wir brauchen sie zum Leben und zur That, nicht zur bequemen Abkehr vom Leben und von der That oder gar zur Beschönigung des selbstsüchtigen Lebens und der feigen und schlechten That. Nur soweit die Historie dem Leben dient, wollen wir ihr dienen.«[3]

Nietzsche erklärte die Lebensdienlichkeit zum Maßstab für den Gebrauch der Historie; er stemmte sich mit dieser Begründung gegen eine Historie als Wissenschaft, die zum Selbstzweck verkommt und die Menschen »an der Überschwemmung durch das Fremde und Vergangene, an der ‚Historie' zu Grunde« gehen läßt[4]. Das Chaos der Historie vermag nur zu organisieren, so hieß Nietzsches These, wer sich auf seine »ächten Bedürfnisse« besinnt, also eine klare Identität hat. Wer von einem seiner selbst gewissen Ausgangspunkt aus danach fragt, wie die Historie dem Leben zu dienen vermag, der stößt auf drei Hinsichten solcher Dienlichkeit: Er bekommt das Lebendige als Tätiges und Strebendes, als Bewahrendes und Verehrendes sowie schließlich als Leidendes und der Befreiung Bedürftiges in den Blick. Die Erinnerung an Tätigsein und Streben prägt den »monumentalischen« Charakter der Historie; der Wunsch, Vergangenes zu bewahren und zu verehren, motiviert das »Antiquarische« an der Historie; die Aufmerksamkeit für das Leiden und das Bedürfnis nach Befreiung bildet den Grund für den »kritischen« Umgang mit der Geschichte[5].

Das ist eine denkbar knappe Zusammenfassung von Nietzsches These. Seine breiten Darlegungen über die nachteiligen Folgen, die sich aus der Überschwemmung vor allem der Jugend mit historischem Faktenwissen ergeben, lasse ich auf sich beruhen. Denn darin wird man kaum unser heutiges Problem erblicken. Zwar werden wir auch heute

[3] F. Nietzsche, Sämtliche Werke. Kritische Studienausgabe, Bd. 1, München/Berlin/New York 1980, 245.

[4] Nietzsche, Sämtliche Werke (wie Anm. 3), 333.

[5] Nietzsche, Sämtliche Werke (wie Anm. 3), 258.

mit Informationen überschwemmt; aber sie sind nur in begrenztem Umfang historischer Art. Womit die modernen Medien bis hin zum Internet uns im Übermaß eindecken, sind Informationen über die Gegenwart und ihre technischen Möglichkeiten. Aber auch von diesen Informationen gilt: Wer seiner Identität nicht gewiß ist und seine »ächten Bedürfnisse« nicht kennt, vermag auch dieses Chaos nicht zu organisieren. Doch was die Bedeutung der Vergangenheit für das Leben betrifft, leiden wir eher unter einem Vakuum als unter einer Überflutung.

An diesem Vakuum spüren wir, daß den drei von Nietzsche genannten Betrachtungsweisen der Historie – der monumentalischen, der antiquarischen und der kritischen – noch eine vierte hinzuzufügen ist, die ich die »orientierende« nennen will. Kurz und knapp läßt sich sagen: Zur Tradition wird die Historie, wenn sie orientierende Kraft für das gegenwärtige Leben entfaltet. Traditionalismus wird daraus, wenn der orientierende Bezug zum gegenwärtigen Leben zerbrochen ist und wenn die Formen der Verbindung mit vergangener Geschichte deshalb zur äußerlichen Konvention erstarren. Im Blick auf diesen Aspekt von Tradition verhält es sich mit der Kirche nicht anders als mit anderen Formen menschlicher Gemeinschaft: Sie braucht Tradition; Traditionslosigkeit ist für sie genauso lebensgefährlich wie Traditionalismus.

Schon eine solche Überlegung zeigt die elementare Bedeutung von Traditionsprozessen, auf welche die Kirche ebenso angewiesen ist wie die Gesellschaft im Ganzen. Wir spüren das gegenwärtig besonders am Fehlen von Tradition und Traditionsbewußtsein. Das kritisch-abfällige Reden von Traditionen ist ja in Deutschland weithin verstummt, seit das Phänomen des Traditionsabbruchs übermächtig geworden ist. In der Kirche spüren wir das besonders deutlich; aber es hat Folgen für die Gesellschaft im Ganzen. Exemplarisch läßt sich das am schwindenden Verständnis für die christliche Prägung unserer Gesellschaft verdeutlichen.

Die christlichen Einflüsse auf die europäische Kultur sind für viele Menschen zu einem nahezu unbekannten Gelände geworden. Die bildende Kunst, die ohne die Kenntnis ihrer christlichen Stoffe unverständlich ist, die biblischen Anspielungen in der Literatur – bis hin zu Bertolt Brecht –, die Geschichte der europäischen Musik, die gerade auf ihren Höhepunkten geistlichen Charakter trug: all das ist für viele weit entrückt. Die Spielregeln unseres gesellschaftlichen Zusammenlebens sind eng an die christliche Herkunft unserer Kultur gebunden; wir spüren das am deutlichsten, wenn diese Spielregeln ihre Geltung verlieren, beispielsweise wenn die Kultur des Helfens in Vergessenheit gerät oder die Lebensform der Familie erodiert. Aber die christliche Herkunft dieser Spielregeln ist weithin unbekannt; die Quellen ihrer Erneuerung scheinen für viele Menschen verschüttet zu sein. Wer weiß noch, daß die strafrechtliche Figur der unterlassenen Hilfeleistung sich der Beispielgeschichte Jesu vom barmherzigen Samariter verdankt? Wer benennt noch den Zugewinn an Sozialkultur, für den diese Pflicht zur Hilfe bei Gefahr für Leib und Leben ein Beispiel ist? Die politische Kultur der modernen Demokratie verdankt dem Christentum entscheidende Impulse; am Konzept der gleichen, unantastbaren Würde jeder menschlichen Person zeigt sich das am deutlichsten. Die Beendigung der staatlichen Vormundschaft in den ostdeutschen Ländern vor einem guten Jahrzehnt wäre ohne wichtige Beiträge aus einem so motivierten christlichen Engagement nicht vorstellbar gewesen.

Statt solche Zusammenhänge aufzudecken, pflegt man inzwischen den erinnernswerten Stoff aus der Geschichte des Christentums auf die Stichworte Kreuzzüge, Inquisition und Hexenverbrennung zu reduzieren. Das jedenfalls bleibt allzu leicht von der Geschichte des Christentums übrig, wenn es zum Gegenstand eines staatlichen Pflichtfachs »Lebensgestaltung – Ethik – Religionskunde« (LER) wird. Nun ist die Erinnerung an die Schattenseiten der Christentumsgeschichte nicht nur berechtigt, sondern auch notwendig. Man übergeht jedoch bei dieser Erinnerung an die »Kriminalgeschichte des Christentums«[6], daß die Maßstäbe für die Kritik an solchen Verbrechen im Namen des Christentums in diesem Christentum selbst enthalten und ihm mitgegeben sind. Der Widerspruch gegen die sündige Kirche ist in der Kirche selbst institutionalisiert. Das gerade unterscheidet sie von anderen Institutionen.

Weit über den Binnenraum der Theologie hinaus ist es heute nötig, wieder Anschluß an wichtige Traditionen zu gewinnen und sich die Zeugnisse einer vergangen geglaubten Geschichte neu anzueignen. Daraus kann eine neue Identität und damit auch ein neues Verhältnis zur Tradition entstehen. Das geschieht selten plötzlich; Tradition neu zu bilden dauert in der Regel länger als sie zu zerstören.

II.

Für diese allgemeine Überlegung bildet die christliche Frühzeit ein wichtiges, wenn auch oft verkanntes Beispiel. Unter drei Gesichtspunk-

[6] K.H. Deschner, Kriminalgeschichte des Christentums, bisher 6 Bde., Reinbek 1986ff.

ten vor allem tritt der exemplarische Charakter dieser Epoche hervor. Ich bezeichne sie mit den Stichworten der Ökumenizität, der Inkulturation und der Traditionsfähigkeit.

Ökumenizität ist das erste. In den ersten christlichen Jahrhunderten wandelt sich eine auf die begrenzten Verhältnisse Palästinas bezogene Lehre zu einer Religion für den ganzen bewohnten Erdkreis, für die ganze Ökumene[7]. Sie behält die Einfachheit des Ursprungs, die sich um zwei Grundaxiome herum gruppiert: um den Glauben an den einen Gott und den Glauben an die Erlösung durch diesen Gott in der Gestalt Jesu Christi[8]. Sie bearbeitet die Spannung zwischen diesen beiden Grundaxiomen in einer Weise, die sie auch den Gebildeten als plausibel erscheinen läßt. Die Entwicklung des trinitarischen wie des christologischen Dogmas erschließt sich – man ist geneigt zu sagen: mühelos –, wenn man sie von dieser Frage aus rekonstruiert. Damit gewinnt das Christentum aber zugleich die Weite, ohne die es seine Integrationsleistung nicht hätte entfalten können[9]. Einfachheit und Weite zusammen bilden die Voraussetzung für den ökumenischen Charakter, den der christliche Glaube bereits in dieser formativen Phase annimmt. In dem Maß, in dem dieser Glaube sich ausbreitet, erhöht sich zugleich die Aufgabe, die Identität dieses Glaubens zu sichern und die Kommunikation zwischen den Gemeinden lebendig zu halten.

Die entscheidende Weichenstellung grundsätzlicher Art besteht darin, daß ein und dasselbe Wort »Kirche« (*ekklesia*) sowohl die Gesamtkirche als auch die Einzelgemeinde, sowohl die Christenheit an allen Orten als auch die Christenheit an einem Ort bezeichnet. Damit ist eine ökumenische Selbstverpflichtung statuiert, innerkirchliche Konflikte oder das Auseinanderbrechen kirchlicher Gemeinschaft nicht etwa als einen unausweichlichen Pluralisierungsprozeß hinzunehmen, sondern sich um die Aufrechterhaltung oder Erneuerung von Gemeinschaft zu bemühen. Die Synodalstruktur und später das Instrument der Reichskonzilien dienen dieser Aufgabe. Die Ökumeni-

[7] Diesen Gesichtspunkt hebt insbesondere Christoph Markschies hervor; vgl. C. Markschies, Zwischen den Welten wandern. Strukturen des antiken Christentums, Frankfurt/M. 1997; ders., Art. Alte Kirche, RGG[4] 1, Tübingen 1998, 344-360.

[8] Die These, dies seien die beiden Grundaxiome der urchristlichen Religion, entwickelt Gerd Theißen; vgl. G. Theißen, Die Religion der ersten Christen. Eine Theorie des Urchristentums, Gütersloh 2000, zusammenfassend 385f.

[9] Vgl. Markschies, Art. Alte Kirche (wie Anm. 7), 359f.

zität der Kirche verbindet sich schon früh mit einer konziliaren Struktur[10].

Inkulturation ist das zweite. Von seinen Anfängen an gibt es das Christentum nicht anders als in lebhafter Auseinandersetzung mit der Kultur. Die Entfaltung des christlichen Glaubens wäre nicht denkbar gewesen, wenn sich nicht die Glaubensbotschaft der christlichen Bibel mit der Kultur der griechisch-römischen Antike verbunden hätte.

Man hat dieses Miteinander von biblischer Botschaft und antiker Kultur die »Doppelhelix« der christlichen Tradition genannt. Angelehnt ist diese Bezeichnung an Cricks und Watsons berühmte Metapher zur Beschreibung der DNA-Struktur[11]. So wie die Erbinformationen eines Organismus nicht in einer einfachen Kette, sondern in einer Doppelhelix gespeichert sind, so ist auch der christliche Glaube nicht einfach in einer Kette von Glaubensaussagen, sondern in der Doppelhelix von Christentum und Kultur wirkungskräftig geworden. Ohne diese Verbindung könnte man nicht erklären, wie sich das kulturelle Gedächtnis Europas entwickelt hat. Denn christliche Bibel und antike Kultur zusammen bilden »das Rückgrat des kulturellen Gedächtnisses der christlichen Welt des Mittelalters«[12].

Seit den Apologeten des zweiten Jahrhunderts zeigt sich ein ausdrückliches und ausgeprägtes Bewußtsein dafür, daß die Wahrheit des christlichen Glaubens in Auseinandersetzung mit dem Wahrheitsbewußtsein der jeweiligen Gegenwart zur Sprache gebracht werden muß. Seit dieser Zeit wird wieder und wieder etwas dargestellt, was ich die »Weltfähigkeit« des christlichen Glaubens nennen will: seine Fähigkeit, Ausgangspunkt zum Verstehen und Gestalten der Welt zu sein. Freilich gehört dazu auch ein Bewußtsein der bleibenden Differenz, wie es vor allem in den asketischen und monastischen Bewegungen zum Ausdruck gebracht wurde. Doch dieses Differenzbewußtsein ist gerade ein Element innerhalb der Weltfähigkeit des christlichen Glaubens. Schon früh symbolisiert das Nebeneinander der beiden Städte Athen und Jerusalem die Verbundenheit von Kultur und christlichem Glauben[13]. Der Name

[10] Vgl. W. Huber, Synode und Konziliarität. Überlegungen zur Theologie der Synode, in: G. Rau/H.-R. Reuter/K. Schlaich (Hgg.), Das Recht der Kirche, Bd. III: Zur Praxis des Kirchenrechts, Gütersloh 1994, 319-348.

[11] G.G. Stroumsa, Kanon und Kultur. Zwei Studien zur Hermeneutik des antiken Christentums, Berlin/New York 1999, 5.

[12] Stroumsa, Kanon und Kultur (wie Anm. 11), 5.

[13] Tert., praescr. 7,9 (CChr.SL 1, 193,32f. Refoulé).

Athens steht dabei für die griechische Kultur, insbesondere für die von den Griechen inaugurierte Philosophie; Jerusalem aber steht nicht einfach für die Stadt des zerstörten zweiten Tempels, für die Stadt der Juden, in denen Jesu Leben am Kreuz ein Ende gefunden und mit seiner Auferweckung das Christusbekenntnis seinen Anfang genommen hatte. Jerusalem – das neue, himmlische Jerusalem, von dem die Offenbarung des Johannes und der Hebräerbrief sprechen[14] – steht für die Verheißung des Glaubens, der die Christen als ein wanderndes Gottesvolk entgegengehen.

Traditionsfähigkeit ist als drittes zu nennen. Wenn man sich fragt, warum das aus einer Bewegung von Wanderradikalen hervorgegangene Christentum sich als Institution gestaltet, warum also die Kirche als Gemeinschaft der Glaubenden sich feste Verfassungsformen gibt, so heißt die nächstliegende Antwort: um der Dauerhaftigkeit willen. Die Aufgabe, das Evangelium an die jeweils nächste Generation weiterzugeben, ist der elementare Grund, aus dem die Kirche als Institution existiert. Um dieser Aufgabe willen braucht sie Klarheit über die Urkunde des Glaubens; deshalb wird der Kanon der heiligen Schriften definiert. Um dieser Aufgabe willen braucht sie eine lebendige Interpretation dieser Urkunden, aber auch Regeln für diese Interpretation; deshalb wird die *regula fidei* ausgebildet. Um dieser Aufgabe willen braucht sie ein Amt, das den Gottesdienst leitet und die kirchliche Lehre verantwortet; und sie braucht Regeln, nach denen dieses Amt verliehen wird; so kommt es zu der Ämterstruktur, das Amt des Bischofs eingeschlossen. Zur Traditionsfähigkeit gehört aber auch die Fähigkeit, solche Strukturen zu prüfen und weiterzuentwickeln; es gehört zu ihr auch die Arbeit an der kirchlichen Lehre selbst; so kommt es zur Ausbildung der Theologie als Reflexionsmedium des kirchlichen Lehrens und Handelns.

Die ersten christlichen Jahrhunderte sind nicht zuletzt deswegen so faszinierend, weil in ihnen die Traditionsfähigkeit einer neuen Religion aufgebaut wird. Freilich hat der Protestantismus insbesondere in Deutschland genau zu diesem Aspekt der altkirchlichen Entwicklung über lange Zeit nur ein sprödes Verhältnis entwickelt; das hing damit zusammen, daß er selbst seine Traditionsfähigkeit vier Jahrhunderte lang vom Staat entliehen und gerade nicht selbst aufgebaut hat. Der Aufbau eines eigenständigen Verhältnisses zur Aufgabe der Traditionsfähigkeit ist wohl nicht möglich ohne ein theologisch geklärtes Verhältnis zur

[14] Apk 21,2.10; Hebr 12,22.

Kirche als Institution; dafür kann gerade die Zeit der frühen Christenheit entscheidende Anstöße vermitteln.

Ökumenizität, Inkulturation und Traditionsfähigkeit sind in meinen Augen also die drei Gesichtspunkte, unter denen die ersten christlichen Jahrhunderte eine besondere Beachtung verdienen. Sich mit dieser formativen Phase des Christentums zu beschäftigen, ist freilich, wie wir sahen, nicht nur aus spezifischen Gründen der Christentumsgeschichte nötig. Es ist auch aus allgemein kulturellen Gründen notwendig. Die Theologie hat an ihrem Teil zur Rekonstruktion des kulturellen Gedächtnisses beizutragen. Dessen Erosion kann sie nicht widerstandslos zusehen. Man braucht nicht um ein ganzes Jahrhundert in die Zeit Adolf von Harnacks zurückzugehen, um zu wissen, daß unter Gebildeten schon einmal ein anderes Verhältnis zur formativen Phase des Christentums bestand, als wir es heute vorfinden. Noch vor vier Jahrzehnten konnte man Hans von Campenhausens Urban-Bücher über die griechischen und die lateinischen Kirchenväter in vielen nicht-theologischen Privatbibliotheken finden, manchmal sogar in gelesenem Zustand[15]. Es ist nicht sinnvoll, sich nach solchen Zeiten nostalgisch zurückzusehnen. Aber es ist sinnvoll, die Bedeutung der patristischen Epoche für die europäische Geistesgeschichte allgemein genauso im Bewußtsein zu halten wie für die Ökumenizität, die Inkulturation und die Traditionsfähigkeit des christlichen Glaubens selbst.

III.

Nun ist die vorrangige Haltung des Protestantismus zur Tradition die Traditionskritik. Ihr unterwirft man bekanntlich am liebsten alles – außer sich selbst. Auch die traditionskritischste Position kennt kritikfreie Zonen. Sie belegt auf ihre Weise das Angewiesensein auf Tradition. Die prinzipielle Negation der Tradition führt deshalb als ihre wichtigste Folge mit sich, daß man genau diejenigen Traditionen gegen Kritik immunisiert, von denen man sich selbst abhängig macht; denn diese Abhängigkeit wird im Verborgenen gehalten. Daß im Protestantismus Schrift und Tradition gegeneinander ausgespielt wurden, hat diesen Prozeß auf seine Weise verstärkt. In einer Zeit verbreiteter Traditionslo-

[15] H.v. Campenhausen, Griechische Kirchenväter, UB 14, Stuttgart 1956; ders., Lateinische Kirchenväter, UB 50, Stuttgart 1960.

sigkeit aber wirkt die Entgegensetzung von Schrift und Tradition eigentümlich kraftlos. Denn die Schrift selbst ist nichts anderes als ein Stück Tradition, das am Verblassen aller Traditionen Anteil hat.

Aber auch in einer solchen Situation zeigt sich, daß das menschliche Bewußtsein auf Vergangenheit angewiesen bleibt. »Die Vergangenheit«, so formuliert der Historiker Eric Hobsbawm, ist »eine dauerhafte Dimension des menschlichen Bewußtseins, ein unausweichlicher Bestandteil der menschlichen Institutionen, Werte und anderen Strukturen der menschlichen Gesellschaft.«[16] Auch für die Kirche gilt, daß die Vergangenheit ein unaufgebbares Element ihrer gegenwärtigen Gestalt und Botschaft darstellt. Auch die Kirche braucht ein »kulturelles Gedächtnis«[17]. Auch sie braucht neben Erinnerungselementen von großer Alltagsnähe ein kollektives Gedächtnis für alltagstranszendente Inhalte. Keine menschliche Gemeinschaft kommt ohne solche Erinnerungsfigurationen aus. Denn an ihnen bildet sich die Identität dieser Gemeinschaft wie die Identität der Einzelnen. Grundelemente des kulturellen Gedächtnisses sind ein wichtiges Potential der Erneuerung, der Selbstkritik oder der Reform. Mit dem »kulturellen Gedächtnis« bewahrt eine Gemeinschaft nicht nur ein gemeinsames Bild der Vergangenheit auf. Sondern im kulturellen Gedächtnis sind zugleich die Potentiale zur Deutung der Gegenwart wie zum Entwurf der Zukunft enthalten. Eine Verständigung über die Wahrnehmung der eigenen Zeit gelingt ohne Grundbestände eines kulturellen Gedächtnisses ebenso wenig wie eine Vision der Zukunft. In aller Regel bleibt das kulturelle Gedächtnis so lange relativ unbeachtet, so lange es selbstverständlich eingelebt ist. Es wird zum Thema, wenn es gefährdet, bedroht oder umstritten ist. »Nur deshalb spricht man so viel vom Gedächtnis, weil es keines mehr gibt«, heißt ein viel zitierter Satz von Pierre Nora[18]. So wie die Notwendigkeit des Umweltschutzes erst erkannt wurde, als die Ausbeutung der Ressourcen und die Verwüstung der Umwelt durch Abfälle ein besorgniserregendes Maß erreicht hatten, so sorgen wir uns um die Bewahrung des

[16] E. Hobsbawm, Wieviel Geschichte braucht die Zukunft, München/Wien 1998, 24.

[17] Jan Assmann hat diese auf Maurice Halbwachs und Aby Warburg zurückgehende Überlegung in vielen Variationen vorgetragen. Grundlegend: J. Assmann, Kollektives Gedächtnis und kulturelle Identität, in: J. Assmann/T. Hölscher (Hgg.), Kultur und Gedächtnis, Frankfurt/M. 1988, 9-19. Vgl. insgesamt J. Assmann, Das kulturelle Gedächtnis. Schrift, Erinnerung und politische Identität in frühen Hochkulturen, München 1992.

[18] Mit diesem Satz beginnt die Arbeit von Aleida Assmann, Erinnerungsräume. Formen und Wandlungen des kulturellen Gedächtnisses, München 1999, 11.

kulturellen Gedächtnisses erst, seit es im Verschwinden ist. So wie man sich um ökologische Nachhaltigkeit erst bemüht, seit sie durch die Auswirkungen menschlichen Handelns massiv gefährdet ist, so tritt auch die Notwendigkeit einer kulturellen Nachhaltigkeit erst in den Blick, wenn die Bestände des kulturellen Gedächtnisses jede Selbstverständlichkeit verloren haben.

Das ist die Situation, in der wir neu nach der Aneignung wichtiger christlicher Traditionen fragen. Das kulturelle Gedächtnis der Kirche selbst steht ebenso auf dem Spiel wie ihr Beitrag zum kulturellen Gedächtnis der Gesellschaft. Angesichts einer verbreiteten Amnesie, einer verbreiteten Erinnerungslosigkeit also fragen wir heute, wie Tradition wieder gebildet werden kann. Tradition bildet sich dort, wo Vergangenes so erinnert wird, daß daraus Orientierung in der Gegenwart und Richtungsweisung für die Zukunft entsteht.

Tradition in diesem Sinn gehört zum Kernbestand des jüdischen wie des christlichen Glaubens. Die Weitergabe und Weiterentwicklung dieser Tradition vollzieht sich in der Form des Erinnerns. Das Gedenken gehört zu den Grundelementen der jüdischen und christlichen Überlieferung[19]. Im Volk Israel wird der Glaube an den »Gott der Väter« dadurch weitergegeben, daß die Älteren den Jüngeren die Erfahrungen des Volkes Israel mit seinem Gott erklären. »Wenn dich nun dein Sohn morgen fragen wird: Was sind das für Vermahnungen, Gebote und Rechte, die euch der Herr, unser Gott, geboten hat?, so sollst du deinem Sohn sagen: Wir waren Knechte des Pharao in Ägypten, und der Herr führte uns aus Ägypten mit mächtiger Hand .... Und der Herr hat uns geboten, nach all diesen Rechten zu tun, auf daß wir den Herrn, unsern Gott, fürchten, auf daß es uns wohlgehe unser Leben lang, so wie es heute ist.«[20] Das ist eine eindrucksvolle Umschreibung von Tradition: Erinnerung an vergangenes Geschehen wird mit der Orientierung für das Leben in der Gegenwart verbunden.

Die Aufgabe des Gedenkens findet auch Eingang in den Dekalog, in der Summierung der alttestamentlichen Weisung in Gestalt der zehn Gebote: »Gedenke des Sabattages, daß du ihn heiligst.«[21] Die Erinne-

[19] Im folgenden greife ich auf Überlegungen in dem Abschnitt über »Gedenkkultur« zurück, die sich in dem Impulspapier zu dem Konsultationsprozeß über »Protestantismus und Kultur« finden: Evangelische Kirche in Deutschland (EKD) und Vereinigung Evangelischer Freikirchen (VEF) (Hg.), Gestaltung und Kritik. Zum Verhältnis von Protestantismus und Kultur am Beginn des neuen Jahrhunderts, Hannover 1999, 30f.

[20] Dtn 6,20f.

[21] Dtn 20,8.

rung an das Ruhen Gottes von seinen Werken wird zur Anleitung für die Gestaltung von Kultur. An vielen Stellen beschreibt das Alte Testament rituelle Gestaltungsformen des Gedenkens; die Feste des Jahreslaufs erhalten durchweg neben den jahreszeitlichen Bezügen Begründungen aus der Geschichte Israels.

Das Neue Testament setzt diese Kultur des Gedenkens voraus. Im christlichen Gottesdienst wird sie an zentraler Stelle verankert; das Abendmahl wird als Erinnerungsmahl gefeiert: »Solches tut zu meinem Gedächtnis.«[22] Leben und Wirken, Tod und Auferweckung des Jesus von Nazareth treten nun in das Zentrum des Erinnerns; sie werden zum Mittelpunkt der christlichen Tradition. Christi Tod wird dabei als Erlösungstat Gottes den Menschen zugute verstanden; die Vergegenwärtigung dieses Todes wird deshalb zum Mittelpunkt des Gottesdienstes. Dadurch rücken aber menschliches Leiden und Sterben in den Deutungshorizont dieses einen Todes. Die zugesagte Erlösung wird zum Angelpunkt für das Verständnis gelingenden Lebens – eines Lebens nämlich, das nicht mehr den Mächten der Sünde und des Todes unterworfen ist. So entfaltet sich eine ganze Kultur des Lebens aus der einen Weisung: »Solches tut zu meinem Gedächtnis.«

In Korrektur eines verbreiteten kontroverstheologischen Pauschalbildes ist also festzuhalten: Tradition in dem beschriebenen Sinn ist ein Grundzug biblischen Denkens und christlichen Glaubens. Insofern führt die Entgegensetzung von »Schrift und Tradition« in die Irre. Dieses Begriffspaar verweist auf ein ganz anderes Problem: auf die Frage, ob kirchliche Instanzen die Herrschaft über die Traditionsprozesse in Anspruch nehmen dürfen, die sich im biblischen Zeugnis niederschlagen und von ihm aus weiterwirken. Diese Frage entscheidet sich am Verständnis des kirchlichen Amtes, das nach wie vor *das* kontroverse Thema zwischen katholischer und evangelischer Kirche und Theologie darstellt.

Die knappe Erinnerung an die biblische Verankerung dessen, was wir Tradition nennen, zeigt auch schon die drei grundlegenden Formen, in denen erkannte Wahrheit weitergegeben und neu angeeignet wird. Diese drei Formen sind die erzählende und auslegende Vergegenwärtigung von Wahrheit, die rituelle Gestaltung einer um diese Wahrheit versammelten Gemeinschaft und die Anleitung zu einer Lebensführung im Licht dieser Wahrheit. Narrative, rituelle und ethische Zusammenhänge konstituieren insofern die Kirche. Gerd Theißen hat die Kirche deshalb

[22] 1Kor 11,24f. und Lk 22,19.

»eine semiotische Kathedrale aus narrativen, rituellen und ethischen Materialien, eine Zeichen- *und* Lebenswelt« genannt. Das ist, wie ich finde, eine überaus treffende Bezeichnung.

Die Strukturen von Traditionsfähigkeit, die sich in der frühen Kirche bilden, sind im Zusammenhang des Aufbaus dieser »semiotischen Kathedrale«, dieser »Zeichen- und Lebenswelt« zu sehen. Unter diesem Gesichtspunkt ist die Ausbildung von Traditionsfähigkeit während der ersten christlichen Jahrhunderte auch in der evangelischen Theologie als historische Leistung zu würdigen. Daß die Bewegung der Dogmen, die nach einer glücklichen Formulierung von Alfred Schindler das Thema der Dogmengeschichtsschreibung ist, einen positiven Sinn hat[23], weil sie nämlich wirkliche Klärungen herbeiführte, braucht nicht unter einem allgemeinen Antidogmatismus begraben zu werden. Daß die Ausbildung eigenständiger kirchlicher Verfassungsstrukturen eine interessierte Würdigung verdient, ist auch im Protestantismus zum Bewußtsein gekommen, seit er sich selbst um solche eigenständigen Verfassungsstrukturen bemühen mußte.

Aber eine solche Würdigung gerät auf eine schiefe Bahn, wenn sie in das Schema einer Verfallsgeschichte eingezeichnet wird, das nur dem zeitlich Ursprünglichen den Charakter des sachlich Urspünglichen, der anfänglichen Reinheit zuerkennt. Der Umgang mit der Epoche der Kirchenväter war von dieser Gefahr nie gänzlich frei. Ein lange herrschendes und noch immer geläufiges Bild von der Kirchengeschichte folgt einem Schema, nach welchem »nur in den frühesten (Zuständen) das eigentümliche Wesen am reinsten zur Anschauung« kommt[24]. Das unaufgebbare Element einer solchen Betrachtungsweise besteht darin, daß Tradition nur bewahren kann, wer zur Traditionskritik bereit ist. Dazu gehört der kritische Vergleich zwischen dem Gewordenen und seinen Ursprüngen. Dieser kritische Vergleich ist für den Protestantismus durch das Prinzip *sola scriptura*, das sogenannte Schriftprinzip, auf Dauer gestellt worden. Doch diese Aufforderung zur kritischen Prüfung verbindet sich oft mit dem Schema des Abfalls vom Ursprung und des unvermeidlichen Niedergangs, der daraus folgt. Ein solches Schema jedoch wird weder der geschichtlichen Wirklichkeit gerecht noch ist es

[23] A. Schindler, Dogmengeschichte als Dogmenkritik bei Gottfried Arnold und seinen Zeitgenossen, in: H. Bornkamm/F. Heyer/A. Schindler (Hgg.), Der Pietismus in Gestalten und Wirkungen. Martin Schmidt zum 65. Geburtstag, Bielefeld 1975, (404-419) 404.

[24] F.D.E. Schleiermacher, Kurze Darstellung des theologischen Studiums, Darmstadt o.J., §83, 35.

in der Lage, die wirklichen Antriebskräfte für Prozesse der Traditionsbildung in der Geschichte der Christenheit erkennbar zu machen.

Denn unberücksichtigt bleibt dabei, daß mit dem Auftreten Jesu und mit seiner Lehre, mit seinem Tod und seiner Auferweckung nicht eine neue Weltanschauung kreiert wurde, die von den folgenden Generationen möglichst rein zu bewahren war, deren Wirkungslinien aber mit wachsender historischer Distanz immer schwächer wurden. Sondern es ging um den Anbruch einer neuen Wirklichkeit, nämlich der in der Person Jesu verbürgten Nähe Gottes. Diese neue Wirklichkeit kann in jeder geschichtlichen Epoche in der gleichen Unmittelbarkeit hervortreten wie in der anfänglichen Gemeinschaft Jesu mit seinen Jüngern, den heilenden Begegnungen Jesu mit den Ausgestoßenen seiner Zeit, den missionarischen Aufbrüchen der frühen Christenheit oder dem Zeugnis der ältesten christlichen Märtyrer.

Am Ende des Matthäusevangeliums gibt der auferstandene Christus Auskunft über die Art und Weise seiner bleibenden Gegenwart: »Mir ist gegeben alle Gewalt im Himmel und auf Erden. Darum gehet hin und machet zu Jüngern alle Völker: Taufet sie auf den Namen des Vaters und des Sohnes und des Heiligen Geistes und lehret sie halten alles, was ich euch befohlen habe. Und siehe, ich bin bei euch alle Tage bis an der Welt Ende.«[25]

Das Leben der christlichen Kirche beruht also nicht auf der Reminiszenz eines historisch immer ferner rückenden Ereignisses, sondern auf der immer wieder neuen Nähe Gottes in Jesus Christus und der Verheißung, die sich daraus ergibt. Auf diese Erinnerung und diese Verheißung antwortet die Gemeinde in ihrem Handeln. Dieses Handeln ist nichts anderes als die Konsequenz der Zusage, aus der sie lebt: »Ihr seid das Licht der Welt. Es kann die Stadt, die auf dem Berge liegt, nicht verborgen bleiben.«[26] Die christliche Kirche ist deshalb Erinnerungsgemeinschaft, Handlungsgemeinschaft und Hoffnungsgemeinschaft in einem.

Eine herausgehobene Bedeutung der patristischen Epoche hat also nicht darin ihren Grund, daß diese dem Ursprung noch näher und deshalb von Verfälschungen und menschlichen Irrtümern noch freier war als spätere Epochen der Christenheit. Eine Sonderstellung der ersten fünf Jahrhunderte auf der Grundlage einer umgekehrten Fortschrittsgeschichte, nämlich auf Grund einer verfallsgeschichtlichen Konstruktion

[25] Mt 28,18-20.
[26] Mt 5,14.

der Entwicklung des Christentums, scheidet also aus. Ein christlich betrachtetes *ad fontes* meint immer eine Rückwendung zur biblischen Botschaft selbst; es ist damit nicht gemeint, daß der Auslegung der biblischen Botschaft durch die Kirchenväter eine normative Überlegenheit über andere Stränge der Auslegungsgeschichte zuerkannt wird. Das schließt aber gerade nicht aus, sondern ein, daß man die Anregungskraft altkirchlicher Bibelinterpretationen auf sich wirken läßt; bis hin zur Predigtvorbereitung kann das von Nutzen sein.

Daß zugleich traditionskritische Überlegungen bereits auf die patristische Epoche und ihren Umgang mit der Heiligen Schrift angewandt werden müssen, ist immer wieder am prominenten Beispiel Augustins, des für die westliche Entwicklung wohl wichtigsten Kirchenvaters, deutlich gemacht worden. Zur Rechtfertigung der Zwangsmaßnahmen gegen die Donatisten berief er sich auf den Schluß von Jesu Gastmahlgleichnis, wo der gastgebende Hausherr seinen Knecht mit dem Auftrag ausschickt, das Volk an den Straßen und Zäunen zu nötigen, daß sie in den Festsaal hineinkommen. »Nötige sie, hereinzukommen« (»compelle intrare«)[27] wurde zur Belegstelle für das Recht der herrschenden Mehrheitskirche, Abweichler mit den Mitteln staatlichen Zwangs zur Mitgliedschaft in der einen wahren Kirche zu zwingen[28].

Daß ein so gebildeter, an Schriftkenntnis den meisten heutigen Theologen weit überlegener Gelehrter sich zu einem derartigen Mißbrauch der Schrift hinreißen ließ, kann vor allen kurzschlüssigen Verherrlichungen der altkirchlichen Epoche bewahren. Doch umgekehrt kann eine Beschäftigung mit der Schriftauslegung der Alten Kirche oder anderer Epochen uns davor bewahren, die Heilige Schrift im Ganzen auf unsere derzeitigen exegetischen Vorlieben oder auch ganz unexegetischen Lieblingsideen zu reduzieren. Denn die selektive Emphase, mit welcher wir die Bibel lesen, ist ja nicht weniger radikal als diejenige früherer Epochen. Was wir ausblenden, ist jedoch nicht nur im biblischen Text selbst, sondern auch in der Auslegung früherer Epochen aufbewahrt. Darin ist die Chance überraschender Neuentdeckungen enthalten, die Theologie und Glauben vor sterilen Verengungen zu bewahren vermögen. Als Beispiel aus meiner jugendlichen Beschäftigung nenne ich den Mythos von Jesu Abstieg in das Totenreich, dem *descensus ad inferos*, als ein Interpretament des Kreuzestodes wie der Auf-

[27] Lk 14,23.

[28] Aug., ep. 93 und retract. I,13,7; vgl. Markschies, Zwischen den Welten wandern, (wie Anm. 7), 62f.

erweckung Jesu Christi, das weiter reicht als gängige Oberflächlichkeiten in manchen heutigen Texten zu Tod und Auferweckung Christi[29]. Ein Gegengewicht gegen unsere selektiven Emphasen zu bilden, ist nicht die geringste Bedeutung der Kirchengeschichte, die zwar nicht ausschließlich, aber doch wesentlich auch als Geschichte der Auslegung der Heiligen Schrift zu verstehen ist[30].

IV.

Über die Kirche von morgen kann man so sprechen, daß man die Gesichtspunkte hervorhebt, die heute die Zukunft der Kirche fragwürdig und unsicher machen: das hohe Maß an Säkularisierung und Entkirchlichung gerade hierzulande, den Individualisierungsschub, der allen Formen verbindlicher Gemeinschaft entgegensteht, und die Pluralisierung, die einer lange gewohnten Vorrangstellung der christlichen Kirchen in der Gesellschaft ein Ende bereitet[31]. Man kann über die Kirche von morgen so sprechen, daß man neue Formen kirchlichen Handelns beschreibt, die sich angesichts der gewandelten Situation abzeichnen; dabei muß dann insbesondere von neuen Versuchen missionarischer Präsenz in der Gesellschaft gesprochen werden[32]. Man kann über die Kirche von morgen schließlich aber auch so sprechen, daß man Kriterien für die Zukunftsfähigkeit der Kirche entwickelt, daß man also angesichts des heute Dringlichen das bleibend Wichtige hervorhebt[33].

Ich will heute diesen dritten Weg wählen. Dabei ist es naheliegend, auf diejenigen Elemente zurückzugreifen, die uns in der Entwicklung der Alten Kirche als besonders bedeutungsvoll entgegengetreten sind. Ich habe sie mit den Stichworten der Ökumenizität, der Inkulturation und der Traditionsfähigkeit bezeichnet.

29 Vgl. Huber, Passa und Ostern (wie Anm. 1), 197f.

30 Vgl. G. Ebeling, Kirchengeschichte als Geschichte der Auslegung der Heiligen Schrift, zuerst Tübingen 1947, abgedruckt in: G. Ebeling, Wort Gottes und Tradition, Göttingen 1964, ²1966, 9-27.

31 Solche Gesichtspunkte werden ausführlich erörtert in meinem Buch: W. Huber, Kirche in der Zeitenwende. Gesellschaftlicher Wandel und Erneuerung der Kirche, Gütersloh 1998 (Taschenbuch 1999).

32 Vgl. A. und Th. Kaiser (Hg.), Kirche von morgen denken, Gütersloh 2000.

33 Zur Unterscheidung von heute Dringlichem und bleibend Wichtigem vgl. D. Ritschl, Zur Logik der Theologie. Kurze Darstellung der Zusammenhänge theologischer Grundgedanken, München 1984, 20.

Die *Ökumenizität* der Kirche ist durch Auseinandersetzungen der letzten Jahre neu zur Diskussion gestellt worden. Wird sie dadurch gewährleistet, daß eine – die römisch-katholische – Kirche für sich selbst in Anspruch nimmt, allein Kirche »im eigentlichen Sinn« zu sein – also die Fülle des Kircheseins allein in angemessener Weise abzubilden? Die Erklärung der vatikanischen Glaubenskongregation »Dominus Iesus« hat diese Frage mit kaum überbietbarer Deutlichkeit aufgeworfen[34]. Mit dem Titel des Dokuments wird an das älteste christliche Bekenntnis erinnert, von dem Paulus gesagt hat, daß niemand so reden kann, es sei denn im Heiligen Geist[35]. Das Bekenntnis *Kyrios Jesus* drückt eine einmalige und unvergleichliche Heilsbedeutung Jesu Christi aus. »Wenn du mit deinem Mund bekennst, daß Jesus der Herr ist, und in deinem Herzen glaubst, daß ihn Gott von den Toten auferweckt hat, so wirst du gerettet.«[36] Die Exklusivität dieses Christusbekenntnisses verbietet es geradezu, daß ihm ein Bekenntnis zur *Domina Ecclesia* gleichberechtigt zur Seite gestellt wird[37].

Man kann für diese Unterscheidung zwischen dem Christusbekenntnis und dem Bekenntnis zur Kirche eindringliche Belege auch in der altkirchlichen Bekenntnisbildung und ihrer Auslegung finden. Häufig wird dafür Rufin von Aquileia zitiert. Er weist ausdrücklich auf die Differenz zwischen dem Bekenntnis zu Gott in den drei göttlichen Personen und dem Bekenntnis zu Kirche, Sündenvergebung und Auferstehung des Fleisches hin. Nur den göttlichen Personen ist nämlich die Präposition *in* vorangestellt, während Kirche, Sündenvergebung und Auferstehung des Fleisches im bloßen Akkusativ stehen. »Bei den übrigen Glaubenssätzen aber, wo nicht von der Gottheit, sondern von den Geschöpfen und den Geheimnissen die Rede ist, wird das Wörtchen ‚an' nicht beigefügt; es wird also nicht gesagt, ‚an eine heilige Kirche', sondern ‚eine heilige Kirche' sei zu glauben, nicht so, wie Gott geglaubt wird, sondern als die für Gott versammelte Gemeinschaft .... Durch Setzung des Wörtchens ‚an' wird der Schöpfer von den Geschöpfen unterschieden, das Göttliche vom Menschlichen getrennt.«[38]

[34] Zur Diskussion über »Dominus Iesus« vgl. zusammenfassend M.J. Rainer (Hg.), Dominus Iesus – Anstößige Wahrheit oder anstößige Kirche?, Münster 2001.

[35] 1Kor 12,3.

[36] Röm 10,9.

[37] Vgl. E. Jüngel, Paradoxe Ökumene. Ende der Höflichkeiten bei wachsender Nähe, Zeitzeichen 1, 2000, I-VI.

[38] Ruf., expositio symboli 34. 37 (CChr.SL 20, 169f.171 Simonetti); vgl. J.N.D. Kelly, Altchristliche Glaubensbekenntnisse, Göttingen 1972, 152-160; G. May, Art. Kirche III, TRE 18, Berlin/New York 1989, (218-227) 225.

Man kann diesen ekklesiologischen Grundsatz auf unterschiedliche Weise ausdrücken. Doch in jedem Fall gehört die These vom unumkehrbaren Gefälle zwischen Christologie und Ekklesiologie, zwischen dem Glauben an den dreieinigen Gott und dem Glauben an die »eine, heilige, katholische und apostolische Kirche« zu den unaufgebbaren, den bleibend wichtigen Einsichten der patristischen Epoche. Ihre ökumenische Bedeutung erschließt sich uns heute auf neue Weise. Ökumenefähig werden die Kirchen nur dann, wenn sie zwischen dem Bekenntnis zu dem *Kyrios Jesus* und dem Glauben an die Kirche unterscheiden. Denn nur dann werden sie erkennen, inwiefern das von ihnen gemeinsam Bekannte gewichtiger ist als die in ihren Grenzen durchaus zu würdigenden Unterschiede kirchlicher Traditionen und Konfessionen. Gerade in einer Situation, in der Ökumene auch in Zukunft nur als Gemeinschaft von Gemeinschaften vorstellbar ist, gewinnt die Unterscheidung zwischen dem Bekenntnis zu Christus als dem Herrn und dem Glauben an die Kirche fundamentale Bedeutung.

Auf diesem Hintergrund kann man auch die vielzitierten ekklesiologischen Spitzensätze Cyprians nicht in dem Sinn interpretieren, daß eine kirchliche Institution die Qualität des Kircheseins für sich allein in Anspruch nimmt. »Der häufig variierte Satz, daß nur in der Kirche Heil ist, ... spricht die allgemeine Überzeugung der Alten Kirche aus«[39] – die Überzeugung nämlich, daß die Gemeinschaft der Kirche für das Leben aus Glauben genauso notwendig ist wie die Arche Noahs für das Überleben der Sintflut[40]. Neu ist bei Cyprian und in der von ihm begründeten Traditionslinie die überragende Stellung, die dem Bischofsamt zugewiesen wird. Gewichtig ist vor allem die Tatsache, daß der Bischof als Garant der Einheit der Gemeinde angesehen wird. »Der Bischof ist in der Kirche und die Kirche ist im Bischof«; Gemeinschaft mit dem Bischof bedeutet Gemeinschaft mit der Kirche[41]. Doch schon die altkirchliche Entwicklung selbst zeigt, daß damit nicht so sehr eine Garantie kirchlicher Einheit durch das bischöfliche Amt, sondern eine Verpflichtung dieses Amtes selbst auf die Einheit der Kirche beschrieben wird. So gewendet erinnert schon die altkirchliche Entwicklung daran, daß alle kirchlichen Ämter, aber das Bischofsamt in herausgehobener Weise Ämter der Einheit sind und damit unter einer ökumenischen Verpflichtung stehen. Auch zur Verhältnisbestimmung von Ökumenizität

[39] May, Art. Kirche III (wie Anm. 38), 222.

[40] Cyprian, Brief an einige Abgefallene, 1.

der Kirche und kirchlichem Amt gewinnt man also dann ein weiterführendes Verhältnis, wenn man die altkirchliche Verknüpfung als die Beschreibung einer für das kirchliche Amt konstitutiven Aufgabe begreift.

Die Diskussion über »Dominus Iesus« hat für den evangelischen Bereich die Aufgabe eingeschärft, die eigenständige Gestalt des evangelischen Kirchenverständnisses klarer, profilierter und auch selbstbewußter zur Geltung zu bringen, als dies in der Vergangenheit bisweilen geschehen ist. Bei Neuansätzen, die dieser Zielsetzung dienen, ist häufig zu beobachten, daß sie sich im Interesse eines evangelischen Profils vorrangig an den reformatorischen Bekenntnisschriften und reformatorischen oder nachreformatorischen Aussagen ausrichten. Damit wird aber ganz zu Unrecht der Eindruck erweckt, als gehöre die vorreformatorische Theologie in irgendeinem Sinn ausschließlich oder vorrangig in den Besitz der römisch-katholischen Kirche beziehungsweise der orthodoxen Kirchen. Die Reformatoren selbst haben sich jedoch ständig und mit guten Gründen gegen den Vorwurf gewehrt, sie hätten eine »neue Kirche« begründet. Ihr Anspruch bestand ganz im Gegenteil darin, die »rechte alte Kirche« geblieben zu sein, die sich wegen der »Neuerungen« der Papstkirche von dieser trennen mußte. Denn die eine apostolische Kirche ist die, in der das Evangelium rein verkündigt und die Sakramente dem Evangelium gemäß gefeiert werden[42]. Insofern besteht aller Anlaß, für die Grundzüge eines reformatorischen Kirchenverständnisses auch die Dokumente der vorreformatorischen Ekklesiologie heranzuziehen und fruchtbar zu machen. In ganz besonderem Maß gilt das für das Kirchenverständnis der Alten Kirche. Wenn heute an dieses Kirchenverständnis angeknüpft wird, dann nicht, um die Vorstellung eines *consensus quinquesaecularis* zu erneuern, sondern um diejenige Epoche der Christentumsgeschichte fruchtbar zu machen, in welcher die Grundfragen der geschichtlichen Existenz der Kirche zum ersten Mal durchdacht werden mußten. Unbestreitbar ist freilich zugleich, daß eine solche Bezugnahme auf Dokumente der ersten christlichen Jahrhunderte zugleich die Basis des ökumenischen Dialogs verbreitert.

Für Prozeß und Aufgabe der *Inkulturation* hat sich in den letzten Jahren im Protestantismus ein neues Interesse entwickelt. Nach langen Jahrzehnten einer zumindest theoretisch kultivierten Diastase von Glauben

[41] Cyprian, ep. 43,5; ep. 66,8; ep. 59,5.

[42] Jüngel, Paradoxe Ökumene (wie Anm. 37), V unter Berufung auf M. Luther, Wider Hans Worst und J. Calvin, Institutio IV.

und Kultur zeigt sich eine neue Aufmerksamkeit für das Verhältnis von Religion und Kultur[43]. Man beginnt einen Sachverhalt neu wahrzunehmen, den Johann Baptist Metz einmal pointiert so ausgedrückt hat: »Man kann das Christentum nicht kulturell entblättern, ohne seine Identität preiszugeben .... Kulturen sind nicht der Rost, den man vom Eisen des Christentums klopfen kann, um es als blankes dann zurückzubehalten. Ein kulturell entblößtes, ein kulturell nacktes Christentum ist nicht möglich. ‚Jesus war kein Christ, sondern Jude.' Wer nur das Christentum kennt, kennt das Christentum eben nicht.«[44]

Freilich besteht gegenwärtig die Gefahr, daß in einer Überreaktion gegen die Phase einer diastatischen Verhältnisbestimmung von Glaube und Kultur nun einer erneuten Identifikation das Wort geredet wird. Häufig geschieht das dergestalt, daß Religion als Teil von Kultur betrachtet oder daß von einer »Religionskultur« gesprochen wird[45]. Dabei bleibt jedoch sowohl die Eigenständigkeit von Religion als Lebensbereich als auch die Differenz des christlichen Glaubens zur jeweiligen kulturellen Lebenswelt unterbestimmt.

Ein Rückblick auf die ersten Jahrhunderte der Christentumsgeschichte kann uns ein Modell von Inkulturation vor Augen stellen, in dem nicht nur der Austausch mit den kulturellen Lebensformen der jeweiligen Zeit gestaltet, sondern zugleich die Eigenständigkeit des Glaubens erkennbar gemacht wurde. Nicht die These von der »Hellenisierung des Christentums« wird eine solche Betrachtung bestimmen, sondern eine differenzierte Beobachtung dazu, wie die christliche Theologie der ersten Jahrhunderte die Denkformen antiker Philosophie benutzte, um die christliche Botschaft in ihrer Eigenständigkeit verständlich zu machen.

Freilich verbindet sich mit dieser positiven Würdigung sofort die Frage, ob nicht mit der »konstantinischen Wende« ein Bruch eingetreten ist, durch den das Christentum in ein Kartell mit den herrschenden Mächten und ebenso auch mit der herrschenden Kultur eingetreten ist. Die These von einem solchen Umbruch im Verhältnis zwischen christli-

[43] Vgl. Evangelische Kirche in Deutschland und Vereinigung Evangelischer Freikirchen (VEF) (Hg.), Gestaltung und Kritik (wie Anm. 19).

[44] F.X. Kaufmann/J.B. Metz, Zukunftsfähigkeit: Suchbewegungen im Christentum, Freiburg 1987, 128. Vgl. insgesamt auch W. Huber, Inkulturation. Über die Präsenz des Christlichen in der Gesellschaft, in: K. Homann/I. Riedel-Spangenberger (Hgg.), Welt-Heuristik des Glaubens. FS für Ernst Feil, Gütersloh 1997, 95-110.

[45] Vgl. z.B. W. Gräb, Lebensgeschichten, Lebensentwürfe, Sinndeutungen. Eine praktische Theologie gelebter Religion, Gütersloh 1998.

chem Glauben und Kultur ist zu einem beherrschenden Motiv des protestantischen Geschichtsbildes geworden, seit Günter Jacob – öffentlich zuerst 1956, aber in persönlichen Aufzeichnungen schon während des Zweiten Weltkriegs – die These vom Ende des Konstantinischen Zeitalters vertreten hat[46]. Doch es handelt sich bei dieser These im Kern um eine geschichtstheologische Konstruktion, die ihre Plausibilität eher aus den zeitgeschichtlichen Erfahrungen des Autors als aus den geschichtlichen Bedingungen der konstantinischen Ära gewinnt.

Historisch betrachtet war die Erklärung des Christentums zur *religio licita*, auf die knapp sieben Jahrzehnte später die Privilegierung des Christentums als Staatsreligion folgte, nicht ein voraussetzungsloses, plötzliches Ereignis, sondern der Abschluß eines lange vorbereiteten Prozesses. Dennoch ist nicht zu verkennen, daß die kaiserliche Fürsorge für die Einheit der Kirche und die Übernahme staatlicher Organisationsformen in den kirchlichen Bereich Rückwirkungen von erheblichem Ausmaß hatten. Doch am wichtigsten war, daß der christliche Glaube nun nicht mehr nur an der Kultur seiner jeweiligen Zeit partizipierte, sondern für sie in einem unmittelbaren Sinn Verantwortung übernahm. Genau in diesem Sinn aber kann es ein Ende des Konstantinischen Zeitalters im Sinn eines Abschieds von dieser kulturellen Mitverantwortung schlechterdings nicht geben. Die Weltfähigkeit des christlichen Glaubens und seine Teilhabe an der Verantwortung für die kulturellen Lebensbedingungen einer Gesellschaft lassen sich nicht widerrufen.

Traditionsfähigkeit habe ich als letztes Stichwort genannt. Sie bildet den Zug an der patristischen Epoche, der mich derzeit am meisten beschäftigt. Das hängt natürlich mit der Erfahrung des Traditionsabbruchs und der Verantwortung für den Neuaufbau von Traditionsfähigkeit zusammen, vor dem wir in Deutschland, insbesondere im Osten Deutschlands, stehen. Angesichts dieser Aufgabe stellt sich heraus, daß der Protestantismus auf diese Aufgabe besonders schlecht vorbereitet ist. Daß

[46] Vgl. C. Markschies, Wann endet das ‚Konstantinische Zeitalter'?, in: D. Wyrwa (Hg.), Die Weltlichkeit des Glaubens in der Alten Kirche. FS für Ulrich Wickert zum siebzigsten Geburtstag, Berlin/New York 1997, 157-188; W. Huber, Die Zukunft der Kirche. Überlegungen an einer Zeitenwende, in: A. Dörfler-Dierken/W. Kinzig/M. Vinzent (Hgg.), Christen und Nichtchristen in Spätantike, Neuzeit und Gegenwart. Beginn und Ende des Konstantinischen Zeitalters. Internationales Kolloquium aus Anlaß des 65. Geburtstages von Professor Dr. Adolf Martin Ritter (Texts and Studies in the History of Theology 6), Mandelbachtal/Cambridge 2001, 205-220.

sein Verhältnis zur Tradition vor allem die Gestalt der Traditionskritik annahm, erschien als unproblematisch, so lange die Kräfte der Kontinuität als ausreichend wahrgenommen wurden. Daß er sich um die institutionellen Voraussetzungen für die Weitergabe des Evangeliums an die nächste Generation nicht selbst zu kümmern brauchte, mochte so lange hingehen, so lange die staatlichen Obrigkeiten dafür als verantwortlich galten – obgleich man das Problematische an dieser Gestaltungsform nicht geringschätzen sollte.

Denn mit dem reformatorischen Grundverständnis christlicher Freiheit vertrug sich all das in Wahrheit nicht. Denn es handelt nicht nur von den kritischen Folgen der Freiheit, sondern auch von der Fähigkeit, in der Freiheit zu bestehen, zu der uns Christus befreit hat. Insofern ist die christliche Freiheit nicht eine beliebige, sondern eine verpflichtende Freiheit.

Dieser Verpflichtungscharakter christlicher Freiheit ist im Protestantismus über lange Zeit in den Hintergrund getreten. Das hat sich vor allem darin Ausdruck verschafft, daß die Gemeinschaftsgestalt des Glaubens weithin mit Gleichgültigkeit behandelt wurde. Der Abbruch der Kirchenmitgliedschaft in der Zeit der DDR wie die Tatsache, daß es im Verantwortungsbereich der ostdeutschen Kirchen derzeit nur einzelne Menschen sind, die einen Anlaß verspüren, ihre Abkehr von der Kirche zu revidieren – all das ist auch eine Folge des vermeintlich protestantischen Grundsatzes »Glaube ja – Kirche nein«. Daß die Gemeinschaft in der Kirche um des Glaubens selbst willen notwendig ist, muß im Protestantismus gerade heute buchstabiert werden – in einer Zeit, in der die gesellschaftlichen Bedingungen einem solchen Lernprozeß nicht gerade günstig sind. Daß diese Einsicht in der vorkonstantinischen Epoche schon einmal gewonnen wurde, kann dabei hilfreich sein. Man braucht ja nicht die damalige Ämterstruktur für eine Struktur göttlichen Rechts zu halten; man braucht auch vom Bischofsamt nicht so zu denken wie Cyprian und seine Nachfolger. Aber daß der Glaubende um seines Glaubens willen auf die Kirche so angewiesen ist wie Noah und die Seinen auf die Arche – das bleibt ein nachdenkenswerter Impuls dafür, daß der Protestantismus endlich entwickelt, was er so dringend braucht: ein theologisches Begreifen der Kirche als Institution.

Welche Bedeutung hat die Patristik für »meine Philologie« bzw. »meine Theologie«?

Michael Slusser

Zunächst bin ich erfreut, die Einladung, an Ihrer Tagung und dieser Diskussion teilzunehmen, annehmen zu können – als katholischer Theologe, und auch als Amerikaner.

Ich bin ein historischer Theologe in folgendem Sinn: Ich meine, daß sehr oft die einleuchtendste Auslegung einer Kirchenlehre stattfindet, wenn man ihren Ursprung und ihre Entwicklung bis zu ihrer gegenwärtigen Gestalt im Glauben der Kirche genau und detailliert erzählen kann. Als Patristiker verbringe ich einen großen Teil meiner Arbeit als »Dolmetscher der Toten« (ein Wortspiel, das auf Englisch besser gelingt: »as interpreter for the dead«). So bemühe ich mich, meine Mittheologen herauszufordern und zu helfen, damit ihre eigene theologische Arbeit besser informiert und tiefer wird. Aber die Forschung an den Vätern wirkt auch auf meine Theologie.

1. Die Alte Kirchengeschichte hat mich gelehrt, daß »die gute alte Welt« nicht unbedingt gut war und auch nicht immer besser als die jetzige. Nostalgie nach einem goldenen Zeitalter kann theologisch attraktiv sein, aber sie ist nur selten und nur sporadisch und dann auch nur in Bezug auf begrenzte Gebiete berechtigt.

2. Ebenso lerne ich immer dazu, daß die Begriffe und der Wortschatz der Väter keineswegs so eindeutig und dauerhaft sind, wie ich zunächst kurz nach meiner Priesterseminarausbildung gedacht hatte. Eigentlich wurde mir dies erst nach und nach klar, weil man sich auch in unserer patristischen Wissenschaft die altkirchliche Denk- und Ausdrucksweise manchmal mit überschüssiger Bestimmtheit und Vereinfachung vorstellt. Aber mit den vielfältigen Farbtönen und Bedeutungsnuancen unserer heutigen Theologie sind wir nicht aus einem Paradies, aus einer noetischen Überwelt der Klarheit gefallen; vielmehr versuchen wir mit genausoviel Mühe wie früher etwas Klarheit und Übereinstimmung zu begründen.

3. In meiner ökumenischen Arbeit als ein offizielles katholisches Mitglied des Dialogs zwischen der katholischen Kirche und der »Evangelical Lutheran Church in America« bin ich der einzige Teilnehmer mit

spezialisierter Sachkenntnis in patristischer und mittelalterlicher Theologie. Folglich muß ich diese Perioden darstellen können mit einer »Unparteiigkeit«, die auch über die von Gottfried Arnold hinausgeht!

4. Schließlich finde ich in den Vätern ein großes Hilfsmittel, nicht nur im Dialog, sondern auch bei meinen Bemühungen, im Hörsaal wie auf der Kanzel, den Glauben der Kirche darzustellen und das auf eine Weise zu tun, die nicht nur wahr, sondern auch aufschlußreich und ermutigend ist. Sie bieten eine weitere und reichere Auswahl an Themen und Ansätzen in den Glaubensmysterien an als die Theologie des zwanzigsten Jahrhunderts allein. Jedes Zeitalter gebraucht nur einen Bruchteil des Vorstellungsschatzes des Christentums und verengt und kanalisiert so den Fluß der Überlieferung zum Nutzen der Gläubigen. Wer den Zugang zu einem Weitblick über andere Verstehens- und Auslegungsmöglichkeiten unserer Glaubensüberlieferung hinaus will, darf sich an die Väter wenden.

Welche Bedeutung hat die Patristik für »meine Philologie«?

CHRISTOPH RIEDWEG[1]

Die im Titel ausgedrückte Frage ist, wie schon mein Vorredner[2] festgestellt hat, doppeldeutig: Das Possessivpronomen »meine Philologie« läßt eine mehr institutionelle – die Bedeutung der Patristik für mein Fach Klassische Philologie/Gräzistik allgemein – und eine stärker subjektive Lesart zu: die Bedeutung der Patristik für die Art und Weise, wie ich diese meine Philologie »lebe« und betreibe, was ich persönlich darunter verstehe.

Ich nehme an, daß Sie mehr über das erste hören möchten – und will doch mit dem zweiten kurz beginnen. Auch darin befinde ich mich mit meinem Vorredner in willkommener Übereinstimmung. Anders als er bin ich allerdings nicht aus der »vaterlosen Gesellschaft« zu den »Kirchenvätern« gelangt, vielmehr steht für mich ein πατήρ am Anfang, und zwar nicht nur meiner patristischen Neigungen, sondern meiner Auseinandersetzung mit griechischer Literatur und Kultur überhaupt. Als ich 1970 in die Stiftsschule Einsiedeln eintrat, war ich fest entschlossen, nach zwei Jahren den »modernen« Typus B (mit Englisch anstelle von Griechisch als Hauptfach) zu wählen. Daß es anders kam, liegt an meinem Musiklehrer P. Daniel Meier, einem von J.S. Bach und der lateinischen Gregorianik gleichermaßen begeisterten Hindemithschüler, mit Hang zum »harmonikalen Pythagoreismus« und ausgeprägtem Interesse an der patristischen Literatur, wie sie unter dem Einfluß des französischen »renouveau patristique« um Henri de Lubac und Jean Daniélou im deutschsprachigen Raum besonders durch Hans Urs von Balthasar vermittelt wurde. Beeindruckt von den menschlichen und fachlichen Kompetenzen dieses berufenen Chorleiters, Klavier- und Orgellehrers, ließ ich mich auch von seinem Enthusiasmus für den Klang homerischer Verse oder die Proportionen des Parthenon anstecken und wählte den Typus A mit Griechisch für die Matura – eine Wahl, die ich bis heute nie bereut habe.

[1] Die mündlich-aphoristische Form des Diskussionsbeitrags wurde beibehalten.
[2] Martin George (Bern), dessen Beitrag nicht schriftlich vorliegt.

Beim Entscheid, anschließend an das Gymnasium ein Studium der Klassischen Philologie aufzunehmen, blieb das Interesse an einer Art von christlichem Humanismus leitend[3]. Für Lizentiatsarbeit und Promotion suchte ich daher auch nach einem Thema, bei dem sich die antiken Traditionslinien in den jüdisch-christlichen Raum verlängern ließen, und fand dieses mit Unterstützung meines Lehrers Walter Burkert in der »Mysterienterminologie bei Platon, Philon und Klemens von Alexandrien«. Im Rahmen der Habilitation habe ich mich dann noch stärker auf diesen Grenzbereich verlegt, wobei wohlmeinende Ratgeber zu bedenken gaben, daß eine solche Spezialisierung im Hinblick auf spätere Berufsaussichten in der Gräzistik auch Nachteile mit sich bringen könnte.

Patristik war für mich jedenfalls von Beginn an wichtig, und daran hat sich über die Jahre hinweg kaum etwas verändert, auch wenn patristische Literatur jetzt in der universitären Lehre selbstverständlich nicht im Vordergrund steht, sondern höchstens ab und zu Gegenstand eines Seminars und interdisziplinärer Veranstaltungen sein kann. Allerdings besteht in Vorlesungen, Seminaren und Kolloquien häufig Anlaß, auf Nachwirkungen von Philosophemen wie Platons ὁμοίωσις θεῷ, seiner τύποι περὶ θεολογίας oder der Weltentstehungslehre des Dialogs »Timaios« in der jüdisch-hellenistischen und der frühchristlichen Literatur sowie, über diese vermittelt, in Mittelalter und Neuzeit hinzuweisen und damit auch die in den »klassischen« Studien oft vernachlässigte jüdisch-christliche Spielart der antiken Kultur in Erinnerung zu rufen.

Institutionell betrachtet, war das Verhältnis der Gräzistik zur Patristik in den letzten 150 bis 200 Jahren in der Regel nicht sonderlich eng[4]. Zwar gab es immer wieder einzelne Philologen, bei denen Wilamowitz' Mahnung, die weitgehende Vernachlässigung der griechischen christlichen Schriftsteller gereiche auch der Philologie zu erheblichem Schaden, nicht ungehört verhallte[5] – es genügt, für den deutschsprachigen Raum

[3] Einen prägenden Eindruck hatte noch auf dem Gymnasium die Lektüre des historischen Romans von Stefan Andres, Die Versuchung des Synesios, München 1971, hinterlassen.

[4] Vgl. auch W. Burkert, Klassisches Altertum und antikes Christentum. Probleme einer übergreifenden Religionswissenschaft, HLV 1, Berlin/New York 1996, 20–22.

[5] U. von Wilamowitz-Moellendorff, Commentariolum grammaticum II, in: ders., Kleine Schriften, Bd. IV, Berlin 1962, 597 (= Ind. Schol. Hib. Gryphiswaldiae 1880, 3) »christianarum litterarum Graeca certe monumenta (de Latinis paullo melius agitur) quod pleraque fere iacent neglecta, id veremur ne cum ingenti fiat etiam philologiae detrimento« (eine Bemerkung, auf die mich vor Jahren im Zusammenhang mit

an Namen wie Eduard Schwartz, Johannes Geffcken oder Werner Jaeger zu erinnern[6]. Doch blieb es, zumal was die Klassische Philologie betrifft, weit öfter bei einem desinteressierten Nebeneinander, und daran hat sich bei aller Aufmerksamkeit, welche die Spätantike als kulturelles Phänomen zunehmend auf sich lenkt, bis heute wenig geändert[7].

Die Situation bei den noch immer maßgeblichen englischsprachigen Lexika scheint insofern geradezu symptomatisch: auf der einen Seite das »Greek-English Lexicon« von H.G. Liddell, R. Scott, H.S. Jones[8], welches die jüdisch-hellenistischen Texte, die Septuaginta und das Neue Testament gerade noch mitberücksichtigt, die weitere frühchristliche Literatur jedoch fast ganz ausklammert[9]; auf der anderen Seite das »Patristic Greek Lexicon« von Lampe[10], welches die dadurch entstandene Lücke zu schließen sucht[11]. Auch wenn praktische Gründe für diese Aufgabenteilung ausschlaggebend waren[12], so zeugt die Trennung

der Ausarbeitung des Habilitationsprojekts mein Lehrer Hermann Tränkle hingewiesen hat).

6 Zur Situation in Italien vgl. die Ausführungen von Lorenzo Perrone in diesem Band.

7 Zwischen Latinistik und Gräzistik ist in dieser Hinsicht ein deutlicher Unterschied zu konstatieren: Während es für Latinistinnen und Latinisten heutzutage weitgehend selbstverständlich ist, daß sie auch einen Schwerpunkt in der Patristik haben, beschäftigen sich unter den jüngeren Kolleginnen und Kollegen in der deutschsprachigen Gräzistik eher wenige ebenfalls mit patristischen Texten.

8 H.G. Liddell/R. Scott, A Greek-English Lexicon. Revised and augmented by H.S. Jones, Oxford [9]1940. Revised Suppl. Ed. by P.G.W. Glare, Oxford 1996.

9 Vgl. H.G. Liddell/R. Scott, A Greek-English Lexicon (wie Anm. 8), Preface 1925 von H.S. Jones, xi Anm. 1 »Christian authors are of course frequently cited as the source of classical quotations, and such treatises as those of Porphyry and Julian *Against the Christians* are reconstructed from Patristic writings.«

10 G.W.H. Lampe, A Patristic Greek Lexicon, Oxford 1961.

11 Es wird jetzt ergänzt und in byzantinische Zeit hinein fortgeführt durch E. Trapp, Lexikon zur byzantinischen Gräzität, besonders des 9.–12. Jahrhunderts, Wien 1994ff.

12 Vgl. H.G. Liddell/R. Scott, A Greek-English Lexicon (wie Anm. 8), Preface 1925 von H.S. Jones, xf. »Liddell and Scott, though they originally intended their work to be a Lexicon of Classical Greek, admitted a number of words from Ecclesiastical and Byzantine writers, for many of which no reference was given except the symbols ‚Eccl.' and ‚Byz.' After due consideration it has been decided to exclude both Patristic and Byzantine literature from the purview of the present edition. It would have manifestly been impossible to include more than a small and haphazard selection of words and quotations from these literatures, which would therefore have had to be treated quite differently from the remains of Classical Greek, where (it may be hoped) sufficient illustration has been given of the vocabulary and usage of all writers of importance, accompanied by precise and easily verifiable references. There is, moreover, in preparation a Lexicon of Patristic Greek (including Christian poetry and

doch von einem merkwürdigen, klassizistischen Literatur- und Kulturverständnis, wie es nicht nur für die »freisinnige« Viktorianische Ära charakteristisch war.

Es ist jedenfalls sehr zu begrüßen, daß sich die Verfasser des im Entstehen begriffenen »Diccionario griego-español« von der künstlichen Abgrenzung distanzieren und pagane wie auch christliche Literatur der Kaiserzeit und Spätantike als eine Einheit betrachten[13]. In der Tat kommen ja die christlichen Autoren schon bald aus denselben Kreisen wie die paganen: beide haben innerhalb des kulturell stark homogenisierten *imperium Romanum* die gleichen Schulen durchlaufen, beide sind intellektuell besonders vom Platonismus tiefgreifend geprägt und benutzen dieselben oder zumindest sehr ähnliche Denk- und Argumentationsformen[14]. Es wäre daher geradezu fahrlässig, wenn mit der christlichen Literatur ein Teil der griechischen Überlieferung mutwillig ausgeblendet würde. Denn was schon im 16. Jahrhundert Francesco Robortello im Hinblick auf die Textkritik geschrieben hat, gilt nicht minder für die griechische Philologie insgesamt: daß für die Beherrschung des Metiers die *antiquitatis totius notio* Voraussetzung sei[15].

Umgekehrt ist aber auch zu betonen, daß dem Neuen Testament und der frühchristlichen Literatur aus gräzistischer Perspektive kein irgendwie privilegierter Status zukommt, sondern daß diese Schriften zunächst

inscriptions) under the editorship of Dr. Darwell Stone, which will, it is hoped, be printed when the publication of the present work is concluded« (eine Hoffnung, die sich erst 1961 erfüllen sollte).

13 Vgl. F.R. Adradas (dirección por E. Gangutia/J. Lopez Facal/C. Serrano/P. Badenas, Diccionario griego-español, Vol. I, Madrid 1980, Prologo XV »Creemos que no es justificable desde el punto de vista científico el proceder de algunos predecesores nuestros que introducen criterios previos clasicistas y excluyen, por ejemplo, los autores cristianos. El diccionario de LSJ llega al extremo de incluir las obras paganizantes de autores tardíos y rechazar las cristianas ... La literatura cristiana de la primera época empalma sin solución de continuidad con la pagana y en modo alguno puede ser desatendida« (daß bei christlichen Autoren, wie in der Fortsetzung verdeutlicht wird, gleichwohl geringere »exigencias de exhaustividad« angewandt werden, ist im Hinblick auf den Gesamtumfang des Lexikons verständlich).

14 Zum Platonismus als *dem* intellektuellen Diskurs seit etwa der Mitte des zweiten Jahrhunderts n.Chr. vgl. auch: C. Riedweg, Mit Stoa und Platon gegen die Christen: Philosophische Argumentationsstrukturen in Julians *Contra Galilaeos*, in: T. Fuhrer/M. Erler (Hgg.), Zur Rezeption der hellenistischen Philosophie in der Spätantike, Philosophie der Antike 9, Stuttgart 1999, 56ff.

15 F. Robortello Utinensis, De arte sive ratione corrigendi antiquorum libros disputatio (1557), a cura di G. Pompella, Neapel 1975, 44; vgl. A. Bernardini/G. Righi, Il concetto di filologia e di cultura classica nel moderno pensiero europeo, Bari ²1953, 46f.; R. Pfeiffer, Die Klassische Philologie von Petrarca bis Mommsen, München 1982, 172.

einen gewöhnlichen, allenfalls durch die unvergleichliche Nachwirkung herausgehobenen Teil des großen kulturellen *textus* der faszinierenden Epoche der Kaiserzeit und Spätantike bilden. Wir beanspruchen die christlichen Werke der ersten Jahrhunderte insofern mit einer gewissen Respektlosigkeit auch als »unsere« Texte und versuchen, sie frei von jeder religiösen und konfessionellen *reservatio mentalis* nach den Regeln der philologischen τέχνη zu interpretieren[16].

Nicht alle Bereiche der patristischen Literatur werden Klassischen Philologinnen und Philologen dabei in gleicher Weise zusagen. Den endlosen christologischen Kontroversen des fünften Jahrhunderts n.Chr. mit den übersubtilen Differenzierungen z.B. zwischen σύγκρασις und σύγχυσις dürfte manch einer eher wenig abgewinnen können. Dagegen ist es u.a. außerordentlich faszinierend zu sehen, wie das Schlagwort ἦν ποτε ὅτε οὐκ ἦν auch in paganen philosophischen Diskussionen um die Wende des zweiten zum dritten Jahrhundert n.Chr. auftaucht[17].

Im Brennpunkt des Interesses steht für Philologinnen und Philologen generell der kulturelle Grenzbereich Antike-Christentum, in dem sich insbesondere die Apologeten bewegen, dem ferner auch die antichristlichen Streitschriften heidnischer Philosophen und die Antworten der christlichen Denker auf diese Angriffe zugehören. Ich persönlich würde nicht zögern, den kulturellen Verschmelzungsprozeß der paganen religionsphilosophischen Tradition mit der jüdischen Überlieferung in christlicher Deutung, wie er in den ersten nachchristlichen Jahrhunderten in mannigfaltigen Brechungen zu beobachten ist, zu den aufregendsten Gegenständen gerade auch der Klassischen Philologie zu zählen.

Unter den erfreulichen Erfahrungen, welche Gräzistinnen und Gräzisten mit der Patristik außerdem machen können, ist schließlich hervorzuheben, daß es wohl wenige andere Bereiche gibt, in denen noch ähnlich viel primärphilologische Arbeit zu leisten ist. Ich erlebe dies im Rahmen unseres Projekts zur Neuedition von Kyrills *Contra Iulianum*

[16] Neutestamentliche und patristische Forschung sind, soweit sie wissenschaftlichen Ansprüchen genügen, ihrem Wesen nach überkonfessionell und auch nicht an christlichen Glauben gebunden.

[17] Vgl. insbesondere Alex.Aphr., In Metaph. N3 (CAG I, 818 Hayduck) (in der Auslegung der Aristotelischen Kritik an Platons »ungeschriebener Lehre«, welche die Ideen, wiewohl ewig, »aus der Eins und der Zweiheit gezeugt« sein läßt; die auffällige Parallele scheint in der theologischen Literatur bisher nicht beachtet worden zu sein). Zur christlichen Verwendung und ihrem mittel- und neuplatonischen kosmologischen Hintergrund vgl. u.a. H.G. Thümmel, ΗΝ ΠΟΤΕ ΟΤΕ ΟΥΚ ΗΝ, in: W.A. Bienert/U. Kühneweg (Hgg.), Origeniana Septima. Origenes in den Auseinandersetzungen des vierten Jahrhunderts, Leuven 1999, 109–117.

stets von neuem[18]. Anders als die Dramen eines Sophokles oder Euripides sind zahlreiche patristische Texte, selbst was das elementare Textverständnis betrifft, bis heute nicht richtig erschlossen.

Es bleibt also viel zu tun, auf dem Gebiet der Textphilologie wie auch überhaupt in der Erforschung der kaiserzeitlichen und spätantiken Kultur. Als Teildisziplinen einer umfassenden Altertumswissenschaft, zu der auch Alte Geschichte, Archäologie, Philosophie- und Religionsgeschichte, Ägyptologie, Judaistik und Neutestamentliche Wissenschaft gehören, sollten Patristik und Klassische Philologie dabei besonders eng zusammenarbeiten – zu wechselseitigem Vorteil.

[18] Vgl. z.B. C. Riedweg in collaborazione con Christian Oesterheld, Scritto e controscritto: per una nuova edizione di Cirillo Alessandrino *Contra Iulianum*, in: Giuliano Imperatore. Le sue idee, i suoi amici, i suoi avversari. Atti del Convegno Internazionale di Studi (Lecce, 10–12 Dicembre 1998) = Rudiae (Ricerche sul mondo classico) 10, 1998 [erschienen 2000], 415–433.

Die Bedeutung der Patristik für meine theologische Arbeit

Ekkehard Mühlenberg

Patristik verstehe ich als die Beschäftigung mit Texten und Personen, die normative Konsequenzen hatten. Zunächst ist festzustellen, daß ich nach Göttingen berufen worden bin als Professor für Kirchengeschichte; in der Ausschreibung stand der Zusatz: Schwerpunkt Patristische Theologie. Ich habe an meinem Lehrstuhl eine »Abteilung Patristische Theologie« und bei der Göttinger Akademie der Wissenschaften eine Arbeitsstelle der Patristischen Kommission. Patristik ist für mich also eine Berufsgegebenheit, womit sich die Frage nach dem Gewicht der Patristik für meine theologische Arbeit erledigt.

Ich kann jedoch eine andere Frage beantworten, nämlich warum ich Spaß an Patristik habe. Meine Antwort lautet: weil die sich so prächtig streiten. Sie stritten sich erst klammheimlich, dann immer offener und Schritt für Schritt mehr heidnische Streitmittel aufnehmend; sie entwickelten eigene Waffen und rüsteten sich, so daß am Ende kaum noch zu erkennen ist, wofür sie den Streit führten (vgl. J.W. Goethe: »Zwei Gegner sind es, die sich boxen,/ Die Arianer und die Orthodoxen…« [1]). Aber zunächst stritten sie ohne Finallösungen. Sie wünschten ihre Gegner in die Hölle zum ewigen Schmoren, aber ließen ihre Finger vom »transitus«. Sie stritten um Themen, die nicht als bloße Reminiszenzen weiterleben, sondern prägend zum kirchlichen Bewußtsein aller Christen gehören, z.B. Kanon, Glaubensbekenntnis, Martyrium, Orthodoxie/Häresie, Bischof und Ämter, Mönchtum und Askese, Dogmen, Liturgie u.a. Da kann ich nicht die Hände in den Schoß legen und meinen, ich könnte Abstand wahren und mich vor Ansteckung schützen. Ein Kollege hat das Resultat kürzlich formuliert: »(Der Manichäer) Faustus von Mileve ist in historischer Perspektive nicht weniger Christ als Augustin«[2] – als wäre das eine Miniplaybackshow. Nein, ich muß Partei ergreifen für das, was mir einleuchtet, und mitbrüllen bei dem,

[1] J.W. Goethe, Alterswerke: Sprüche Nr. 176, Hamburger Ausgabe Bd. 1.

[2] W.A. Löhr, Rez. zu: N. Förster, Marcus Magus. Kult, Lehre und Gemeindeleben einer valentinianischen Gnostikergruppe, WUNT 114, Tübingen 1999, JbAC 43, 2000, 221.

was ich als wahren Gedanken nachdenken kann. Was ich nicht einsehen kann, vermerke ich als solches. Es werden im Prozeß des eigenen Mitdenkens die behaupteten Wahrheitsansprüche kleiner; sie gehen aber trotz des historischen Abstandes nicht zwangsläufig auf Null, wenn ich konkret ausformuliere, was der Wahrheitsgehalt im heutigen Gesprächskontext ist. Mein Fragen will erheben, wovon die Autoren der Texte überzeugt waren und was daran einseitig ist – und was ein grundständiges Element des Christseins.

Einige der Theologen und Bischöfe aus der Zeit der Alten Kirche haben gezeigt, daß um die Wahrheit gestritten werden muß und daß sich im Streiten um die Wahrheit die Wahrheit selber zeigt, sich als Geisteskraft erweist und formulierbar wird. Aber man kann die Wahrheit nicht mit einer Formel wie mit einem Lasso einfangen und ihr den Strick um den Hals legen und zuziehen, ohne daß sie blau und leblos wird. Wer zugibt, daß die theologische Wissenschaft ein unwegsames Gelände ist, wird vielmehr diesen Strick – um im Bilde zu bleiben – an seinem Sattelknauf festmachen und sich im eigenen Mitdenken mitziehen lassen; andernfalls werden durch meine Intention, einen Zeugen für die Wahrheit einzufangen, ein Wahrheitsfinder und Entdecker zu Tode geschleift. Natürlich weiß ich, daß in der weiteren Geschichte der Kirche neue Einsichten erfahren wurden. Aber die Qualität des Neuen vermag ich besser einzuschätzen, wenn ich nicht an Klischees messe, sondern fingierte Gespenster entlarven kann.

Personenregister

Antike Autoren

Moderne Autoren

PRINTED ON PERMANENT PAPER • IMPRIME SUR PAPIER PERMANENT • GEDRUKT OP DUURZAAM PAPIER - ISO 9706

N.V. PEETERS S.A., WAROTSTRAAT 50, B-3020 HERENT